Günter Müchler

Beste Feinde

Günter Müchler

Beste Feinde

Frankreich und Deutschland – Geschichte einer Leidenschaft

wbg THEISS

Meiner Familie

Die Deutsche Nationalbibliothek verzeichnet diese Publikation in der Deutschen Nationalbibliografie; detaillierte bibliografische Daten sind im Internet über www.dnb.de abrufbar.

wbg Theiss ist ein Imprint der wbg.

Die Herausgabe des Werkes wurde durch die Vereinsmitglieder der wbg ermöglicht.
Lektorat: Kristine Althöhn, Mainz
Gestaltung und Satz: Anja Harms, Oberursel
Einbandgestaltung: Andreas Heilmann, Hamburg
Einbandmotiv: Illustration von Tomi Ungerer,
© Tomi Ungerer Estate/Diogenes Verlag AG Zürich

Gedruckt auf säurefreiem und alterungsbeständigem Papier
Printed in Europe

Besuchen Sie uns im Internet: **www.wbg-wissenverbindet.de**
ISBN 978-3-8062-4424-3

Elektronisch sind folgende Ausgaben erhältlich:
eBook (PDF): 978-3-8062-4508-0
eBook (epub): 978-3-8062-4509-7

Inhalt

Einleitung

Mitten im Krieg von 1870/71 schrieben sich der französische Philosoph Ernest Renan und sein deutscher Kollege David Friedrich Strauss Briefe. An einer Stelle der Korrespondenz brach bei Renan die Verzweiflung durch: „Das große Unglück der Welt ist, daß Frankreich Deutschland nicht versteht und Deutschland Frankreich nicht."[1]

Andere Zeiten? Gewiss. Seit 1945, seit Ende des zweiten „Dreißigjährigen Krieges" (de Gaulle), sind Deutsche und Franzosen einander so nahegekommen wie nie zuvor in der Geschichte. Von den Regierungen gefördert, ist ein dichtes Beziehungsgeflecht entstanden. Städtepartnerschaften und Jugendaustausch haben millionenfache Begegnungen herbeigeführt. In Europa bestimmt das „Tandem" Paris-Berlin den politischen Takt. Vielerorts in der Welt gilt die deutsch-französische Freundschaft als Markenzeichen und als Beweis dafür, dass Fortschritt in den Beziehungen rivalisierender Völker und Staaten möglich ist.

Institutionell verfugt und von breiter Zustimmung getragen, ist die Partnerschaft am Rhein zu einer festen Größe geworden, zu einer Art Besitztitel, der in kaum einer Risikoanalyse auftaucht. Manchmal würde man sich mehr Wachsamkeit wünschen. Nichts auf der Welt ist für immer gesichert. Die Klopfzeichen sind unüberhörbar. Nach dem Abschied von der globalen Bipolarität droht dem alten Kontinent die Randständigkeit. Nationalistisches Ego-Denken greift um sich. Sollte es in Europa übermächtig werden, würde auch die deutsch-französische Freundschaft Schaden nehmen.

Dass Nachbarschaft Freundschaft begründet, ist weder in der Natur noch in den Staatenbeziehungen die Regel. Gute Nachbarschaft will gewollt sein. Sie kommt zustande durch Rücksichtnahme, die die Kenntnis des Anderen und die Respektierung seiner Interessen voraussetzt. Ein weiterer Zugang ist gemeinsam erfahrenes Leid. Wer begriffen hat, dass Feindschaft nur Unheil bringt, wird bereit sein, neue Wege zu gehen.

Deutsche und Franzosen mussten erst durch die Schule jahrhundertelanger Feindschaft gehen, ehe sie sich eines Besseren besannen. Es war nach dem schrecklichsten aller Kriege, dass Freundschaft als Landmarke künftiger nachbarschaftlicher Beziehungen überhaupt gedacht werden konnte. Adenauer und de Gaulle waren realistische Visionäre. Sie betrachteten Deutschland und Frankreich in einem sehr nüchternen Sinn als Schicksalsgemeinschaft. Schuman und Monnet fanden ein geeignetes Mittel, die Transformation von der Erbfeindschaft zur Freundschaft zu organisieren: die Vereinigten Staaten von Europa. Zwei Generationen danach steht fest: Das Experiment ist geglückt. Die Leistung kann nur ermessen, wer auf die Geschichte der Erbfeindschaft zurückschaut. Das ist der Sinn dieses Buches.

Im Mittelalter lebten Deutsche und Franzosen friedvoll nebeneinander. Bloß ein einziges Mal fielen sie übereinander her. In der Schlacht von Bouvines zog Kaiser Otto IV. den Kürzeren gegen König Philipp II. August. Nebenbei bemerkt bezeichneten die Beifügungen „deutsch“ und „französisch“ damals nicht Völker, sondern Himmelsrichtungen. Die Deutschen waren die Ostfranken, die Franzosen die Westfranken, Zweige eines Baumes. Dass Bouvines die kriegerische Ausnahme war, kam so, weil die Interessen beider aus dem karolingischen Imperium hervorgegangenen Reiche früh auseinanderliefen und sich ihre Wege deshalb nicht kreuzten. Die deutschen Kaiser nutzten ihre Kräfte in einer Vielzahl von Italienzügen ab. Die Hauptbeschäftigung der französischen Könige bestand in der Abwehr ihrer mächtigsten Vasallen, der Engländer.

Das Wort „Erbfeind“ tauchte zuerst unter Kaiser Maximilian I. auf. Mal wurde das Etikett den Franzosen aufgeklebt, mal den Türken, dem „Erbfeind der Christenheit“. In der Zeit Maximilians entbrannte der

Zweikampf Habsburg gegen Valois, eine dynastische Rivalität, die Europa über lange Zeit in Atem hielt. Auch jetzt zählten nationale Scheidungen noch wenig. 1519 hätten die deutschen Kurfürsten Franz I. von Frankreich bedenkenlos zum Kaiser gewählt, wären die Bestechungsgelder Jakob Fuggers nicht so reichlich für den Enkel Maximilians geflossen, der als Karl V. den Thron bestieg.

In der Neuzeit zählten die „Häuser", nicht die Völker. Ein zusätzliches Loyalitätsmuster entstand durch die Glaubensspaltung. Man war einer konfessionellen Gruppe zugehörig und bestimmte den eigenen Platz in scharfer Abgrenzung zur Gruppe der Anderen. Die Anderen, das waren aus reformatorischer Sicht die „Welschen", Angehörige des romanischen Sprachraums wie die Franzosen, die dem Papsttum anhingen und verdorben waren wie die „ganze Rotte Sodoms" (Luther). Das Stereotyp des sittenlosen Franzosen hat hier seinen Ursprung. Zur Selbstidentifikation bot die wiederentdeckte Tacitus-Schrift über die Germanen eine Vorlage. Tacitus hatte die nördlichen Barbaren als ein durch keine Zivilisation verbogenes Urvolk beschrieben. Daraus destillierten Humanisten die „deutsche Einfalt". Mochten die Deutschen auch grob in ihren Gebräuchen sein, so waren sie doch gerade und unverbildet und unterschieden sich positiv von französischer Eitelkeit und Raffinesse.

Frankreich ging aus dem Dreißigjährigen Krieg gestärkt hervor, Deutschland befand sich am Tiefpunkt. Ludwig XIV. konnte die Pfalz ohne Gegenwehr verwüsten. Erstmals trat Frankreich als aggressive und kriegerische Macht in Erscheinung. Dessen ungeachtet war im Barock das Französische die unbestrittene Leitkultur. Die deutschen Fürsten bauten große Schlösser und geometrische Gärten à la Versailles, und wer auf sich hielt, trug französische Kleidung und übte sich in geistvoller Konversation. Über die deutsche Krankheit Nachahmungssucht schrieben Philosophen anklagende Traktate, doch nur mit mäßigem Erfolg.

Gleich, ob man das Französische anhimmelte oder verurteilte: Die deutsche Oberklasse war fest auf Frankreich fixiert. Daran änderte auch die Revolution nichts. Jetzt waren es nicht mehr Äußerlichkeiten, die die Nachbarn im Osten magisch anzogen, sondern die Verlockungen von

Freiheit, Gleichheit und Brüderlichkeit. In großer Zahl pilgerten Intellektuelle nach Paris, dem Schauplatz des Weltspektakels, um sich alsbald desillusioniert abzuwenden. Mit der Rigorosität von Konvertiten bestritten die Enttäuschten den Franzosen das Recht, die Fahne der Freiheit voranzutragen, und empfahlen als deutschen Weg zur Freiheit die Reform, die Revolution von oben. Mit dem Aufstieg Bonapartes zog Frankreich die Deutschen dann wieder in den Bann. Welche Kraft ging doch von der *nation une et indivisible* aus! Und wie schwach war Deutschland dagegen! Es den Franzosen gleichzutun, den deutschen Nationalstaat zu bauen, stand ab jetzt auf der Tagesordnung. Doch zuerst musste Napoleon beseitigt werden. „Schlagt ihn tot! Das Weltgericht, fragt euch nach den Gründen nicht!“, eiferte Heinrich von Kleist, und andere Dichter folgten ihm. Nach der Katastrophe der Großen Armee in Russland war die Situation da. Der Kampf gegen die Fremdherrschaft wurde zur nationalen Sache.

Eine Sonderstellung in der Phalanx nationalistischer Vordenker nimmt Ernst Moritz Arndt ein. Arndt dachte über die Befreiung hinaus. Er ahnte, dass nach dem Sieg über Napoleon die Deutschen wieder zurückfallen würden in die alte Lethargie und Zersplitterung. Der Franzosenhass, den er predigte, sollte deshalb mehr bewirken als eine momentane Aufwallung, die nötig war, um den Feind über den Rhein zu treiben. Der Hass sollte von Dauer sein, weil die Deutschen einen „Vereinigungspunkt“ brauchten, um einig zu bleiben und bei sich selbst zu sein. „Ich will den Haß gegen die Franzosen, nicht bloß für diesen Krieg, ich will ihn für immer“, schrieb Arndt. Der Hass solle glühen „als die Religion des deutschen Volkes, als ein heiliger Wahn in allen Herzen“. Damit stellte Arndt das Verhältnis zu den Nachbarn auf eine historisch neue Stufe. Der Hass auf Frankreich wurde als Hebel zur Herstellung der Einheit gleichsam institutionalisiert. Es entstand der Mythos der Erbfeindschaft.

Im Vormärz änderte sich die Kampflage. Hauptgegner der Liberalen mit ihrer Doppelforderung nach Freiheit und Nation war das System Metternich, das nach dem Sieg über Napoleon weder Demokratie noch

Einheit zugelassen hatte. Für eine Weile trat Frankreich als Verhinderer der deutschen Sehnsüchte in den Hintergrund, die Revolution von 1830 ließ sogar die alte Liebesbeziehung wieder aufflammen. Arndts Hasslehre hatte sich nicht durchgesetzt. Dass noch Glut unter der Asche war, zeigte sich dann allerdings 1840. In der Rheinkrise, mutwillig vom Zaun gebrochen durch die Regierung in Paris, bliesen die Poeten die Kriegstrompeten gegen die „Welschen" wie zuletzt 1813.

Die Rheinkrise rückte das Deutschland-Bild der Franzosen zurecht. Lange war Deutschland transrhenanisch nur ein geografischer Begriff gewesen. Frankreich hatte sich mit Habsburg/Österreich duelliert. Es hatte den Aufstieg Preußens in die Liga der Großmächte zur Kenntnis genommen. Aber Deutschland? Die ungefügte Landmasse in der Mitte, ob Heiliges Römisches Reich oder Deutscher Bund, musste machtpolitisch nicht ernst genommen werden. Dass es überhaupt lohnend sei, sich für Deutschland zu interessieren, vermittelte als erste Madame de Staël. Aber ihr Erfolgsbuch *De l'Allemagne*, 1814 erschienen, war politisch entkernt. Es schilderte Deutschland als Pflanzstätte der Philosophie, der Musik und der Religiosität, die Deutschen als ebenso tiefsinnig wie tatenarm. Erst in der Rheinkrise machten die Franzosen die Entdeckung, dass die Deutschen durchaus zu nationaler Leidenschaft fähig waren. Wie schwer die Anpassung an die Realität fiel, wurde noch während des Kriegs 1870/71 sichtbar. Obwohl die süddeutschen Staaten mit zu den Waffen gegriffen hatten, tat die französische Propaganda lange so, als führte Frankreich einen Krieg allein gegen Preußen.

Der Kriegsausgang war für Frankreich in jeder Weise bitter. Man hatte nicht bloß eine Schlacht verloren. Man musste zusehen, wie der Rang der ersten Macht auf dem Kontinent an einen neuen Rivalen überging, ein Reich, dessen Gründungsakt ausgerechnet in Versailles vollzogen worden war, was als schlimme Demütigung empfunden wurde. Noch schlimmer war die erzwungene Abtretung Elsass-Lothringens, ein Fehler Bismarcks, denn, dass Frankreich den Verlust nicht hinnehmen würde, war abzusehen. In der Geschichte der Erbfeindschaft markierte der Krieg von 1870/71 einen Wendepunkt. War der Mythos bis dahin eine Sache vor allem der Deutschen gewesen, zogen die Franzosen jetzt nach. Die Erbfeindschaft wurde gleichschenklig.

Weil beide Seiten gefangen waren vom Fatalismus unabänderlicher Gegnerschaft, war der Krieg von 1914–1918 eine sich selbst erfüllende Prophezeiung. Es versagten nicht nur die üblichen Verdächtigen, einäugige Politiker, stupide Militärs und wüste Imperialisten. Auch das geistige Klima war vergiftet. In den *Betrachtungen eines Unpolitischen*, geschrieben im letzten Kriegsjahr, entwickelte Thomas Mann die bizarre These, im Weltkonflikt gehe es – alles oder nichts – um die Verteidigung der (deutschen) Kultur gegen die (westlich-französische) Zivilisation. Es sollte nicht lange dauern, und andere würden vorführen, wie man Kultur *und* Zivilisation, die schwache Schutzhaut über der Unmenschlichkeit, mit einem Schlag zerreißt.

Elsass-Lothringen fiel nach der Niederlage des Reiches an Frankreich zurück. Der Schriftsteller René Schickele bemühte sich, die leidvolle Grenzlanderfahrung für die Überwindung des Bruderkampfes fruchtbar zu machen. Dem elsässischen Brückenbauer widmet dieses Buch ebenso einen Abschnitt wie dem Abbé Franz Stock, der als Wehrmachts-Pfarrer im besetzten Paris Hunderte todgeweihte Résistance-Kämpfer auf dem Weg zur Hinrichtung am Mont Valérien begleitete.

Im Mittelalter kannten Ostfranken und Westfranken, Deutsche und Franzosen keinen Hader. Nur einmal kamen sie sich zu nahe. In der Schlacht von Bouvines zog Kaiser Otto IV. den Kürzeren.

1 Kaiser Ottos Waterloo

Sie sind Nachbarn und obendrein nahe Verwandte. Dennoch leben Deutsche und Franzosen das ganze Mittelalter über friedlich nebeneinander. Ihre Erbfeinde sind andere. Die französischen Könige liegen mit den Engländern in Dauerfehde, die deutschen Könige mit den Päpsten. Nur einmal greifen die Nachbarn gegeneinander zu den Waffen. Dabei zieht Kaiser Otto IV. den Kürzeren.

Am 27. Juli des Jahres 1214 kommt es in der Ebene von Bouvines zu einer großen Feldschlacht. Ein deutsch-englisches Heer, angeführt von Kaiser Otto IV., trifft auf die Streitmacht des französischen Königs Philipp II. August. Bouvines, niederländisch Bovingen, liegt zwischen Lille und Tournai; heute ist es ein Dorf mit weniger als tausend Einwohnern. Fünf Stunden zieht sich das Ringen hin. Der Personaleinsatz ist mit 16 000 Rittern und Fußsoldaten für die Zeit außerordentlich hoch. Am Ende räumt Otto, der eigentlich über die stärkeren Bataillone verfügt, das Feld. Der Sieg im ersten militärischen Konflikt von Franzosen und Deutschen gehört dem Franzosenkönig.

Der Kampf steht von Anfang an unter schlechten Vorzeichen. Der 27. Juli ist ein Sonntag. Folglich dürfte gar nicht gekämpft werden, denn am Tag des Herrn ist christlichen Rittern nicht nur untersagt, der Fleischeslust zu frönen, verboten sind genauso Fehden und andere standesübliche Formen des Blutvergießens. Otto zögert denn auch, den Sonntagsfrieden zu brechen, lässt sich aber von einem gotteslästerlichen Bundesgenossen, dem Grafen Hugues de Boves, umstimmen. So erzählt uns jedenfalls ein zeitgenössischer Bericht. Musste Otto den Frevel mit seiner Niederlage büßen? Den Menschen des Mittelalters hätte die Erklärung eingeleuchtet. Sie waren daran gewöhnt, in allen außergewöhnlichen Ereignissen die lenkende Hand Gottes zu erkennen.

Die Schlacht entbrennt mittags um 12 und zieht sich bis 17 Uhr hin. Wilhelm Brito schildert sie in seiner Chronik wie einen Zweikampf. Zuerst gerät König Philipp ins Gedränge. Dann, nachdem tapfere Gefährten ihn vor Tod oder Gefangennahme bewahrt haben, schlägt das Pendel um. Nun ist Otto derjenige, der um sein Leben fürchten muss. In Britos Erzählung führt ein Ritter Girard mit dem Beinamen la Truie („das Schwein“) die Entscheidung herbei. Laut Brito stieß Girard „mit einem Messer nach des Kaisers Brust, und als er nicht durchkam, stieß er ein zweites Mal zu, um den Fehlschlag wettzumachen. Während er so auf Ottos Leib zielte, traf er den Kopf des sich aufbäumenden Pferdes, und das mit großem Geschick geworfene Messer drang diesem durch das Auge ins Gehirn. Das Pferd, das den heftigen Schlag wohl spürte, bekam es mit der Angst und wurde wild. Es wandte sich in die Richtung, aus der es gekommen war, so daß Otto unseren Rittern den Rücken zeigte und eiligst davonjagte.“[2]

Die einprägsame Darstellung entspricht dem Zeitbedürfnis, komplexe Ereignisse in Bildern und Personen zu vermitteln. Eins zu eins nehmen darf man sie nicht. Im Krieg hat die Wahrheit immer einen besonders schweren Stand, das war schon damals so. Als Philipps Kaplan ist es dem bretonischen Kleriker Brito vor allem darum zu tun, den Ruhm seines Königs zu mehren. Der erstrahlt umso heller, wenn die Gegenpartei als besonders furchterregend dargestellt wird. Daher hebt Brito den wilden Mut der Deutschen hervor. Doch selbst dieser Furor teutonicus, der schon römischen Schriftstellern an den Germanen auffiel, vermag König Philipp nicht zu bremsen. Otto, der eigentlich als Favorit gestartet war, verlässt die Walstatt als Geschlagener. Das Ausmaß der Niederlage unterstreicht der Verlust der Standarte. Der Reichsadler, dem während des Hauens und Stechens die Schwingen gebrochen sind, fällt Philipps Anhängern in die Hände. „Von dieser Zeit an“, urteilt ein anderer Chronist, der Deutsche Konrad von Lauterberg, „sank der Ruf der Deutschen bei den Welschen.“[3]

Bouvines gehört zweifellos zu den bedeutendsten Schlachten des Mittelalters, vergleichbar mit der auf dem Lechfeld 955. Mit maßvoller Zuspitzung lässt sich behaupten, dass die französische Nationalgeschichte ohne den Sonntag von Bouvines einen anderen und weniger glänzenden Verlauf genommen hätte. Unsinnig wäre es dagegen, das Geschehnis von 1214 als Flammenschrift an der Wand zu lesen, als Vorzeichen eines späteren, Epoche übergreifenden Völkerhasses. Den mittelalterlichen Kriegen ist der nationale Stachel noch vollkommen fremd, deutsch und französisch kennzeichnet Himmelsrichtungen, aus denen die Ritter kommen – und selbst das stimmt nur eingeschränkt: Bei Bouvines ficht in den Reihen Ottos neben sächsischen und niederlothringischen Rittern auch der Graf von Flandern, ein Vasall König Philipps. Philipp kann auf seinen Vetter zählen, den Grafen von Auxerre, nicht aber auf dessen Sohn, der für Otto und gegen die Krone Frankreichs das Schwert führt. Otto selbst ist, durch familiäre Fügung, Graf von Anjou und Herzog von Aquitanien.

Die mittelalterliche Welt ist kunterbunt wie ein Wimmelbild. Grenzen haben nur einen ungefähren Charakter. Sie verändern sich ständig und werden von der Siedlungsbevölkerung kaum wahrgenommen. Der Rhein stellt ein Hindernis dar, aber es dauert noch Jahrhunderte, bis er zum Zankapfel wird. Stärker als das Trennende ist das Bewusstsein gemeinsamer Wurzeln, das auch nach dem Zerfall des fränkischen Großreichs lebendig bleibt. Man spricht von sich selbst als West- oder als Ostfranken und verehrt in Karl dem Großen den Stammvater, der allen gleichermaßen gehört. Erst allmählich verblasst die Erinnerung und macht einer unterschiedlichen Eigensicht Platz. Im 11. Jahrhundert fangen die Ostfranken an, sich deutsch zu nennen. Den fränkischen Familienamen tragen jetzt allein die Franzosen. Für das beiderseitige Verhältnis hat das zunächst keine Folgen. Man lebt weiterhin in der *res publica christiana*. Das einende Band des Glaubens bedeutet viel. Die Kreuzzüge sind europäische Gemeinschaftsunternehmen, der kulturelle Austausch ist umfassend. Literarisch geben die Franzosen den Ton an. Der große Chrétien de Troyes, Schöpfer des höfischen Romans, beeinflusst Barden rechts des Rheins. Hartmann von Aue und Wolfram von Eschenbach übertragen Chrétiens auf Altfranzösisch verfasste *Erec und*

Yvain sowie *Perceval* in mittelhochdeutsche Verse. Umgekehrt lehrt der in Köln verehrte Dominikaner Albertus Magnus auch an der Pariser Sorbonne, wo er Studenten der ganzen Christenheit mit den Lehren des „heidnischen" Aristoteles vertraut macht. Die bahnbrechende gotische Kirchenbaukunst wandert von West nach Ost. Denselben Weg nehmen die wirkmächtigen monastischen Reformbewegungen. Die besonders erfolgreichen Zisterzienser geben sich 1115 eine Verfassung, die durch ihre Modernität verblüfft: Ihre Klöster werden als selbstständige Wirtschaftseinheiten geführt. Die Geschicke des Ordens lenkt das Generalkapitel, ein aus allen Äbten bestehendes Kollegialorgan, das einmal pro Jahr im burgundischen Cîteaux zusammentritt und bindende Beschlüsse fasst. Wer nach den Ursprüngen subsidiären und demokratischen Denkens in Europa forscht, kommt an den Zisterziensern nicht vorbei. In Deutschland tragen sie viel zur Ostkolonisation bei, und da der Orden bald im ganzen Abendland Niederlassungen unterhält, ist Cîteaux der Ort, wo man über das, was Europa bewegt, besser informiert ist als an jedem Fürstenhof.

Es ist ein überwiegend friedvolles Nebeneinander, das *franci* und *teutonici* das ganze Mittelalter über pflegen. Einmal, 1124 rückt Heinrich V. gegen Ludwig VI. aus, der damals die französische Krone trägt. Aber Heinrich macht bei Metz kehrt, ohne dass man die Klingen gekreuzt hätte. So bleibt Bouvines die einzige kriegerische Ausnahme in einer erstaunlich langen Friedensperiode. Weshalb die Nachbarn sich nicht in die Quere kommen, liegt hauptsächlich daran, dass sie getrennte Wege gehen.

Die Auseinanderentwicklung setzt mit Otto dem Großen ein. Der Liudolfinger verschafft sich die Herrschaft auch über Italien. 962 lässt er sich in Rom vom Papst zum Kaiser krönen. Von da an verstehen sich die ostfränkischen Könige als römische Kaiser. Dieses Kaisertum ist zwiespältig. Einerseits sichert es Otto und seinen Nachfolgern die Vorrangstellung unter den Königen des Abendlandes. Andererseits bildet Deutschland / Ostfranken jetzt nur noch die Teilmenge einer Universalmonarchie, die neben Italien das frühere karolingische Zwischenreich

Seit Otto I. verstanden sich die ostfränkischen Könige als römische Kaiser und die wahren Erben Karls des Großen. Den westfränkischen Vettern gefiel das wenig, aber sie hatten genug Ärger mit den Engländern. Otto I. und seine erste Frau Editha als Sitzstatuen am Magdeburger Dom.

Lotharingen und zeitweilig auch Burgund mit einschließt. Die Ottonen und mehr noch die Salier und Staufer sind Reisekaiser, die zur Aufrechterhaltung ihrer Stellung in Italien ständig unterwegs sind und deshalb die Herrschaftssicherung im Stammland vernachlässigen. Italienfeldzüge gehören für die deutschen Könige bis hinein ins 15. Jahrhundert zum Pflichtprogramm. Achtzehn Könige wagen die mühsame und gefahrvolle Alpenüberquerung, einige von ihnen mehrfach.[4] Der Preis der ständigen Abwesenheit ist hoch, trotzdem halten die Kaiser am „Imperium Romanum" fest, auch nachdem sich für das zwischenzeitlich geheiligte Römische Reich die Namensanfügung „deutscher Nation" eingebürgert hat. Unbeirrt wehren die Kaiser jeden Versuch, sie in ihrem Selbstverständnis auf das „Regnum Teutonicum" zu reduzieren, als Beleidigung und Angriff ab. So bleibt es beim „Heiligen Römischen Reich Deutscher Nation" bis zu seinem Erlöschen im Jahr 1806. Den ersten deutschen Kaiser, der sich auch so nennt, bekommen die einstigen Ostfranken 1871 mit Wilhelm I.

Als imperiale Herrscher erheben die ostfränkischen Könige seit Otto dem Großen den Anspruch, die wahren und einzigen Erben Karls des Großen zu sein. Den westfränkischen Vettern gefällt das wenig. Der Usurpation entgegenzutreten, fehlen ihnen allerdings die Mittel. Die Schwäche der Capetinger rührt daher, dass sie ihre Vasallen nicht im Griff haben. Zeitweilig reicht ihre Autorität kaum über die Île de France, das heißt über das Umland von Paris hinaus. Die mächtigsten Vasallen kommen aus England. 1066 hat der Herzog der Normandie über den Ärmelkanal gesetzt und die Macht in England an sich gerissen. Aber die Heldentat Wilhelms des Eroberers, die auf dem 68 Meter langen Wandteppich von Bayeux monumental gefeiert wird, trägt dem französischen Königtum nur Schaden ein. Denn Wilhelm und die, die ihm auf dem Thron von England folgen, denken nicht daran, ihre kontinentalen Machtpositionen aufzugeben. Ihr angevinisches Reich umfasst um die Mitte des 12. Jahrhunderts neben der Normandie die Herzogtümer Bretagne, Aquitanien und Gascogne sowie die Grafschaften Anjou, Maine und Tourraine, ein Gebiet halb so groß wie das heutige Frankreich und bedeutend größer als das französische Krongut zu dieser Zeit. Bis zum Ende des Hundertjährigen Krieges können sich Frankreichs Könige ihres Thrones nicht sicher sein.

Der englisch-französische Zweikampf bildet auch das Layout für die Schlacht von Bouvines. Dem starken Capetinger Philipp II. Augustus ist es gelungen, den anglo-fränkischen Einfluss zurückzudrängen. Damit fordert er den englischen König Johann („Ohneland") heraus. Johann schließt ein Bündnis mit Otto IV. Die Verbindung liegt nahe. Der Welfe Otto ist als Neffe von Richard Löwenherz dem englischen Königshaus eng verwandt und in England erzogen worden. Außerdem braucht Otto einen Befreiungsschlag in eigener Sache. Seine Krone wird ihm streitig gemacht vom Staufer Friedrich II., der seinerseits den Papst und den französischen König hinter sich hat. Ein Sieg über Philipp, so rechnet Otto, würde den Thronstreit mit einem Schlag zu seinen Gunsten entscheiden.

Der Ausgang der Schlacht, den wir kennen, hinterlässt tiefe Spuren in der europäischen Geschichte. Geschwächt durch die Niederlage, muss Johann den englischen Baronen in der Magna Charta von 1215 erhebliche Zugeständnisse machen. Otto wird seines Lebens nicht mehr froh. Er stirbt 1218 politisch isoliert auf der Harzburg. Friedrich II., dem Philipp nach dem Sieg den erbeuteten Reichsadler mit den gebrochenen Schwingen übersendet, ist nun unumstritten Kaiser, allerdings einer, der seinen Mittelpunkt in Italien hat und der durch sein universales Amtsverständnis das Siechtum des deutschen Königtums beschleunigt. Für Deutschland geht es nach Bouvines bergab, für Frankreich bergauf. Philipp II. Augustus gewinnt infolge des Sieges die Normandie und das Anjou. Es beginnt der allmähliche Aufstieg der Krone zur Zentralgewalt. Symptomatisch für die gegenläufige Entwicklung sind die Bestattungsorte Philipps und Friedrichs. Philipp findet seine letzte Ruhe in Saint-Denis bei Paris. Friedrichs Sarg steht nicht in Speyer, sondern im Dom von Palermo auf Sizilien.

Süleyman der Prächtige und seine Janitscharen scheiterten 1529 bei dem Versuch, Wien zu erobern. Der „Goldene Apfel", wie die Türken die Stadt nannten, widerstand dem Ansturm mit knapper Not. Kupferstich von Dirk Coornhert.

2 Der Türke: „Erbfeind der Christenheit“

Mit Maximilian I. geht das Mittelalter zu Ende. Der „letzte Ritter“, wie er genannt wird, war wohl der erste, der den Franzosen das Etikett „Erbfeind“ aufklebte. 1498 begründet er seine Forderung an die vorderösterreichischen Stände, ihn gegen Frankreich zu unterstützen, mit der Behauptung, dieses sei „uwer rechter nattürlicher vynd“. 1513 spitzt er seine Feind-Rhetorik zu. Frankreich gilt ihm jetzt nicht mehr nur als der natürliche Feind. Es ist nun schlechterdings der „Erbfeind, der gegen den Rhein steht“.[5] Die Absicht des Habsburgers ist leicht zu durchschauen. Sein Haus wetteifert mit der französischen Valois-Dynastie um die Vorherrschaft in Europa. Er braucht Geld und Truppen und bekniet die Reichsstände, die sich aber zieren. Mit der Tätowierung Frankreichs als Feind der besonderen Art will er den Druck auf die Reichsstände erhöhen. Ein paar Jahre später kommt der „Erbfeind“ wieder zum Einsatz, allerdings unter anderen Vorzeichen. 1529 stehen die Türken vor Wien, der „Erbfeind der Christenheit“.

Im Abendland hat man von den Türken keine genaue Vorstellung. Nur so viel glaubt man zu wissen, dass überall dort, wo sie ihren Halbmond aufpflanzen, es mit der Herrschaft des Kreuzes vorbei sei. Außerdem geht ihnen der Ruf voraus, beispiellos blutrünstig zu sein. Es heißt, sie vergewaltigten christliche Frauen und töteten oder versklavten Kinder. Über jeden Zweifel erhaben sind ihr kriegerischer Mut und ihre militärischen Fertigkeiten. Von ihren Reitern sagt man, sie könnten ihren kleinen Bogen sogar im Galopp als todbringende Waffe einsetzen. Das Unheimliche, das die Eroberer mit dem Zeichen des Halbmonds umgibt, sorgt dafür, dass „der Türke“ von den Christen als der Schrecklichste der Schrecken wahrgenommen wird, vergleichbar einer Seuche oder einer Naturkatastrophe.

Angefangen hat alles 1453. In diesem Jahr erobert Sultan Mehmed II. Konstantinopel und macht aus der ehrwürdigen Hagia Sophia, dem Parthenon des byzantinischen Christentums, eine Moschee. In der Folge unterwerfen die Türken den gesamten östlichen Mittelmeerraum. 1480 fallen sie in Kärnten und der Steiermark ein. 1521 kassieren sie Belgrad, 1526 (Schlacht bei Mohács) reißen sie Ungarn an sich. Und nun, 1529, tauchen die Janitscharen Süleymans des Prächtigen vor den Toren Wiens auf, wild entschlossen, den „Goldenen Apfel", wie sie die Stadt nennen, in ihre Hand zu bekommen.

Mit seiner fünf Kilometer langen und sechs Meter hohen Ringmauer macht Wien auf den ersten Blick den Eindruck einer vorzüglich geschützten Stadt. In Wirklichkeit sind die Verteidigungsanlagen ziemlich marode, sodass eine zur Überprüfung eingesetzte Kommission rät, die Stadt anzuzünden und dem Feind preiszugeben. Das allerdings lehnt Erzherzog Ferdinand, der Enkel Maximilians und Herrscher in den österreichischen Erblanden, entschieden ab. Schanzarbeiten werden angeordnet und Söldner angeworben, um die städtische Miliz zu verstärken. Die erhoffte Befreiungsoffensive aus dem Reich bleibt allerdings aus. Dafür, dass in Wien das Schicksal der Christenheit auf dem Spiel steht, sind die 1600 Reiter, die der Reichstag bewilligt, keine große Sache. Zu allem Überfluss kommt das Ersatzheer zu spät an, um in die Kämpfe einzugreifen.

Als die Türken am 27. September den Belagerungsring um Wien schließen, haben die meisten Einwohner die Flucht ergriffen, allen voran die Wohlhabenden und auch etliche Ratsherren. Mitverantwortlich für den Massenexodus waren Horrornachrichten aus dem ungarischen Ofen. Die Türken hatten Ofen auf ihrem Vormarsch erfolgreich belagert. Doch statt den Verteidigern, wie versprochen, freien Abzug zu gewähren, machten sie die Besiegten nach der Kapitulation nieder. Die Nachricht von dem Massaker löste in Wien Panik aus.[6]

Die ersten Feinde, die die Eingeschlossenen zu sehen bekommen, sind die berüchtigten Akindschi, berittene Bogenschützen, die wegen ihrer nachgewiesenen Grausamkeit auch als „Renner und Brenner" bezeichnet werden. Die Avantgarde Süleymans wird ihrem Ruf gerecht. Die Akindschi machen in der Umgebung Wiens alles nieder, was ihnen in die Quere kommt. Ein österreichischer Chronist berichtet: „Die Weiber und Kinder sind den mehreren Teil in der Türken Hand gekommen, und so tyrannisch und erbärmlich mit ihnen gehandelt worden, das es nicht wohl auszusprechen und zu beschreiben ist, welcher große Jammer einem jeglichen Christenmenschen wohl zu beherzigen ist."[7]

An Zahl sind die Angreifer den Verteidigern turmhoch überlegen. *Intra muros* erwarten 17 000 Kämpfer den Ansturm von 110 000 Türken. Die Streiter Süleymans des Prächtigen müssen freilich mit zwei Problemen fertigwerden. Erstens funktioniert der Nachschub nicht, was konkret bedeutet, dass eine sich hinziehende Belagerung keine Option ist. Der Sultan braucht also den raschen Erfolg. Das zweite Problem: Die schweren, mauerbrechenden Kanonen sind im sumpfigen Aufmarschgebiet stecken geblieben. Als Ersatzlösung bietet sich an, den Ringwall, der den „Goldenen Apfel" umschließt, zu unterminieren. Dementsprechend zerfällt der Kampf in einen ober- und in einen unterirdischen Teil. Oben lösen Attacken der Angreifer und Ausfälle der Verteidiger einander ab; unten treiben die Türken immer neue Stollen, die sie mit Schießpulver zustopfen. Das Schicksal der Wiener hängt davon ab, dass sie die Wühlarbeit des Feindes antizipieren und rechtzeitig durchkreuzen. Zum Glück verfügen sie in ihren Reihen über eine Anzahl Tiroler Bergleute, die für den Untertagekrieg prädestiniert sind.

Am 9. Oktober tritt der Kampf in die entscheidende Phase. Die Türken, allen voran die Kernmannschaft der Janitscharen, konzentrieren ihre Attacken auf den Bereich rechts und links des Kärntnertores, wo sie den Schwachpunkt der Verteidiger vermuten. Am 12. Oktober reißen Minenexplosionen eine große Bresche in die Ummauerung. Doch der folgende Sturmangriff wird zurückgeschlagen. Derselbe Ablauf wiederholt sich am 14. Oktober. Wieder misslingt es den Türken, ihren Vorteil zu nutzen. Einen Tag später erteilt Süleyman den Befehl zum Abzug.

Der Proviant geht zu Ende, die Disziplin im Heer lässt nach. Angesichts des herannahenden Winters kommt eine Fortsetzung der Belagerung nicht infrage. Wien ist gerettet.

Trotz des Fehlschlags schreiben die Osmanen den Gewinn des „Goldenen Apfels" nicht ab. In den nächsten Jahrzehnten dringen sie wiederholt nach Norden vor, allerdings ohne den Kaiser in seinen österreichischen Erblanden ernsthaft zu gefährden. Erst 1683 tauchen die Türken wieder vor Wien auf. Die Belagerung der Stadt scheitert jedoch wie 150 Jahre zuvor. Das Heer des Großwesirs Kara Mustafa Pascha wird in der Schlacht am Kahlenberg von einer deutsch-polnischen Truppenallianz unter dem polnischen König Jan Sobieski schwer geschlagen. Den Schlussstrich unter das osmanische Expansionsstreben zieht Prinz Eugen mit seinem Sieg bei Peterwardein 1716.

Die mehrere Generationen andauernde Türkenangst brennt sich tief in die Seele der damaligen Christenheit ein. Äußere Zeichen halten das Bewusstsein wach, am Abgrund zu stehen. Bereits 1456 ordnet Papst Calixt III. ein regelmäßiges Mittagsläuten der Kirchenglocken an. Die „Türkenglocke" ist ein Warnsignal und ruft zugleich zum Kreuzzug wider den unheimlichen Feind auf. Beispielhaft für den langen Nachhall historischer Erschütterungen steht die „Türkenglocke" der Kirche von Maria Gail bei Villach. Erstmalig tritt sie 1478 in Aktion, als türkische Reiterscharen sengend und plündernd Kärnten durchstreifen. Von da an läutete sie jeden Tag pünktlich um 15 Uhr, bis jetzt summa summarum 1,9 Millionen Mal, wie ein Lokalhistoriker berechnet hat. Geblieben ist die Übung, geändert hat sich im Lauf der Zeit der Grund: Längst ruft die Glocke nicht mehr zum Kampf gegen „den Türken", sondern zu dörflichen Festlichkeiten.[8]

Die „Türkenglocke" ist nur ein Mittel unter anderen, welche Kirche und weltliche Obrigkeit einsetzen, damit den Menschen die türkische Bedrohung so präsent bleibt wie die Angst vor dem Jüngsten Tag. „Türkenpredigten" mahnen die Gläubigen zur Wachsamkeit, „Türkenkollekten" in den Kirchen sammeln Geld ein wie die „Türkensteuern", die der Kaiser erhebt, um damit Feldzüge gegen die Verderber der Chris-

Das Abendland atmete auf. Die Türken, „Erbfeinde der Christenheit“, wurden 1683 bei der Schlacht am Kahlenberg von einem Heer unter Jan Sobieski schwer geschlagen. Gemälde, um 1688, von Franz Geffels.

tenheit zu finanzieren. Eine erhebliche Breitenwirkung erzielen „Türkendrucke". Flugschriften sind seit der Reformation in Mode, sie agitieren mehr als sie informieren. Die bebilderten „Türkendrucke" sollen auch die des Lesens Unkundigen schockieren. Beliebte Abbildungen zeigen, wie vierschrötige Krieger mit Turban und Krummsäbel Kleinkinder zweiteilen oder auf Speere spießen.[9]

Zweifellos war die Türkengefahr kein Hirngespinst. Hätte Süleyman 1529 den „Goldenen Apfel" gepflückt, wäre der Landhunger der Osmanen wohl kaum gestillt gewesen. Die Geschichte des Abendlandes hätte einen anderen Verlauf genommen. Zweihundert Jahre lang fielen die Türken wie Heuschreckenschwärme über den Südosten Europas her. Schon aufgrund der schieren Dauer der Plage sahen die Christen in ihnen den *hostis sempiternus*, den ewigen Feind. Freilich, um vom Erzfeind zum Erbfeind zu avancieren, bedurfte es mehr als eines Komparativs. Das Wort ist in einer anderen Verständniszone angesiedelt. Im Erbfeind (mittelhochdeutsch *erbe-vint*) schwingt die Erbsünde mit. Als Erbfeind der Christenheit ist „der Türke" eine Kreatur des Teufels und gleichzeitig Gottes Strafe für die Sünden der Christen. In diesem Sinne tauchen die Türken immer wieder in der zeitgenössischen Literatur auf. *Wahrhaftige Beschreybung des glücklichen Friedenreichen Waffensiegs, so die Christenheit hat an dem türkischen Erbfeind*, ist eine Schrift aus dem 16. Jahrhundert tituliert. In einem Volkslied aus demselben zeitlichen Umfeld heißt es: „Das der Türk jetzt zu dieser Frist/der allen Christen Erbfeind ist". 1683, wenige Wochen vor der Schlacht am Kahlenberg, behauptet ein Edikt des Domkapitels Münster, es sei „leyder jedermänniglichen bekandt/was gestalt der Erb-Feynd des christlichen Nahmens der Groß-Türck/mit erschrecklicher Kriegs-Macht/fornemblich dem lieben Teutsch-Landt" antue.[10] Luther spricht nicht ausdrücklich vom Erbfeind, bedient sich aber in seinen Schriften *Vom Kriege gegen die Türken* und der *Heerpredigt wider die Türken* der satanischen Konnotation: „Der Türke ist unsers Herr Gotts zornige Ruthe und des wütenden Teufels Knecht."[11]

Vom solidarischen Weltanschauungskrieg gegen den „Erb-Feynd des christlichen Nahmens" wollten jedoch nicht alle christlichen Fürsten etwas wissen. Wenn es darauf ankam, ließen viele den Kaiser im Stich, und die „Türkenglocke“ läutete vergebens. Besonders nonchalant verhielten sich die gekrönten Häupter Frankreichs. Verbissen in die Konkurrenz mit den Habsburgern, handelten sie nach der Devise, der Feind meines Feindes ist mein Freund. 1529 stärkte Franz I. Süleyman den Rücken; Ludwig XIV. tat es ihm 1683 gleich, indem er Mehmet IV. glauben ließ, er habe für den Sturm auf Wien seine Unterstützung. Für Könige Frankreichs, die sich nach alter Sitte mit dem Ehrentitel des „allerchristlichsten Königs“ schmückten, war das jeweils ein starkes Stück – ein Stück vormoderner Realpolitik.

Karl V. war Herr über die halbe Welt – und hatte es mit einer Welt von Feinden zu tun. Das Bild zeigt Karl, eingerahmt von seinen Kontrahenten Franz I., Papst Clemens VII., Süleyman I. sowie protestantischen Landesfürsten.

3 Fuggers Geld verhindert Franz I.

Es fehlte nicht viel, und ein Franzose wäre Kaiser des Heiligen Römischen Reiches deutscher Nation geworden. Bei der Kaiserwahl des Jahres 1519 ist zunächst Franz I. der Favorit. Dass die Kurfürsten am Ende nicht dem französischen König aus dem Haus Valois, sondern dem spanischen König aus dem Haus Habsburg den Vorzug geben, geht auf eine kaufmännische Entscheidung Jakob Fuggers zurück. Der immens reiche Augsburger Bankier setzt auf die Karte des späteren Karl V. Fuggers Kredit erlaubt es der Habsburg-Partei, den Kurfürsten für ihr Wohlwollen mehr zu zahlen als die Franzosen.

Man könnte Karls Vorgänger, seinen Großvater Maximilian I., einen Sattelkaiser nennen. Mit einem Fuß steht er, der „letzte Ritter", im Mittelalter, mit dem anderen in der neuen Zeit, die vom Buchdruck, der Kirchenspaltung und der Entdeckung fremder Welten geprägt ist. Neu ist auch, dass in der Politik nichts mehr geht ohne Geld. Maximilian kämpft gegen Türken und Franzosen. Der Zweifrontenkrieg leert die Kassen des Kaisers derart, dass 1519, als er unerwartet stirbt, das Begräbnis auf Pump bezahlt werden muss. Und weil Maximilian nicht mehr dazu gekommen ist, rechtzeitig die Weichen für seinen Enkel zu stellen, bedeutet die Geldknappheit für den absehbaren Schacher ein ernstes Problem.

Die Spannungen mit Frankreich gehen auf das Jahr 1494 zurück, als Karl VIII. von Frankreich mit einem Heer in Süditalien einfällt und damit sowohl dem Kaiser wie den Spaniern ins Gehege kommt. Die politischen Langzeitfolgen sind erheblich. Die Katholischen Könige von Kastilien / Aragon Ferdinand und Isabella auf der einen, Maximilian auf der anderen Seite bündeln ihre Kräfte gegen Frankreich und unterstreichen die Interessengemeinschaft durch eine Doppelhochzeit ihrer Kinder. Damit ist dem dynastischen Zufall Tür und Tor geöffnet. Todesfälle im spanischen Herrscherhaus führen dazu, dass Maximilians Sohn Philipp (der Schöne), Herzog von Burgund, über seine Frau Johanna (die Wahnsinnige) bald auch König von Spanien wird. Als Philipp nach einer Erkältung, die er sich beim Pelotaspiel zugezogen hat, unvermutet stirbt, ist die Reihe an seinem Sohn Karl. Der 1500 in Gent geborene Karl tritt 1516 die Herrschaft in Spanien an. Frankreich, wo inzwischen Franz I. regiert, droht in eine Zwickmühle zu geraten: Habsburger in Österreich, Habsburger in Spanien, Habsburger in Burgund. Wenn Karl jetzt auch noch die Kaiserkrone erwirbt, wird die Umklammerung Frankreichs perfekt sein.

Das ist die Ausgangslage vor der Kaiserwahl. Franz I. weiß, was auf dem Spiel steht. Er weiß auch, wie man die Kurfürsten gewinnen kann. Noch immer haben sie, wenn die Erbfolge nicht vorgeklärt war, ihren Vorteil zu nutzen verstanden. Das ist auch diesmal nicht anders. Karl hat keinen Startvorteil. Er tritt seine Bewerbung als König von Spanien an. Noch nie hat er deutschen Boden betreten. Was bedeutet, dass er auf einer Stufe mit dem französischen Anwärter steht. Also muss man herausfinden, welchem der beiden Konkurrenten die Kaiserwürde am meisten wert ist. So denkt im Kurfürstenkollegium nicht bloß Joachim von Brandenburg, der den Beinamen „Vater der Habsucht" trägt. Die besten Chancen hat am Anfang der Franzose. Hinter Franz steht der Papst. Außerdem kann Franz tiefer in die Schatulle greifen. „Deutsche" Bedenken versucht die französische Propaganda geschickt zu zerstreuen. Eine Flugschrift streicht französisch-deutsche Gemeinsamkeiten heraus. „Es ist kein ursach verhanden, darauß die Teutschen der Frantzosen früntschaft und gemainsame fliehen oder nit annemen sollten, diweil die Frantzosen von natur, art und gewohnhait under allen menschen die miltisten und und senfftmütigsten sein, auch sich alzeit gegen den Teutschen, so sy in kaufmans und andern hendlen zu jnen kommen sein, gästlich und am früntlichsten gehalten haben, und zum maisten die Teutschen und Frantzosen vor zeytten ain gemain wesen gehept und s jren ursprung von ainander genommen hond".[12] Erst als Jakob Fugger, zusammen mit anderen Bankhäusern, seine Investitionsentscheidung trifft, schlägt das Pendel um. Fugger garantiert, für den Fall einer Wahl Karls die Wahlkampfkosten der habsburgischen Partei zu finanzieren. Sie belaufen sich schlussendlich auf stattliche 852 189 Gulden. Die Hälfte wird für direkte Bestechung fällig.

Die Wahlschlacht bedeutet nicht das Ende der dynastischen Rivalität, obwohl der Arm der *casa austria* jetzt weiter reicht als je zuvor. Der Wahlsieger herrscht als Karl V. über ein Reich, von dem man bald sagen wird, dass in ihm die Sonne nicht untergehe. Dem äußeren Anschein zum Trotz kann Karl jedoch nicht schalten und walten, wie er will. Seine Machtfülle existiert nur auf dem Papier und wird beschränkt durch die anhaltende osmanische Bedrohung sowie den Religionskrieg in Deutschland, der bald ausbricht. Franz I. bleibt ein Gegner von Format, der selbst nach heftigen Rückschlägen nicht aufgibt. 1525 bereiten deutsche Landsknechte unter ihrem Hauptmann Frundsberg den Franzosen bei Pavia eine vernichtende Niederlage. Der gefangene König wird nach Madrid verschleppt, wo er sämtliche Forderungen Karls unterschreibt. Doch kaum ist er wieder in Freiheit, widerruft er alle vertraglichen Vereinbarungen. Frankreich ist im Inneren mittlerweile so gefestigt und der Kaiser an so vielen Fronten beschäftigt, dass selbst nach drei weiteren Kriegen der Konflikt noch nicht ausgekämpft ist. Die Rivalen der Kaiserwahl von 1519 geben ihn an ihre Erben weiter.

Kurze Beschreibung der In. Europa. Befintlichen Völckern Und Ihren Aigenschafften.

Namen.	Spanier.	Frantzoß	Wälisch.	Teutscher.
Sitten,	Hochmütig,	Leichtsinig	Hinderhaltig,	Offenherzig,
Natur Und Eigenschafft	Wunderbarlich	Goldseelig Und gesprächig	Eifersichtig,	Ganz Gut,
Verstand,	Klug und Weiß	Firsichtig,	scharffsinig,	Wizig,
Anzeigung deren Eigenschaften	Mänlich,	Kindisch,	Wie jederwill,	Über Allmit,
Wissenschaft.	schrifftgelehrt,	In Kriegssachen	Geistlichen Rechte	In Weltlichen Rechte
Tracht Der Klaidung	Ehrbaar,	Unbeständig,	Ehrsam,	Macht alles Nach
Untugent,	Hoffärtig,	Betrügerisch,	Geilsichtig,	Verschwenderisch
Lieben,	Ehrlob und Rum	Den Krieg,	Das Gold,	Den Trunck,
Kranckheiten,	An Verstopfung	An Eigner,	An böser seüch	An bodogrä,
Ihr Land,	Ist fruchtbaar	Wohlgearbeith	Ergözlich Und Wohllüstig	Gut,
Kriegs Tugente	Groß Müthig,	Arglistig,	Firsichtig,	Uniberwindlich
Gottesdienst,	Der aller beste	Gut	Etwas besser,	Noch Andächtiger
Erkennen für Ihren Herrn	Einen Monarchen	Einen König,	Einen Bäferärch	Einen Käiser,

Nationale Klischees haben einen langen Bart. Das Bild zeigt eine sogenannte „Völkertafel“ aus dem frühen 18. Jahrhundert, die wohl in der Steiermark entstanden ist. Der „Kurzen Beschreibung der in Europa Befintlichen Völkern Und Ihren Aigenschaften“ zufolge lieben Franzosen den Krieg, Deutsche den Trunk.

4 Tacitus und die „deutsche Einfalt“

Manche Bücher machen eine erstaunliche Karriere. Ein Beispiel ist Tacitus' *De origine et situ germanorum*. Verfasst im Jahr 98 n. Chr., galt es lange als verschollen. Mehr als tausend Jahre später, 1454, gelingt dem Rechercheur Enoch d'Ascoli jedoch ein glücklicher Fund. Der hochgebildete Italiener, Lehrer der Söhne Cosimo de Medicis, sucht im Auftrag von Papst Nikolaus V. nach klassischen Handschriften für eine neu zu schaffende Bibliothek. Im Kloster Hersfeld wird er fündig. Er stößt auf mehrere Schriften des römischen Historikers, darunter die *Germania*. Wenig später wird die Schrift gedruckt und sorgt in der Welt des Wissens für eine Sensation. Deutsche Humanisten wie Hutten oder Aventinus sind begeistert. Warum? Tacitus sah Rom durch Sittenverfall in seiner Existenz bedroht. Er wollte den verderbten Landsleuten einen Spiegel vorhalten und benutzte dazu die Germanen, die er als ein reines und unverbildetes Urvolk präsentierte. Dieser Ansatz fällt in einer Zeit, in der nördlich der Alpen der Antipapismus virulent ist und Argumente gegen alles „Römische“ und „Welsche“ gesammelt werden, natürlich auf fruchtbaren Boden. Und bald wird aus der antiken Schrift ein aktuelles Kampfmittel. Ein Stereotyp ist geboren, das Stereotyp des rauen, aber biederen Deutschen. Bis hinein ins 19. Jahrhundert bleibt *De origine et situ germanorum* eine Fundgrube, aus der sich alle bedienen, die nach deutscher Identität und nach Abgrenzung von den „welschen“ Franzosen streben.

Die Germanen des Publius Claudius Tacitus haben „blaue Augen mit wildem Ausdruck, rötliches Haar, hochgewachsene und nur für den Angriff starke Leiber“. Sie sind trunksüchtig und faul. Statt geduldig das

Land zu bebauen, schlagen sie sich lieber mit Feinden herum. Niemals käme ihnen in den Sinn, „mit Schweiß zu erwerben, was man mit Blut gewinnen kann“. Die auf den ersten Blick wenig schmeichelhafte Außenansicht wird durch ein paar helle Farbtupfer aufgefrischt. Ja, sagt Tacitus, ein barbarisches Volk seien die Germanen schon, aber zu ihren Gunsten spreche die Ursprünglichkeit, die sie sich bewahrt hätten. Die Streitlust erhalte die Wehrhaftigkeit und habe ihre Wurzeln in der den Germanen eingeborenen unbändigen Freiheitsliebe. Ein weiterer Vorzug: Die Männer respektierten die Frauen, die ihrerseits tugendhaft seien – kein Vergleich mit den lüsternen Römerinnen.

Der fantastische Duktus von Tacitus' Germanen-Gemälde steht außer Frage. Tacitus hat Germanien nie mit eigenen Augen gesehen. Er schöpft fremde Quellen ab, beispielsweise Plinius, und klaubt zusammen, was für die Zwecke seines Sittenspiegels taugt. Das schränkt die enorme Wirkung seiner Schrift jedoch keineswegs ein. Tacitus' These von den nordischen Wilden, die von der Zivilisation nicht angefressen sind und die ihre Ursprünglichkeit erhalten haben, hallt noch in Fichtes *Reden an die deutsche Nation* (1807/1808) nach, in denen der Philosoph die Deutschen als Urvolk klassifiziert, verbunden mit dem Anspruch, das erste unter den Völkern zu sein.

Man muss die Existenz von Nationaleigenschaften nicht leugnen. Vom Weg, den ein Volk durch die Geschichte nimmt, von den Erinnerungen, die es sammelt, bleibt notwendigerweise etwas an den Schuhsohlen hängen. Nationale Klischees werden dann zu kruden Vorurteilen, wenn sie den Einzelnen hinter dem Kollektiv verschwinden lassen. Sprachlich betoniert der Singular die Vielfalt. Man sagt: *der* Russe, *der* Preuße, *der* Franzose. Stimmt es, dass die Franzosen durch Leichtsinn und Frivolität hervorstechen? Wie immer man die Frage beantworten mag: Pauschalurteile über Völker sind missbrauchsanfällig, simplifizieren, Expertise ist nicht erforderlich. Tacitus kannte Germanien nicht aus eigener Anschauung. Paulus, der alle Kreter mangelnder Wahrheitsliebe bezichtigte, berief sich auf den Politiker Epimenides, der selbst Kreter (also Lügner) war, was der apostolischen Aussage eigentlich den Boden entzog. Aber Klischees sind zählebig. Den Furor teutonicus, den Wilhelm Brito in seinem Schlachtbericht von Bouvines den Rittern Kaiser Ottos zuschreibt, wollte schon tausend Jahre vor ihm der römische Schriftsteller Lucan bei Kimbern und Teutonen beobachtet haben. Knapp zweitausend Jahre später taucht der Furor im Bild des mitleidlos wütenden deutschen Soldaten auf, mit dem die französische Propaganda 1870/71 und 1914/18 arbeitet.

Nationale Klischees bedienen offenbar das menschliche Grundbedürfnis, die komplexe Wirklichkeit zu vereinfachen. Wer sagt, die Schotten seien geizig, erspart sich schwierige „Ja, aber"-Sätze und dazu die Begründungspflicht. Das Klischee unterstellt, die Eigenschaft Geiz sei gleich einer Hautfarbe; sie sei einfach da, den Schotten eingeboren. Und noch etwas zeichnet das nationale Klischee aus. In jeder verallgemeinernden Aussage über die Fasson anderer steckt auch eine Aussage über die eigene Gruppe. Weil man selbst kein Schotte ist, ist man nicht geizig, ergo großzügig. Das Gesetzte und das Entgegengesetzte bedingen einander, Abgrenzung und Selbst-Bestimmung gehen Hand in Hand. Der Historiker Wolfgang Reinhard erklärt den Zusammenhang so: „Der kollektiven Identität, die sich Wir-Gruppen-Angehörige zuschreiben, muß eine entsprechende Fremdzuschreibung durch Andere entsprechen, sonst neigt die kollektive Identität zur Instabilität. Mit anderen Worten, der Andere oder die Anderen sind für die kollektive Identität ebenso konstitutiv wie für die individuelle."[13]

In der Zeit der Glaubensspaltung fällt die Rolle der Anderen den „Welschen" zu. Welsch sind die, die romanische Sprachen sprechen, also Franzosen, Spanier und Italiener. Welsch sind Papst und Papsttum, welsch ist Rom und somit also alles, wogegen die Reformatoren Sturm laufen.

Der Welsch dem Deutschen nicht hold sein wird,
es ist ein angeboren art
wo hund und katz zamen komen
so dund sie gen einander grommen.[14]

Das Gedicht aus dem frühen 16. Jahrhundert postuliert für die Völker dieselbe Unvereinbarkeit wie für Hund und Katze. Entweder man ist Welscher, oder man ist Deutscher. Der Gegensatz lässt sich nicht aus der Welt schaffen – er ist „ein angeboren art". Um zu unterstreichen, wie tief der Graben ist, wird das andere moralisch degradiert. Die „Romanisten", gegen die die deutschen Fürsten zum Schwert greifen sollen, sind nach Luther nicht bloß Ketzer, sondern verdorben. Luther wirft Papst und Kardinäle in einen Topf. Sie sind die „ganze Rotte des römischen Sodoms".[15] Als sittenlos werden bald auch die welschen Franzosen abgestempelt. Man findet die Tätowierung in Flugschriften des Dreißigjährigen Krieges, und es ist gewiss kein Zufall, dass Grimmelshausens Simplicius bei seinem Aufenthalt in Paris in den Venusberg entführt wird, wo er sogleich mehreren Damen zu Diensten sein muss.[16] Zur selben Zeit, und auch das ist kein Zufall, entsteht in Deutschland der erste Entwurf nationaler Selbstidentifikation. Weil die Gegenwart – der Dreißigjährige Krieg – aus deutscher Sicht ein Trauerspiel ist, sucht man Trost und Zuversicht in einer imaginierten Vergangenheit. Der wiedergefundene Germanen-Text des Tacitus kommt gerade recht. Hat der Römer nicht gelehrt, die Germanen seien ein Urvolk? Das *Buch der hundert Kapitel*, eine um 1500 im Elsass entstandene Schrift, greift den Gedanken auf und behauptet, deutsch sei die menschliche Ursprache, die schon Adam im Paradies gesprochen habe. „Adam ist ein tuscher man gewesen."[17] Die Humanisten destillieren aus Tacitus' Werk die „deutsche Einfalt" als Ausdruck urgermanischer Tugendhaftigkeit. Die Deutschen, wird damit suggeriert, seien wohl nicht so schlagfertig, raffiniert und elegant wie die Franzosen, dafür aber redlich, treu und unschuldig. Das Klischee wirkt nachhaltig. Über Jahrhunderte bleibt die Inanspruchnahme biederer Charaktereigenschaften, hergeleitet aus dem fantastischen Germanenbild eines antiken Schriftstellers, eine erstrangige Piste deutscher Ich-Suche.

Bei dieser Suche zeigt die Passnadel beständig nach Westen. An Frankreich scheiden sich die Geister. Es ist Vor- und Schreckbild. Man möchte sein wie die Franzosen oder wie ihr Gegenteil. Die „Einfalt", die

die Deutschen für sich in Anspruch nehmen – Varnhagen von Ense spricht später von der „ungekünstelten Natur gesunder Volkstümlichkeit“[18] –, hat einen stark moralischen Strich. Sie korrespondiert mit der Verderbtheit und Geziertheit, die den Franzosen nachgesagt wird. Was man sich nicht alles über Versailles erzählt! Es muss das reinste Sündenbabel sein! Vor allem im protestantischen Norden Deutschlands schüttelt man sich. Und doch: Die Sünde hat auch ihren Reiz. Französische Lebenskunst – bedeutet sie nicht die Freiheit, sich alle Freiheiten zu nehmen? Auf viele deutsche Fürsten, auch auf den Kleinadel und das aufstrebende Bürgertum, wirkt die Verlockung unwiderstehlich. Man benimmt sich französisch, parliert in einer spottlustigen Weise, die man für Esprit ausgibt, und folgt in der Mode der Raffinesse des Rokoko, die ironischerweise von niemandem authentischer repräsentiert wird als von der Königin Marie-Antoinette, der ehemaligen österreichischen Erzherzogin. Es ist also nicht so weit her mit der „deutschen Einfalt“. Amüsiert bemerkt Madame de Staël, die Deutschland anfangs des 19. Jahrhunderts bereist und von der noch die Rede sein wird, den Ehrgeiz der Nachbarn, die Franzosen im Leichtsinn noch zu übertreffen: Sie „affektier(t)en mehr Immoralität und sind frivoler als diese – nur aus Furcht, dem Ernst könne die Grazie fehlen, und Gefühle und Gedanken würden nicht den richtigen Pariser Ton haben“.[19]

In der Zeit Ludwigs XIV. gab Frankreich in Europa den Ton an. Das Französische war Leitkultur. Speziell die Deutschen reckten die Hälse und schauten neidvoll auf Versailles. Die Nachahmungssucht rief allerdings auch Kritiker auf den Plan. Das Gemälde von Hyacinthe Rigaud (1701) zeigt Ludwig XIV.

5 Vom Nachahmungseifer der Deutschen

Frankreich ist im beginnenden 18. Jahrhundert das Maß aller Dinge. Wer in Deutschland mit der Zeit geht, schaut auf zur Sonne von Versailles. Französisch zu sprechen, gilt als Ausweis der Vornehmheit. Die deutsche Nachahmungssucht wird 1716 in einer *Historie der teutschen Sprache* angeprangert: „Zu unserer Zeit hat Ludewich der 14de in Frankreich der Teutschen Sprache mehr geschadet, als ehemals alle Mönche und Pfaffen ... und weil man jetzo nicht nur an Höfen, sondern auch anderweit unter vornehmen und angesehenen Leuten in öffentlichen Zusammenkünften mehr Frantzösisch als Teutsch redet. Ja es scheinet nunmehro die Reinigkeit unserer Sprache in den letzten Zügen zu liegen."[20]

Den Ostfranken gehörte das Mittelalter. Mit dem Beginn der Neuzeit wandert das europäische Machtzentrum nach Westen. Spanien und Portugal verdanken ihren Aufstieg den märchenhaften Ressourcen ferner Länder. In England legen die Tudors den Grundstein künftiger Weltgeltung. Auf dem Kontinent hat Frankreich die Reifeprüfung bestanden. Es ist der Umklammerung durch die Habsburger entronnen, hat im Innern die Königsmacht ausgebaut und schließlich das große, dreißigjährige Ringen in Deutschland genutzt, um Einflussmacht im Reich zu werden. Vater des Erfolgs ist Richelieu. Auf seiner Vorleistung baut die von Ludwig XIV. geführte Hegemonialpolitik auf. Als das 17. Jahrhundert zur Neige geht, ist Frankreich unbestreitbar die erste *puissance* auf dem Kontinent.

Frankreichs Aufstieg korrespondiert mit dem Niedergang des Heiligen Römischen Reiches. Nirgendwo glänzt Ludwigs Stern so hell wie in Deutschland. Frankreich hat alles, was Deutschland nicht hat: Es ist geballte Staatsmacht, verkörpert in der Person des Königs und ideologisch abgestützt durch eine neue Staatsdoktrin, den Absolutismus. Der Ort, an dem die Strahlen des „Sonnenkönigtums" zusammenfließen, ist Versailles. Dieser Allgewalt gegenüber wirkt Deutschland wie eine Karikatur. Es besitzt keine Hauptstadt und ist lahmgelegt durch die Glaubensspaltung. Politisch ist Deutschland nur noch das, was andere nicht für sich beanspruchen. Flankiert wird es von der europäischen Großmacht Österreich und von Brandenburg-Preußen, das sich aufmacht, diesen Status zu erlangen. Dazwischen liegt ein territorialer Flickenteppich, eine unbestimmbare Vielheit namens Heiliges Römisches Reich, bestehend aus zahlreichen weltlichen und geistlichen Fürstentümern, freien Städten und reichsunmittelbaren Herrschaften. Die Winzigkeit ihrer Territorien hindert die Fürsten nicht daran, Ludwig XIV. nachzueifern. Wie Versailles, so sollen auch ihre Residenzen Ort und Ausdruck der Machtfülle sein. Die fürstliche Bauwut beschert Deutschland eine Menge barocker Schlösser, ruiniert aber die Kassen. Je kleiner der Staat, desto bizarrer die Zurschaustellung: Die Spitzenleistung architektonischer Großmannssucht vollbringt Herzog Karl II. August von Pfalz-Zweibrücken, ein Wittelsbacher. Zwischen 1778 und 1788 lässt er auf dem Karlsberg bei Homburg eine Schlossanlage entstehen, die mit einer 1,2 Kilometer langen Fassade, einer gewaltigen Orangerie und Stallungen für tausend Pferde sogar Versailles übertrifft. Freilich, kein Schloss hat ein kürzeres Dasein als das auf dem Karlsberg. 1793 wird es von Jakobiner-Soldaten bis auf die Grundmauern niedergebrannt.[21] Der Größenwahn der Kleinfürsten treibt die tollsten Blüten: 1669 macht sich Friedrich Casimir, Graf von Hanau und Herr zu Ochsenstein, anheischig, eine Kolonie zwischen dem Orinoco und dem Amazonas zu erwerben.[22] Kein Wunder, dass die „Quadratmeilen-Monarchen", so der scharfzüngige Kritiker Johann Pezzl, zur Zielscheibe von Hohn und Spott werden. „Es sitzt (dort) manches Fürstlein auf dem Thron, das kaum zwölf Hühner zu regieren im Stande wäre; indessen will es glänzen, will gleichen Schrittes mit den größern einher schreiten …"[23]

Die französische Leitkultur prägt mit ihren strengen Gesetzen Generationen von Gartenarchitekten und Theaterdichtern. Einer Invasion gleich dringt das Französische in den deutschen Sprachraum ein. Deutsch wird vom Volk gesprochen, wenn auch in mannigfachen Dialekten. Dagegen ist Französisch die Sprache der Höfe und der Diplomatie. Soziale Distinktion wird nicht nur über Kleidung oder Kutsche erreicht, sondern über den französischen Privatlehrer für die Kinder. Das ruft Widerstand auf den Plan. „Ich teutscher Michel/versteh schier nichel/In meinem Vaterland, es ist ein Schand", lamentiert eine Flugschrift von 1642.[24] Fünfzig Jahre später ist die „Schand" eher noch größer geworden. „Anitzo scheint es", wettert der Philosoph Gottfried Wilhelm Leibniz 1697, „dass bey uns übel ärger geworden, und hat der Mischmasch abscheulich überhand genommen, also dass der Prediger auf der Cantzel, der Sachwalter auff der Cantzley, der Bürgersmann im Schreiben und Reden mit erbärmlichem Frantzösisch sein Teutsches verderbet". Für Leibniz, der den Beginn der Unterwanderung durch das Französische auf das Ende des Dreißigjährigen Krieges datiert, handelt es sich um einen Akt der Selbstkolonisierung. „Frantzgesinnete" hätten „Frankreich gleichsam zum Muster aller Zierlichkeit aufgeworffen". Sie ekelten sich vor der deutschen Sprache und vor deutschen Sitten und hätten Deutschland, „wo nicht der Frantzösischen Herrschaft (daran es wohl auch nicht viel gefehlet) doch der Frantzösischen Sprache und Mode unterwürffig gemacht".[25]

Im frühen 18. Jahrhundert übernehmen Sprachgesellschaften die Verteidigung der deutschen Sprache. Die berühmteste ist die 1716 in Weimar gegründete „Fruchtbringende Gesellschaft". Ganz oben in ihrem Programm steht die Absichtserklärung, „daß man die Hochdeutsche Sprache/in jhrem rechten wesen und standt/ohne einmischung fremder außländischer wort/auffs möglichste und thunlichste/erhalte". Ähnlichen Zielen hängt der 1772 ins Leben gerufene Hainbund an, ein Freundeskreis von Dichtern, die den Eigenwert der Natur gegen einen eng geführten Rationalismus verfechten und in ihrem Zentralorgan *Göttinger Musenalmanach* gegen die angeblich sittenlosen Franzosen wettern. Für Gotthold Ephraim Lessing ist das Verhältnis zur Sprache eine Charakterfrage. Hatte Leibniz in den „Frantzgesinneten" Aktivisten der Selbstunterwerfung gesehen, sieht Lessing im deutschen Nachahmungseifer eine nationale Untugend. Die Deutschen, schreibt er 1768, seien „noch immer die geschworenen Nachahmer alles Ausländischen, besonders noch immer die untertänigen Bewunderer der nie genug bewunderten Franzosen" gewesen.[26]

Selbstkolonisierung oder eingeborene Untugend: Die Missachtung der Volkssprache hat bei den Mächtigen und Gebildeten in Deutschland Tradition. Von Karl V., dem Herrscher über den halben Erdball, wird Folgendes erzählt: Karl habe die Sprachen, derer er mächtig war, in der Konversation gezielt zur Anwendung gebracht. Mit Frauen habe er italienisch gesprochen, mit Männern französisch und mit Gott spanisch. Deutsch habe er nur mit Pferden gesprochen.[27] Auch wenn die Anekdote wahrscheinlich erfunden ist, bleibt festzuhalten, dass die deutschen Kaiser und Könige hinsichtlich der Pflege der Nationalsprache Totalausfälle waren. Eine krasse Enttäuschung für die Kämpfer gegen „Sprachmengerei" und „Alamodewesen" ist Friedrich der Große. Mit dem Preußenkönig besitzen die Deutschen nach langer Flaute wieder einen Fürsten, auf den sie stolz sein können und in dessen Macht es läge, das nationale Selbstgefühl zu heben. Nur, dass Friedrich damit nichts im Sinn hat. Seine Bewunderer sind frustriert. Einer von ihnen ist Johann Wilhelm Ludwig Gleim. Schriftstellerkollegen werfen ihm sogar vor, sich mit Lobhudeleien beim König einschmeicheln zu wollen. Gleims Antwort ist so lapidar wie bitter: „Mein Lob ist deutsch/Und Deutsches liest er nicht."[28] Friedrichs anspruchsvoller Geschmack lässt außer dem Französischen nichts gelten. Von den Aufklärern bevorzugt er Bayle und Voltaire. Kants Philosophie ist ihm nicht der Mühe wert. Bezeichnenderweise wird der Königsberger erst nach Friedrichs Tod in die Preußische Akademie der Wissenschaften aufgenommen. Die deutsche Sprache findet Friedrich grob und undifferenziert. Er spreche sie „wie ein Kutscher" (*comme un cocher*), gibt er zu und behauptet, „von Jugend auf kein deutsch Buch" gelesen zu haben.[29] Das Aufblühen der deutschen Klassik geht vollständig an ihm vorbei. Goethes Werther erklärt er für ungenießbar – ein

Friedrich der Große verachtete die deutsche Sprache. Den Aufbruch in Literatur und Philosophie nahm er nicht wahr. Das Bild zeigt den roi philosophe *zusammen mit Voltaire in der Bildergalerie von Sanssouci.*

Buch immerhin, das Napoleon fünfmal gelesen haben will. Überhaupt ist der Alte Fritz der Ansicht, dass Kunstsinn und Deutschsein nicht zusammenpassen. Als man ihm von einer jungen Frau mit einer wunderschönen Stimme berichtet, weigert er sich, sie anzuhören, denn gewiss habe sie einen deutschen Akzent. „Lieber lasse ich die Arien in meinen Opern von einem Pferd wiehern, als daß ich mir eine deutsche Primadonna zulege."[30]

Freilich gibt es auch einen anderen Friedrich. In den *Denkwürdigkeiten zur Geschichte des Hauses Brandenburg*, beschreibt er die deutsche Nachahmungssucht sehr anschaulich: „Ein junger Mann von Stand, der sich nicht eine Zeitlang am Hofe von Versailles aufgehalten hatte, galt als Einfaltspinsel. Französischer Geschmack beherrschte unsere Küche, unsere Einrichtung, unsere Kleidung und alle die Kleinigkeiten, auf die sich der Einfluß der Mode erstreckt. Diese Leidenschaft wurde aufs äußerste getrieben und artete aus. Die Frauen, die zu übertreiben pflegen, gingen darin bis zur Narrheit."[31] An den Franzosen hat Friedrich, eine Zeit lang Freund und Bewunderer Voltaires, übrigens eine Menge auszusetzen. Ludwig XV. findet er ganz widerwärtig, weil dieser sich von einer Frau, Madame de Pompadour, leiten lasse. Er vergleicht den Franzosenkönig wegen der ihm nachgesagten Ausschweifungen mit Sardanapal, dem letzten König der Assyrer, der sich der Sage nach in den Trümmern seines Palastes den Tod gab. In einem Poem schreibt er:

> Gegen das Benehmen von Sardanapal
> Kann meine genügsamere Nation
> Nur ihre Tugenden setzen.[32]

Wiederholt greift Friedrich das Doppelklischee tugendhafte Deutsche/sittenlose Franzosen auf. In seiner *Ode an den Prinzen Ferdinand von Braunschweig über den Rückzug der Franzosen 1758* verleiht er den Franzosen die Attribute schwülstig, hochmütig, frivol und raffgierig: „Vollgefressen mit Raubgütern maßen sie ihren Mut am Umfang ihrer Kriegsbeute."[33]

Auch wenn Friedrichs Frankophilie ihre Einschränkungen hat, bleibt der Preußenkönig für den sich in seiner Regierungszeit stark regenden Nationalgeist unempfänglich. Es gehört zu den Widersprüchen des großen Mannes, dass er, der selbst ein *homme de lettres* ist, den literarischen Aufbruch rings um ihn herum nicht wahrnimmt. Dabei hat dieser Aufbruch eine politische Dimension. Eine neue Schriftstellergeneration adelt die von der Aristokratie verachtete Sprache des Volkes und proklamiert Deutschland zur Kulturnation. Die naheliegende Frage nach der Staatsnation liegt in der Luft, wird jedoch, weil zu revolutionär, noch nicht aufgeworfen. Einstweilen geben sich die Schriftsteller damit zufrieden, die Oberhoheit des Französischen selbstbewusst in die Schranken zu weisen. In Gotthold Ephraim Lessings *Minna von Barnhelm* (Uraufführung 1767) weigert sich Minna, mit dem französischen Offizier Riccaut, einer windigen Figur, französisch zu sprechen:

> Riccaut: „Nit? Sie sprek nit Französisch, Ihro Gnad?"
> Das Fräulein: „Mein Herr, in Frankreich würde ich es zu sprechen suchen. Aber warum hier? Ich höre ja, daß Sie mich verstehen, mein Herr. Und ich, mein Herr, werde Sie gewiß auch verstehen; sprechen Sie, wie es Ihnen beliebt."

Die erbarmungslose Vorgehensweise im Pfälzischen Erbfolgekrieg rief auch in Frankreich Empörung hervor. Franzose und Kannibale seien für die Nachbarn ein und dasselbe, klagte eine Flugschrift. Der Kupferstich zeigt den „Mordbrenner" General Mélac.

6 „Die Völker zum Weinen bringen“: Franzosen wüten in der Pfalz

1688 fallen französische Truppen in die Rheinlande ein. Ludwig XIV. nutzt die Schwäche von Kaiser und Reich, um die Beute, die er zuvor im Elsass gemacht hat, abzusichern und die Ostgrenze Frankreichs an den Rhein vorzuschieben. Der Pfälzische Erbfolgekrieg wird mit großer Rücksichtslosigkeit geführt und gräbt sich tief in das kollektive Gedächtnis ein. Was die Zeitgenossen besonders erschüttert, ist die bewusst betriebene Terrorisierung der Zivilbevölkerung. Zum Mahnmal wird das Heidelberger Schloss, das ohne militärischen Zweck zur Ruine gemacht wird. Der französische Schriftsteller Victor Hugo besucht Heidelberg im Jahr 1840 und ist fassungslos. Er schreibt seinen Lesern daheim: „Sie können sich nicht vorstellen, mit welcher Wut die Franzosen insbesondere das Schloß zwischen 1689 und 1693 verwüstet haben ...“[34]

Als die Not am größten und absehbar ist, dass weder von Kaiser noch Kurfürst Hilfe kommen wird, entsinnen sich die Heidelberger ihrer prominenten Landsfrau Liselotte. Die Prinzessin hat einst im Schloss über dem Neckar das Licht der Welt erblickt; jetzt ist sie Herzogin von Orléans und Schwägerin des französischen Königs. Wer wäre besser geeignet als sie, ihre Stadt vor dem Untergang zu bewahren? Also beschließt die Bürgerschaft, einen der Ihren nach Versailles zu entsenden. Die Wahl fällt auf Johannes Weingard, den Wirt des „König von Portugal“. Der kann Französisch, traut sich etwas und ist somit prädestiniert, der Stimme der Bedrängten Gehör zu verschaffen, mag es auch in der Höhle des Löwen sein. Es dauert etliche Tage, ehe Weingard in Versailles vorgelassen wird, Tage, die er wohl staunend vor den Toren des riesig-einschüchternden Palastes verbringt. Schließlich steht er vor der Herzogin. „Wie stehts in der armen Pfalz?", empfängt sie Weingard. Dann bricht sie in Tränen aus. Sie weint so sehr, dass „ihme, Weingard", angst und bange wird, „Madame würde keinen Athem mehr holen können, wobei dieselbe die Hand unter ihre Brust gelegt, sagend, wollte gern mein Blut und mein Leben aufopfern vor die arme Pfalz, wan ich sie damit kunnte glückselig machen". So erzählt Weingard später im Rapport seiner Mission.[35] Es war eine *mission impossible* für den Wirt des „König von Portugal" wie für die Herzogin, die keine Gelegenheit erhält, Blut und Leben für die Rettung ihrer Heimatstadt aufzuopfern. Denn zum Zeitpunkt der Begegnung Ende November 1669 ist die Zerstörung Heidelbergs längst beschlossene Sache.

Warum Heidelberg, warum die Pfalz, warum überhaupt dieser Krieg, der doch gar kein Krieg ist, sondern die organisierte Heimsuchung einer Region und ihrer Bevölkerung? Die Zerstörungsaktion hat eine Vorgeschichte und die Vorgeschichte eine Reihe von Ursachen, von denen eine auf Grundgesetzlichkeiten der Politik verweist: Die meisten Untaten geschehen, wenn der Blick des Starken auf einen Schwachen fällt. Machtlosigkeit befördert Machtmissbrauch. Machtlos ist nach den Verheerungen des Dreißigjährigen Krieges das Reich in der Mitte Europas. Es ist, nach einem Wort des Universalgelehrten Leibniz, zum Kampfplatz herabgesunken, „darauf man um die Meisterschaft von Europa gefochten". Ludwig XIV. zögert nicht lange, die Chance zu ergreifen. Die Einladung ist zu verlockend. Der Kaiser in Wien hat mit der Abwehr der Türken alle Hände voll zu tun. Hinzu kommt, dass wichtige Reichsfürsten – allen voran Friedrich Wilhelm von Brandenburg, der Große Kurfürst – ihre Partikularinteressen verfolgen und sich den Teufel um die Reichseinheit scheren. So können die Heerscharen Ludwigs XIV. 1679 ganz entspannt ausschwärmen und Lothringen, die Franche-Comté und das Elsass besetzen (Reunionskrieg). Den Vorwand liefern unklare Rechtsbestimmungen des Friedensvertrags von Münster, die Ludwig zu seinen Gunsten auslegt. Die französische Diplomatie beweist, dass sie ihrer Zeit voraus ist. Sie arbeitet mit semantischen Tricks und stellt das aggressive Vorhaben Ludwigs unter den verharmlosenden Begriff einer „Reunion“ (Wiedervereinigung), die zusammenführen soll, was angeblich schon lange zu Frankreich gehört. Spezialgerichtshöfe, genannt „Reunionskammern“, sprechen Recht, wie man es in Versailles von ihren erwartet. Auf der Grundlage ihrer Urteile werden nicht weniger als sechshundert Orte im Elsass, in Lothringen und der Franche Comté einkassiert. Spektakulärster Akt ist die Einverleibung der freien Reichsstadt Straßburg 1681.

Doch Ludwig gibt sich damit nicht zufrieden. Gewiss, man hat, was man hat. Doch es fehlt dem Raubzug zum vollen Erfolg die endgültige Anerkennung der Beute durch Kaiser und Reich. Inzwischen ist die politische Großwetterlage umgeschlagen. Die Türken sind mit dem letzten Großangriff auf Wien gescheitert und befinden sich auf dem Rückzug. Damit hat der Kaiser Ressourcen frei, die es ihm erlauben, sich auf Frankreich zu konzentrieren. Außerdem ist Wilhelm von Oranien in England gelandet, Ludwigs aktivster Feind trägt jetzt die Krone des Inselreichs. Eine große europäische Koalition gegen Frankreich nimmt Form an. In dieser Situation entscheidet sich Ludwig zu einem Präventivschlag. Er nutzt den Tod des pfälzischen Kurfürsten Karl, um eine Erpressung ins Werk zu setzen. Als Hebel dient ausgerechnet Liselotte. Sie ist die Schwester des ohne Nachkommen abgegangenen Kurfürsten, und weil sie mit Ludwigs Bruder Philipp, dem Herzog von Orléans, verheiratet ist, verlangt der „Sonnenkönig“ für diesen das Herzogtum Simmern. Der Einmarsch in die Rheinlande im September 1688 soll der Forderung Nachdruck verleihen. Erst dann werde er seine Truppen zurückziehen, lässt Ludwig in einem Kriegsmanifest mitteilen, wenn Kaiser und Reich dem Ergebnis der Reunionen zugestimmt hätten.

Vermutlich wäre der Pfälzische Krieg eine historische Randnotiz, hätte Ludwigs Minister Louvois nicht zu Mitteln der Kriegführung gegriffen, die zu dieser Zeit ganz und gar unerhört waren. Um den Krieg zu verkürzen – Kriegführung ist teuer, und die Finanzen des französischen Königs nähern sich dem Bankrott –, wird die Zivilbevölkerung in die Mangel genommen. Man müsse das Volk nur genügend drangsalieren, das werde ihm jeden Gedanken an Widerstand für lange austreiben, meint Louvois. Die Methode tauft er *faire crier les peuples.* Die Völker sollten zum Weinen gebracht werden.[36]

Die Kampfhandlungen finden auf der rechten Rheinseite statt, marodierende Truppen stoßen bis nach Baden und Württemberg vor. Es dauert, bis der Kaiser Hilfstruppen schickt. Die Festungsstadt Philippsburg ergibt sich, eine Stadt nach der anderen folgt dem Beispiel. Zuerst konzentrieren sich die Franzosen darauf, Mauern und Schanzen zu schleifen. Aber bei der Politik der „Entfestigung" (so der Historiker von Raumer) bleibt es nicht. Reihenweise werden Dörfer, die das Unglück haben, einer Stadt benachbart zu sein, in Schutt und Asche gelegt. Bald brennt die ganze Pfalz. Im Januar 1689 erlebt Heidelberg schreckliche Tage. Das Schloss auf der Höhe, Wahrzeichen der Stadt, wird gesprengt. Es folgen die Pfeiler der Neckarbrücke und die Stadtmauern. Trotzdem kommt die Stadt glimpflich davon (erst vier Jahre später wird das Zerstörungswerk vollendet). Umso schlimmer trifft es Handschuhsheim, einen Ort, wohin viele Heidelberger geflohen waren. Das Dorf wird gänzlich niedergebrannt. Der Pfarrer von Handschuhsheim muss 150 Menschen beerdigen. „Nit ist zu beschreiben", klagt der Geistliche, „wie erbärmlich und erschröckhlich die arme unschuldige Menschen seindt … zerfetzt geweßen, theilns die Hände, Finger, Nasen, Ohrn undt andere Glüder abgeschnitten wahren …"[37] *Faire les peuples crier*: Nächstes Opfer ist Mannheim, damals ein kulturelles Zentrum. Über Speyer und Worms steht der Rote Hahn am 31. Mai. Nüchtern meldet der französische Befehlshaber Vollzug: *Oppenheim, Worms et Spire sont entièrement brûlés* („Oppenheim, Worms und Speyer sind vollkommen niedergebrannt").[38] In Worms lassen Soldaten ihre Wut am romanischen Dom aus. In Speyer wird die Krypta mit der Grablege der salischen Kaiser verwüstet.

Das Ziel, das hinter den „Reunionen" und dem darauf folgenden Pfälzischen Krieg steht, ist der Rhein. Ludwig XIV. ist nicht der Erste, der dieses Ziel anstrebt. Bereits Richelieu, der regieführende Minister Ludwigs XIII., strebte nach der „natürlichen Grenze" im Osten. Das

Prägende des Pfälzischen Krieges ist die angewandte Methode. Ludwig XIV. will östlich des Rheins ein Glacis schaffen, in welchem es keine funktionstüchtigen Fortifikationen mehr gibt und wo die Bevölkerung gelernt hat, dass die Begegnung mit Frankreichs Militärmacht tödlich ist. So werde sich der Rhein in Zukunft leicht verteidigen lassen. Jules Louis Bolé de Chamblay, Quartiermeister der Invasionstruppen und einflussreicher Militärberater Ludwigs XIV., befeuert den König und seinen Kriegsminister in dieser Absicht. Im Oktober 1699 schreibt er Louvois: „Zerstören Sie, demolieren Sie und setzen Sie sich dadurch in den Stand, die unbedingten Herrn des Rheins zu sein (‚d'être absolument maîtres du Rhin'), sodass das Land der vier rheinischen Kurfürsten die erste Beute Ihrer Truppen wird, wenn es wieder Krieg gibt."[39]

Richelieu hätte diese Vorgehensweise kaum gut gefunden. Der kluge Kardinal war davon überzeugt, dass Frankreichs Rheinpolitik „viel Zeit, große Vorsicht und ein sanftes und verdecktes Verfahren" brauche.[40] Ludwig XIV. und sein Minister Louvois schlagen diesen Rat in den Wind. Das Resultat des Krieges fällt denn auch hinter die Ambitionen des Königs zurück. Im Frieden von Rijswijk (1793) kann Frankreich zwar das Elsass behaupten, muss aber den größeren Teil der „Reunionen" wieder herausgeben. Schweren Schaden nimmt das Ansehen Frankreichs in Deutschland. „Die erbarmungslose Mordbrennerei" habe zum ersten Mal in der Geschichte „den deutschen Volkshaß gegen Frankreich" hervorgerufen, folgert der Historiker Walter Platzhoff.[41] In der Pfalz bleibt vor allem der Name Mélac unvergessen. Der General, der sich durch besondere Brutalität hervorgetan hatte, wird zum Synonym für die Exzesse des Krieges. Noch Generationen später nennt man bösartige Hunde nach ihm; auch das Schimpfwort „Lackel" soll auf den Grafen zurückgehen. Dabei war Mélac nur ein Werkzeug; er tat nichts anderes, als die Politik der Verwüstung, die in Versailles ausgedacht worden war, umzusetzen. Das Rufschädigende dieser Politik wird auch in Frankreich erkannt. „Heute bedeutet ein Franzose und ein Kannibale beinah ein und dasselbe für die Denkweise seiner Nachbarn", klagt eine zeitgenössische Flugschrift.[42]

Der Ausbruch der Revolution in Frankreich versetzte zahlreiche deutsche Bildungsbürger in Trance. Sie wollten Franzosen sein oder wenigsten das „Leichenbegräbnis des Despotismus" aus der Nähe verfolgen. Jean-Pierre Houels zeitgenössisches Aquarell zeigt den Sturm auf die Bastille.

7 Revolution I: „Oh, wenn ich itzt Franzose wäre“

Am 11. Juli 1789 begeht Ludwig XVI. eine große Torheit. Der 62. König von Frankreich, ein gutmütiger Mann von mittlerer Intelligenz, jedoch als Herrscher eine krasse Fehlbesetzung, entlässt den populären Finanzminister Necker. Daraufhin brechen Unruhen aus. Am 14. Juli erstürmt eine aufgebrachte Volksmenge das Pariser Stadtgefängnis, die Bastille. Während sich der *Quatorze juillet* rasch als Quelldatum für die große Revolution durchsetzt, steht für den Korrespondenten der angesehenen *Augspurgischen Ordinari-Postzeitung* bereits am 11. fest, dass die alte Ordnung perdu ist. „Die Miene ist endlich gesprungen, und das Feuer eines bürgerlichen Kriegs in Paris ausgebrochen.“ Zehn Tage später ordnet der Berichterstatter die Ereignisse historisch ein: „Wir haben kein Beyspiel in der Geschichte, daß eine Staatsveränderung in so kurzer Zeit zu Stande gebracht worden sey, als unsere gegenwärtige, wobey allein die Hauptstadt das Schicksal einer ganzen Nation mag entschieden haben. Die Engelländer haben Jahrhunderte an ihrer Freyheit gearbeitet, und es hat über eine Million Menschen gekostet; wir keine 8 Tage mit wenigem Blut.“

Das Erdbeben in Frankreich hat von Anfang an den Charakter eines Weltschauspiels. Die Bühne ist Paris und das Stück ein Nervenkitzel, der auch und gerade in Deutschland elektrisiert. Am liebsten würde man sich an den Ort des Geschehens zaubern, so aber dauert es eine Woche oder länger, bis der neueste Nachrichtenstoff eintrifft. Nicht immer sind die Zeitungsleser gleich im Bilde. Die Zeitung steckt noch in den Kinderschuhen; Schlagzeilen, die das Wichtigste hervorheben, sind unbekannt. Mitunter enthält eine Ausgabe zum selben Thema mehrere Artikel, die aber nicht dieselbe Aktualität haben. Das ist verwirrend, denn die Handlung auf der Bühne rast. Im Stakkato wechseln die grellsten Bilder, Unerhörtes wird am Stück geboten. Die Revolution scheint keinen Stillstand zu kennen. Sie zerstört und ordnet, zerstört wieder, schafft neu und versetzt die Zuschauer in einen Rauschzustand.

Nirgendwo in Europa sei die Anteilnahme am Revolutionsgeschehen „so lebhaft, so warm und so allgemein" wie in Deutschland, findet der in Weimar lebende Christoph Martin Wieland.[43] Wir werden dem scharfsinnigen Chronisten noch häufiger begegnen, tun allerdings gut daran, genau hinzuhören, wenn er von „allgemein" spricht. Die Allgemeinheit ist für Wieland die Gemeinschaft der Gebildeten. Wenn es um Weltgegebenheiten geht, zählen Bauern, Tagelöhner oder Handwerker nicht. Sie sind Kinder, die erst durch Bildungsvermittlung erwachsen gemacht werden müssen. In diesem Punkt sind sich die *Lumières*, die Aufklärer und die Aufgeklärten, einig. Sie wünschen keine aktive politische Beteiligung des Volkes, allein der Gedanke daran bereitet ihnen Schrecken. Denn wenn die, denen ein Stück Speck in der Suppe mehr wert ist als die geheiligte Freiheit, das Heft in die Hand nehmen, droht Anarchie.

Zugegeben, auch für den Historiker stellt „das Volk" ein Problem dar. Wie denken „die Deutschen" oder „die Franzosen" über die Revolution? Die kleinen Leute sind stumm, sie hinterlassen kaum schriftliche Spuren, und es wäre anmaßend, über ihre Ansichten mehr als Vermutungen anzustellen. Ausdrucksfähig ist nur das Bürgertum, genauer gesagt, das Bildungsbürgertum. Es hält sich für die Schicht im Kommen und drängt nach politischer Teilhabe. In der Gesellschaft gibt es schon den Ton an. Bürger sind Buchverleger, Drucker und Zeitungsredakteure. Sie beherrschen das meinungsbildende Zeitschriftenwesen. Sie sind Universitätsprofessoren und Entdecker. Sie lesen dieselben Schriftsteller und huldigen derselben Leidenschaft – sie schreiben Briefe ohne Ende, tauschen Standpunkte aus und beichten ihre Gefühle. Die Schicht, die sie bilden, ist überschaubar, aber bestens vernetzt. Philosophieren ist ihre Passion. Ihre Wegweiser in der Lehre vom Staat sind die Franzosen Montesquieu oder Rousseau und neuerdings der Königsberger Immanuel Kant. Ihr Label ist die Aufgeklärtheit, das heißt, sie glauben, dass die Vernunft, ist sie erst Leitschnur der Staatskunst, das Menschengeschlecht ganz von selbst in eine strahlende Zukunft führen werde. Von den revolutionären Losungen schätzt man die *égalité*, weil sie verspricht, endlich auf gleicher Stufe mit dem beneideten Adel zu stehen. Noch wichtiger ist den Bürgern die *liberté*, womit sie die Freiheit des Räsonierens und nicht zuletzt des Eigentums meinen. Was den Gottglauben angeht, gehört die Verachtung des „Papismus" zum guten Ton. Der Zeitgeist präferiert individuelle metaphysische Zugänge. Hoch im Kurs stehen Freimaurer und Illuminaten, wie überhaupt geheime Zirkel und Bruderschaften großen Reiz ausüben.

In Frankreich hat sich das Bürgertum, der Dritte Stand, zur politischen Nation erklärt und damit die Revolution eingeläutet. Im staatlich zerklüfteten Deutschland beansprucht das Bürgertum, wenigstens die geistige Nation zu sein. Aus derselben philosophischen Quelle schöpfend wie die französischen Protagonisten, fühlt man sich gleichsam als Miturheber der Revolution. Es ist vor allem der gelehrte Nachwuchs, der am Umsturz der Verhältnisse im Nachbarland „lebhaft und warm" Anteil nimmt. Der junge Georg Wilhelm Friedrich Hegel überschlägt sich vor Begeisterung: „So lange die Sonne am Firmament steht und die Planeten um sie herumkreisen, war das nicht gesehen worden, daß der Mensch sich auf den Kopf, das ist auf den Gedanken stellt und die Wirklichkeit nach diesem erbaut."[44] Hegel ist Student am Tübinger Stift, wo eigentlich Theologie gelehrt wird. Aber die Theologie hat gegen den angesagten Vernunftglauben einen schweren Stand. Die neue Welt entsteht nach dem Bauplan der Philosophie. Davon sind Hegel und seinesgleichen überzeugt. Welch ein Triumph des schöpferischen Menschen! Am Stift sorgen Hegel und seine Studenten-Freunde Friedrich Hölderlin und Friedrich Wilhelm Joseph Schelling für einen Skandal. Sie tanzen um einen Freiheitsbaum und singen revolutionäre Lieder. Freiheitsbäume, die mit allerlei symbolischem Lametta behängt werden, sind eine Mode, die von Amerika und jetzt von Frankreich herübergeschwappt ist. Vollkommen harmlos sind die Freudentänze nicht: Am ersten Freiheitsbaum, einer Ulme in Boston, um die sich Siedler 1765 aus Protest gegen die von der britischen Kolonialmacht verhängte Stempelsteuer versammelten, baumelten zwei Strohpuppen.

Die Angst vor der Anarchie ist bei den deutschen Bürgern, die jetzt ihr Fernrohr auf Frankreich richten, von Anfang an vorhanden. Man klopft auf Holz wie der eingangs zitierte Augsburger Zeitungskorrespondent, der den Umstürzlern bescheinigt, „mit wenigem Blut" ausgekommen zu sein. Aber ist die Messe schon gelesen, oder steht das dicke Ende noch bevor? Die Zeichen sind uneindeutig. Gleich am 14. Juli hat man dem Marquis de Launay, Gourverneur der Bastille, den Kopf abgeschlagen und auf eine Pike gespießt – eine unschöne Trophäenschau, die man am liebsten vergessen möchte. Ein paar Tage später massakriert die Volksmenge auf dem Vorplatz des Pariser Rathauses den Intendanten der Hauptstadt, Bertier de Sauvigny, und seinen Schwiegervater Foullon de Doué. Beide sollen mit Getreide spekuliert haben und für den steigenden Brotpreis verantwortlich sein. Dann, am 20. Juli, bricht wie ein Sturm aus heiterem Himmel die *Grande Peur* aus, die „Große Angst". Im ganzen Land fallen Bauern plündernd und brandschatzend über Schlösser und Herrensitze her, Zollhäuser werden zerstört, Teiche leer gefischt. Niemand hat die Ausschreitungen angestachelt, keine Hand Regie geführt. Höchstwahrscheinlich wurde die Welle des Vandalismus durch ein plötzlich aufploppendes Gerücht ausgelöst, Räuberbanden im Sold der Aristokraten wollten die Ernte zerstören. Drei Wochen wütet der Bauernaufstand, dann ist die Paranoia verweht. Es bleibt die verstörende Erfahrung, dass das Volk hochgradig anfällig ist für Verschwörungstheorien. Revolutionsführer wie Robespierre oder Danton werden sich das Gelernte beizeiten zunutze machen.

Beruhigend findet das Bürgertum, was sich in der Nacht vom 4. auf den 5. August ereignet. Die Nationalversammlung beschließt die Abschaffung des Feudalsystems. Den Antrag stellt der Vicomte de Noailles, und das ist eine echte Sensation. Denn der Vicomte gehört zum Hochadel. Die Begünstigten der Ungleichheit verlangen die Einführung der

Gleichheit! Kann es einen strahlenderen Beweis dafür geben, dass die Veredelung des Menschen der gewaltsamen Nachhilfe nicht bedarf, sondern durch Einsicht möglich ist? Denen, die die Revolution mit Sympathie, aber auch mit Bangigkeit verfolgen, geht das Herz auf. Wieland staunt. Den flatterhaften Franzosen hätte er am Letzten zugetraut, die Freiheit zu erobern und sie mit so viel Weisheit zu gebrauchen. „Dies hat die Welt noch nie gesehen, und der Ruhm, ein solches Beispiel zu geben, scheint der französischen Nation aufbehalten zu sein."[45]

Angesichts der mustergültigen Aufführung werden die gewohnten Franzosen-Klischees von Leichtsinn und Sittenlosigkeit eilig ausrangiert, als hätte es sie nie gegeben. Der Oldenburger Jurist und Dichter Gerhard Anton von Halem, der 1790 Frankreich bereist, schwelgt in den höchsten Tönen: „Was ist doch alles, so die Völkergeschichte bisher uns zeigte in Vergleichung mit dem Schauspiele, das uns jetzt Gallien gibt? Hundert Schlachten und Siege und Bündnisse änderten für's Menschengeschlecht nichts; denn was interessiert es die Menschheit, ob ein Stück Landes unter den Auspizien des einköpfigen oder zweiköpfigen Adlers seine Abgaben zahlt? … Wie viel interessanter für den Freund der Menschheit ist denn nicht der Anblick eines Volks, das durch Gesetzgebung sein inneres Wohlsein zu vermehren sucht!"[46] Der Schwabe Karl Friedrich Reinhard erlebt den Ausbruch der Revolution in Bordeaux. Im *Schwäbischen Archiv* fordert er seine Landsleute in der Heimat auf, alle Ansichten über Frankreich schleunigst zu revidieren. „Wenn ehmals die Welt jene französische Anmassung lächerlich fand, die Erste Nation der Welt zu seyn, so wird nun allgemeines Zujauchzen diesem edlen Volke die Palme weih'n, die es aus bescheidnem Selbstgefühl verweigern wird. England selbst wird sich mit der Ehre begnügen, ein Jahrhundert gesezmäßiger Freiheit in seinen Annalen voraus zu haben, und wird ohne Eifersucht seine Nebenbuhlerin betrachten, wie sie zu gleicher Zeit sein Beispiel befolgt und übertroffen hat. Und unsre Deutschen Dichter werden nicht mehr singen: ‚Wer des Rheines Gabe hasset, trink' als Knecht am Marne Strand.'"[47]

Statt wie gewohnt über die bedenkliche Moralität der Franzosen die

Nase zu rümpfen, verneigt man sich nun vor der Kraft und der Kreativität, mit der die Nachbarn zur Sache gehen. Friedrich Gottlieb Klopstock attestiert ihnen eine Wiedergeburt auf höherer Stufe: „Frankreich schuf sich frei.“[48] Der sehr viel jüngere Dichter-Kollege Ludwig Tieck ist plötzlich ganz unglücklich, als Deutscher geboren zu sein: „Oh, wenn ich itzt ein Franzose wäre!“[49] Auch der Publizist Christian Friedrich Daniel Schubart leidet unter seinem Deutschsein. Wegen angeblich aufrührerischer Schriften hat er gerade eine zehnjährige Kerkerstrafe auf dem Hohenasperg hinter sich und ist auf seine Landsleute nicht gut zu sprechen. „Mein Gott, was für eine armselige Figur machen krumme und gedrückte Deutsche – jetzt gegen die Franzosen.“[50] Ein Preislied, gesungen in Hamburg zum ersten Jahrestag des Bastille-Sturms, erhebt das früher oft geschmähte Frankreich zum Vorbild des Menschengeschlechts (an dem Fest nimmt der alte Klopstock als Ehrengast teil):

Freye Deutsche, singt die Stunde
Die der Knechtschaft Kette brach
Schwöret treu dem großen Bunde
Unsrer Schwester Frankreich nach
Chor: Laßt uns großer That uns freuen
Frey!Frey!Frey! und reinen Herzens sein.[51]

Ex occidente lux. Im hellen Licht des Anfangs gibt die Revolution eine makellose Figur ab. Ihr Führungspersonal denkt man sich so wie Jacques-Louis David 1784 die eidablegenden *Horatier* gemalt hat, mannhaft und prinzipienfest. Paris ist die Hauptstadt der Welt. Ein Revolutionstourismus setzt ein. Man möchte die Helden aus der Nähe sehen. Wie die biblischen Magier strömen Neugierige ins Land der Verheißung, Engländer, Amerikaner und vor allem Deutsche. Zu den ersten Schlachtenbummlern gehört Joachim Heinrich Campe. Wer den Prototyp des aufgeklärten Bildungsbürgers sucht, findet ihn in dem 1746 bei Holzminden als Sohn eines Kaufmanns geborenen Schriftsteller und Pädagogen. Campe studiert zunächst evangelische Theologie. Seinen Eigensinn und die Entschlossenheit, nicht mehr zu scheinen als zu sein, hat er vom Vater geerbt, der sein Adelsprädikat ablegte, weil ihm der Dünkel der Standesgenossen gegen den Strich ging. Eine Weile verdient Campe als Feldprediger sein Brot, doch die Kanzel ist ihm auf die Dauer ein zu enges Gehäuse. Neugier treibt ihn in Freimaurerlogen. Freigeist ist Zeitgeist für eine Generation, die allen Glauben in die Kraft des Verstandes setzt. Bald wirft sich Campe auf die neue Wissenschaft der Pädagogik, die die *Lumières* für den Schlüssel zur Hebung der Gattung halten. Alles, was er anfängt, ist von der Absicht getragen, zu wirken. Er arbeitet als Hauslehrer; seine prominentesten Zöglinge sind die Brüder Wilhelm und Alexander von Humboldt. Er gründet eine Erziehungsanstalt, schreibt Jugendbücher und gründet einen Verlag. Mit führenden Aufklärern wie Friedrich Gottlieb Klopstock und Gotthold Ephraim Lessing steht er in engem Austausch. Als die Revolution ausbricht, hält Campe nichts mehr in der Heimat. Er will rechtzeitig in Paris sein, „um dem Leichenbegräbnis des französischen Despotismus beizuwohnen",[52] und macht sich mit zwei Begleitern, wovon einer der junge Wilhelm von Humboldt ist, kurz entschlossen auf den Weg. Am 3. August erreicht er sein Ziel.

„Ob es wirklich wahr ist, mein lieber T*, daß ich in Paris bin?", schreibt Campe am Tag nach der Ankunft. „Daß die neuen Griechen und Römer, die ich hier und neben mir zu sehen glaube, wirklich vor einer Wochen noch – Franzosen waren? Daß die großen, wunderbaren Schauspiele, die in diesen Tagen hier aufgeführt worden sind und noch täglich aufgeführt werden, keine Geschöpfe meiner Phantasie, kein Traum, sondern Thatsachen sind."[53] Der Tourist aus Deutschland glaubt sich im Wunderland. Das Gefühl der Brüderlichkeit wärmt seine Seele. Er ist Gleicher unter Gleichen. „Alle Nationalunterschiede, alle Nationalvorurtheile schwanden dahin", versichert er seinem fiktiven Briefpartner.[54] Im Hôtel de Moscovie in der Rue des petits Augustins, wo er sich einquartiert hat, verbringt er nur die notwendigsten Erholungsstunden. Das „Rauschen des Menschenstroms" dringt durch sein Fenster, es zieht ihn immerfort in das Gewimmel der Straßen. Die „neuen Griechen und Römer" verursachen beträchtlichen Lärm. Kolporteure schreien die neuesten Nachrichten heraus. Überall wird eifrig diskutiert. Campe ist unentwegt auf den Beinen, keine Sekunde möchte er versäumen. Einer der ersten Erkundungsgänge führt ihn zur Bastille, der zum Monument der Befreiung gewordenen Zwingburg des erledigten Systems. Er durchstreift den „menschlichen Ocean" des Palais Royal mit seinen Lustdirnen und Volksrednern. Dort frequentiert er ein Café, in dem es deutsche Zeitungen zu lesen gibt. Er besucht die Nationalbibliothek und das Zentralmuseum und ist von der Demokratisierung der Kunst angetan. „Daß man all diese Schätze, so oft man will, ganz unentgeltlich genießen kann", ist ihm ein weiterer Beweis für die Wohltaten des Umbruchs. Ehrfurchtsvoll wallt er nach Ermenonville zum Grab Rousseaus. Von Mirabeau lässt er sich in die Nationalversammlung nach Versailles einladen. Der rednerische Tumult, den er dort erlebt, verwirrt ihn. Besser gefallen ihm die neuen Bürger-Soldaten, noch besser die Trödelweiber, die Blumensträußchen auf Flintenläufe stecken.

Campe singt das Lied vom friedvollen Modus der Revolution. Dass es hier und da zu Übergriffen gekommen ist, verschweigt er in seinen Berichten nicht, rechtfertigt sie aber als Antwort auf größere Grausamkeiten der Vergangenheit. Und wirklich bewegt sich die Revolution ja noch in ihrer Unschuldsphase. Von organisiertem Terror kann keine Rede sein; kein Gedanke, dass schon bald die Guillotine, das „nationale Rasiermesser", der „beleidigten Volkssouveränität" Genugtuung verschaffen wird. Für diesen Zweck genügt einstweilen eine Straßenlaterne an der Place de Grève, dem Rathausvorplatz. Campes Schilderung ist frei von Mitgefühl für die Gehenkten: „Die berüchtigte Laterne, welche in diesen Tagen in allen Zeitungen durch ganz Europa genannt ward, ist nichts anders, als eine, in Form eines Kniegalgens an einem Eckhause dieses Platzes – worin Schokolade verkauft wird – befestigte eiserne Stange, an welcher ein Lichtscheinwerfer (eine Reverbere) hängt."[55] Tyrannei ist ein Wort, das für die finstere, alte Zeit reserviert ist. Campe beschreibt eine Messe in der Kirche Saint-Roch, die eines nicht näher bezeichneten Opfers dieser Tyrannei gedenkt. „Es waren Aristokraten, die den Sohn Gottes gekreuzigt haben", erklärt der Priester auf der Kanzel.[56] Für diese Neudeutung des Karfreitagsgeschehens erhält der Geistliche das Lob des deutschen Zuhörers.

Die Relativierung von Gewalt läuft durch alle Berichte der frühen deutschen Revolutionstouristen wie ein roter Faden. Ein anderer Refrain ist das Staunen über die Art und Weise, in welcher sich die französischen Nachbarn insgesamt präsentieren. Campe: „Waren die pfeifenden, trillernden, hüpfenden und schnatternden Gecken, waren die luftigen, windigen, aufgeblasenen und hirnlosen Prahlhänse, die wir wol ehemals über den Rhein kommen, und mitten in Deutschland über alles, was deutsch war, die Nase rümpfen sahen", nur Ausnahmen? Das will Campe nicht gelten lassen. Es gab sie wirklich, die windigen Franzosen, aber das war einmal. Inzwischen habe der Triumph der Freiheit beim Nachbarvolk eine „Umschmelzung und Läuterung seines Nationalcharacters" bewirkt, urteilt Campe.[57] Bei einem Pädagogen, der um das Schneckentempo der Bildungsarbeit weiß, muss dieser Optimismus verwundern.

Noch keinen Monat ist Campe in Frankreich, da tritt er schon die Rückreise an. Er ist begierig darauf, das Erlebte der Heimat mitzuteilen. Bereits im Oktober erscheinen seine *Briefe aus Paris* im *Braunschweigischen Journal*, ein paar Monate später in Buchform. Campe schreibt zupackend und anschaulich. Auch deshalb sind seine *Briefe* mitprägend für das Bild, das sich die Deutschen von den Anfängen der Revolution machen.

Einer, der sich von Campes Berichten anstecken lässt, ist Johann Wilhelm Archenholz (1745–1812). Hinter dem aus hannoverschem Adel stammenden Publizisten liegt eine bewegte Vergangenheit. Als preußischer Offizier hat er unter Friedrich II. im Siebenjährigen Krieg gedient, ohne sich besonders hervorzutun.[58] Nach dem Hubertusburger Frieden erhält er im Range eines Hauptmanns einen ehrenvollen Abschied, womit er Glück hat, denn Archenholz' Spielleidenschaft ist notorisch und sein Ruf nicht der beste. Es folgt ein unsteter Lebensabschnitt. Der ehemalige Offizier reist viel. In Rom stürzt er vom Pferd und wird zum Invaliden. Er beginnt eine zweite Karriere als Historiker, schreibt über den Siebenjährigen Krieg, Gustav Vasa und die Verschwörung des Fiesco. Sechs Jahre hält er sich in England auf. Der Ertrag sind seine *Annalen der britischen Geschichte*, ein ausuferndes Werk von zwanzig Bänden. Archenholz ist Anhänger der *britishness*. Er preist die (ungeschriebene) englische Verfassung, als deren freiheitssichernde Grundlage er die Gewaltenteilung erkennt. Nun aber entzündet ihn Frankreich. Er wolle die „politischen Wunder in der Nähe anschauen",[59] schreibt er Campe und begibt sich im Sommer 1791 auf den Weg. Die Familie nimmt er gleich mit. Er denkt an einen Daueraufenthalt in Paris und macht sich über den Lebensunterhalt keine Sorgen. Dort, wo das Herz der Welt schlage, werde dem historischen Schriftsteller der Stoff wohl nicht ausgehen.

Politisch ist Archenholz eindeutig positioniert. Euphorisch nennt er die Bastille-Eroberung „den ewig denkwürdigen Tumult, wo Freiheit die Volkslosung war, da dieses Götterwort in die Bastillezellen drang".[60] Auf der Anreise im September 1791 erlebt er, wie die Straßburger die Annahme der Konstitution feiern, und ist entzückt. „Am Abend sah man die Stadt erleuchtet, wobey auf Kosten der Stadt Volksbälle gegeben wurden. Eine dieser Tanzörter war der prachtvoll illuminierte Pallast des entwichenen Cardinals von Rohan; man tanzte in den großen Sälen, so wie auch auf der vor dem Palast befindlichen Terrasse unter freyem Himmel, und zwar sahe man hier den Pöbel mit feinen Leuten vermischt. Ueberhaupt wurde das Fest zwar nicht mit dem lange genährten brittischen Freyheitsgefühl, aber doch mit einer Herzlichkeit begangen, die über die Stimmung des hiesigen Volks keinen Zweifel übrig ließ."[61] Viel Gelegenheit zum Feiern bleibt den Straßburgern übrigens nicht. Schon bald wird der Terror in die Stadt einziehen und ein Mann den Ton angeben, dem ein Menschenleben nichts gilt: Eulogius Schneider, ein deutscher Ex-Mönch.

Als Archenholz in Paris eintrifft, hat die Revolution viel erreicht, aber auch ihre beste Zeit hinter sich. Die Verfassung ist verabschiedet, Frankreich, seit Ludwig XIV. Hort und Muster unumschränkter Königsgewalt, ist jetzt konstitutionelle Monarchie. Die Nationalversammlung hat sich verabschiedet, ein fataler Fehler. Denn der nachfolgenden *Assemblée Lé-*

gislative fehlen die großen Namen der ersten Stunde, weil törichterweise die Mitglieder der alten Versammlung von den Neuwahlen ausgeschlossen waren. Die Debatten in der *Manège*, der ehemaligen königlichen Reithalle und aktuellem Parlamentssitz, haben jetzt ein beklagenswertes Niveau. Archenholz' Berichte zeigen erste Spuren der Ernüchterung. Nicht, dass der deutsche Beobachter von den revolutionären Ursprungsideen Abstand nähme; was ihm dämmert, ist die Gefahr der Selbstzerstörung, die der Revolution bei zunehmender Beschleunigung droht. Er nimmt die einflussreiche Fraktion der Jakobiner unter die Lupe und ist schockiert. Um eine „scheußliche Societät" handele es sich, liest man in der Zeitschrift *Minerva*, die er inzwischen gegründet hat.[62] Besonders unangenehm fällt ihm der Abgeordnete Maximilien Robespierre auf, der mit „Freiheitsfloskeln und Schimpfreden" den Pöbel aufhetze. Archenholz' Freimut eckt bei den Unduldsamen an, die unter dem neuen Grundrecht der Meinungsfreiheit nur die Freiheit verstehen, die jakobinischen Parolen nachzubeten. Es ist der deutschstämmige Abgeordnete Anacharsis Cloots, ein Radikaler, der anklagend auf den Landsmann zeigt. Archenholz fühlt sein Leben bedroht. Im Juni 1792 verlässt er Paris Hals über Kopf. Seine Prognose für das Land der Revolution ist mit Skepsis getränkt: „Über die bevorstehenden nahen Schicksale dieses Reichs liegt ein Schleier."[63]

Wie alle, die als Schlachtenbummler an den Spielort der Revolution geströmt sind, fordert die Begegnung mit dem vor Selbstbewusstsein strotzenden Nachbarvolk auch Archenholz zum Vergleich mit der Heimat heraus. „Wie äußerst gering ist die Zahl der deutschen Fürsten, die auf den deutschen Namen stolz sind", bemerkt er.[64] Mag sein, dass er dabei an Friedrich II. von Preußen denkt, dem tatsächlich das Nationale so fern gewesen war wie den vielen Klein- und Kleinstsouveränen, die Deutschland parzellieren. Sie alle waren und sind nur auf das Wohlergehen ihrer Dynastien bedacht und betrachten schon den Gedanken an einen Gesamtstaat als Aufruhr. Dabei müssten sich die Deutschen nicht hinter dem der Franzosen verstecken. Nähme man einen „gerechten Nationalstolz" an, ermutigt er seine Leser, „gestützt auf unsere Erfolge in der Literatur, Kunst und Technik", würden die anderen die Deutschen schon achten.[65]

Eine Anlaufstelle haben die transrhenanischen Revolutionstouristen im „Deutschen Klub" von Paris. Gegründet hat ihn der Maler Füssli 1790, ein Schweizer. Das Klublokal besteht aus ein paar Zimmern im Hôtel de la Marine. Hier, in der Rue des petits champs, kann man Landsleute treffen, Zeitungen aus der Heimat lesen, Kontakte knüpfen und notfalls etwas zum Beißen finden. Die meisten Paris-Pilgrime sind knapp bei Kasse. Etwa dreißig Mitglieder hat der Klub, sie zahlen erschwingliche sechs Francs Gebühr pro Monat.[66] Auch Archenholz gehört dem Klub an. Im Hôtel de la Marine lernt er u. a. Karl Friedrich Reinhard und Konrad Engelbert Oelsner kennen, Gerhard Anton von Halem, Georg Kerner und Justus Bollmann. Mittelpunkt der Vereinigung ist Gustav Graf Schlabrendorf.

Der in Schlesien groß gewordene Schlabrendorf (1750–1824) ist ein Unikum. Er logiert im Hôtel des deux Siciles, einem heruntergekommenen Mietshaus in der Rue de Richelieu. Sein eineinhalb Zimmer kleines Appartement, das immer unverschlossen ist, quillt über von Büchern und Zetteln. Sie liegen verstreut auf dem Boden herum, auf altersschwachen Möbeln und einem wurmstichigen Schreibtisch, hinter dem Schlabrendorf die meiste Zeit verbringt und seine Gäste empfängt. Sein Äußeres ist bizarr. Er ist angetan mit einem abgetragenen schwarzen Kittel, der Bart fließt über die offene Brust bis zum Gürtel.

Wer Schlabrendorf gegenübertritt, denkt an alles Mögliche, nur nicht an einen Grafen. Das hat seine Vorteile, denn den *ci-devants*, wie man ehemalige Aristokraten nennt, sitzt der Kopf inzwischen sehr locker auf dem Hals. Allerdings würde man Schlabrendorf Unrecht tun, hielte man ihn für einen Opportunisten. Er behält sein sansculottisches Outfit auch dann noch bei, als die „Hosenlosen" selbst zu „Weilanden" (die wunderbare Übersetzung von *ci-devants* stammt von Campe) geworden sind und die Noblesse durch die Hintertür wieder in ihre alten Stadtpaläste eingezogen ist.

Schlabrendorf kommt bereits im Mai 1789 nach Paris, als hätte er den bevorstehenden Vulkanausbruch gerochen. Er ist somit Platzhirsch für die, die nach ihm kommen. Freiheit ist ihm ein geheiligtes Wort. Was wird aus Frankreich werden? „Wir werden ein Land sehen", erklärt er dem fragenden Wilhelm von Humboldt, „worin die Rechte, die Gedanken, die Person jedes einzelnen unverletzlich und geschützt sind; in dem die Äußerung der Gedanken durch Worte, Schriften und Taten völlig frei und keinem Spruch unterworfen werden, keine Unterdrückung mehr stattfinden kann, da alle Bürger zu jedem Amte durch Verdienst fähig sind und sich nur durch Tugend und Kenntnisse einen Vorteil verschaffen können".[67] Schlabrendorf bleibt bis zu seinem Tod 1824 in Paris. Wer besuchte ihn nicht alles in der Rue des Deux-Siciles: Heinrich von Kleist, Achim von Arnim, Ludwig Uhland, Zacharias Werner, Karl August Varnhagen von Ense, Joseph von Eichendorff, Hermann Graf von Pückler und viele andere. 1814, als die Spitzen der europäischen Anti-Napoleon-Koalition in Paris einrücken, suchen ihn der preußische Staatskanzler Karl August von Hardenberg und Blüchers Stabschef August Neidhard von Gneisenau in seiner Einsiedlerklause auf. Schlabrendorf ist versponnen und rätselhaft und gerade deshalb eine Zelebrität. Unentwegt sitzt der „Diogenes von Paris", wie er sich selbst nennt, hinter seinem Schreibtisch, nur wollen seine Gedanken und Beobachtungen nicht aufs Papier. Einzig ein ziemlich vernichtendes Napoleon-Porträt ist von ihm überliefert (1803). In dem fragmentarisch erhaltenen Buch prangert er den Korsen als kruden Autokraten an. Für das Reformwerk des Konsuls Bonaparte ist er blind. Der kauzige Mann bleibt ein Theoretiker. Seine Sphäre ist entschieden das „Luftreich der Träume", jenes Reich, in dem nach Heinrich Heine die Deutschen konkurrenzlos sind. Die deutsche Kolonie hat in Schlabrendorf einen verlässlichen Anker. Finanziell ist er dank einer beträchtlichen Erbschaft unabhängig. Das können nicht viele von sich sagen. Schlabrendorf gibt gern. Einer, der von seiner Großzügigkeit profitiert, ist Konrad Engelbert Oelsner.

Oelsner (1764–1828) trifft am 5. Juli 1790 in Paris ein. Der abgebrochene Jura-Student ist fest entschlossen, nunmehr die Revolution zu studieren.[68] Seine Beobachtungen erscheinen 1792 und 1793 in der

Minerva. Seinen eigenen Standpunkt verbirgt Oelsner, der ein ebenso guter Reporter wie Analytiker ist, nicht: „Ich liebe die Freiheit, weil ich das Vergnügen liebe. Niemand wird dem anderen mehr von Geburts wegen auf den Nacken treten, alle werden aufrecht gehen, keiner mehr gezwungen kriechen."[69]

Auf die Verfassung kommt es an. Sie muss Rechtsgleichheit garantieren, die Erziehung zur Sache des Staates machen und den Bürgern die Gesetzgebung übertragen. Die Bürger, das sind die Wohlhabenden; Oelsner geht wie selbstverständlich vom Zensuswahlrecht aus. Der König kann bleiben, solange er sich an die Verfassung hält. Diese Eckpunkte würden wohl die meisten Mitglieder des Deutschen Klubs von Paris unterschreiben. Sie sind Konstitutionalisten, und Mirabeau ist ihre Leitfigur. Aus ihrer Sicht könnte nach der Verabschiedung der Verfassung im Spätsommer 1791 der Vorhang des Revolutionstheaters fallen, aber es kommt anders. Mirabeau stirbt – eines natürlichen Todes, was nur wenigen Revolutionsführern beschieden ist –, der König kompromittiert sich, und es beginnt Teil zwei der Umwälzung.

Oelsner bemerkt die schleichende Radikalisierung schon beim ersten Jahrestag des Föderationsfestes am 14. Juli 1791. Die Premiere im Vorjahr war eine imposante Manifestation des nationalen Gemeinwillens: 300 000 Menschen auf dem Marsfeld; Talleyrand, der unfromme, hinkende Ex-Bischof von Autun, der Zelebrant am „Altar des Vaterlandes", Lafayette, der Eidnehmer der „Föderierten", auf einem Schimmel sitzend. Damals konnte selbst der strömende Regen die patriotische Ergriffenheit nicht beeinträchtigen. „Wie vermag ich all jene freudigen Gesichter zu beschreiben, die vor Stolz leuchteten", hatte Campe seinerzeit festgehalten. „Ich wünschte, den ersten Menschen, dem ich begegnete in die Arme zu schließen … Alle nationalen Unterschiede waren verschwunden, alle Vorurteile entflohen."[70] Jetzt hat die Freiheit ein sorgenzerfurchtes Gesicht. Oelsner vergleicht: „Damals war die Gesichtsfarbe der Freiheit lachend und rosenfarb, Zutrauen und Liebe, die Herzogin mit der Näherin umschlangen sich und tanzten Hand in Hand, von den Pyrenäen zu den Alpen, von dem mittelländischen

Meere bis zum Ozean. Nie, so weit der Erdball, und so lange ihn die Sonne erleuchtet, hat eine große Nation so reich und allgemein, das Bild brüderlicher Saturnalien geliefert. Jetzt fingen Schatten an sich ins Gemälde zu werfen. Die Physiognomien waren brütender, und die Aussicht mit einigen Ungewißheiten verschattet."[71]

Verschattet ist vor allem die Zukunft des Königs. Längst ist Ludwig XVI. nicht mehr Herr im Hause. Am 20. Juni versucht er, zusammen mit seiner Familie nach Belgien zu entkommen. Die dilettantisch durchgeführte Flucht endet kläglich im Dörfchen Varennes in den Argonnen. Ein Postbeamter entlarvt die verkleideten Majestäten. Unter Bewachung wird der Monarch nach Paris zwangsretourniert. Was wird mit ihm geschehen? Rechtlich mag er (noch) unantastbar sein, aber politisch steht seit Varennes die Monarchie zur Abschaffung an. Oelsner erkennt das genau: „Die Flucht des Königs hat seinen Kredit zu Grunde gerichtet ... Sein Meineid macht ihn unfähig ferner zu regieren; das ist die herrschende Meinung der Hauptstadt und der Provinzen."[72]

Stärker als das Schicksal Ludwigs XVI. beschäftigt Oelsner die Beobachtung, dass in Paris Kräfte an Boden gewinnen, die immer weniger zimperlich in der Wahl der Mittel sind. Aus Deutschland ist Oelsner nur mit Kleinstadtmilieus vertraut. Er braucht eine Weile, um zu entdecken, wie unberechenbar die Massen einer Metropole sind. Ist das Volk am Ende doch nicht von Natur aus gut und unfehlbar, wie Rousseau gepredigt hat? Der „große Haufen" ist unberechenbar und gewalttätig, wenn er nur entsprechend manipuliert wird. Genau das geschieht. Ein Brandstifter par excellence ist Jean Paul Marat. Von Haus aus Arzt, gibt Marat die Zeitung *Ami du peuple* heraus, die fast täglich nach weiteren Hinrichtungen schreit. Der *Volksfreund* zieht keineswegs nur gegen Priester oder Aristokraten vom Leder, also die üblichen Verdächtigen, sondern zunehmend auch gegen die Volksvertretung. Nicht weniger hetzerisch als Marats „berüchtigtes Mordblatt" (Oelsner) ist Jacques-René Héberts *Le Père Duchesne* aufgestellt. Die Agitation dieser Blätter trägt dazu bei, dass der *Assemblée* in Gestalt der Pariser Stadtverwaltung und ihrer Sektionen eine gefährliche Machtkonkurrenz erwächst. Für Robespierre hat Oelsner so wenig Sympathie übrig wie Archenholz. Der künftige Tugenddiktator spielt mit den Volksmassen Pingpong, ohne dass der „große Haufen" es merkt. Oelsner: „Robespierre's peuple ist Pöbel. Er will das Gesetz nicht nur für Schuhputzer, sondern von Schuhputzern gegeben wissen, um an ihrer Stelle zu herrschen."[73]

Das Drehmoment der Revolution wird immer höher. Seit April 1792 herrscht Krieg zwischen Frankreich auf der einen, Österreich und Preußen auf der anderen Seite. Die Lunte ist in Paris gelegt worden. Gewiss, auch die beiden Alt-Mächte lassen die Muskeln spielen. Den ungewaschenen Taugenichtsen, die in Frankreich alles durcheinandergebracht haben, wollen sie endlich das Handwerk legen. Das glaubt man in Wien und Berlin dem Prinzip der Legitimität und außerdem dem französischen Königspaar schuldig zu sein, immerhin war die Königin Marie-Antoinette eine habsburgische Prinzessin, ehe sie den saft- und kraftlosen Ludwig XVI. heiratete. Unter dem Strich aber ist die Kriegsbegeisterung bei den Verbündeten ziemlich lau. Ganz anders stehen die Dinge in Paris. König und Regierung, sonst wie Hund und Katze, wollen beide den Krieg, wenn auch aus gegensätzlichen Motiven. Im königlichen Lager kann man sich gar nichts anderes vorstellen als einen schnellen Sieg der Alliierten, der dann dem revolutionären „Spuk" unfehlbar das Ende bereiten werde. Auch die Regierung – sie wird im Augenblick von den Girondisten gestellt – verspricht sich vom Krieg ein reinigendes Gewitter, dem allerdings der König zum Opfer fallen soll. Nicht zuletzt soll die militärische Kraftanstrengung von den aktuellen wirtschaftlichen Schwierigkeiten ablenken. Schon im November 1791 hat Brissot, der führende Politiker der Girondisten, erklärt: „Der Krieg ist eine nationale Wohltat; das einzige Unglück wäre, keinen Krieg zu haben."[74] In dieser Partie konträrer Berechnungen ist es wieder einmal Ludwig XVI., der sich verrechnet. Bei Valmy erringen die blau-weiß-roten Armeen einen Achtungserfolg. Fortan plätschert der Krieg nur noch so dahin. Die Regierung nutzt eiskalt die von außen drohende Gefahr, um die Monarchie in Misskredit zu bringen. Gerüchte werden in Umlauf gebracht, die besagen, der Feind sei mitten in Paris, ein „österreichisches Komitee" arbeite dem Feind in die Hände. Am 10. August bedroht eine aufgebrachte Menschenmenge im Garten der Tuilerien die königliche Familie, die Schweizergarde wird brutal niedergemetzelt, das Schloss geplündert. Oelsner ist Augenzeuge:

„Achtzig Mann, unter denen, wie sich nachher gezeigt, die meisten keine Schweizer waren, hatten nach einem hartnäckigen Kampfe die Waffen niedergeworfen. Vor das Stadthaus geführt, stehen sie der Entscheidung ihres Verhängnisses harrend. Derjenige Teil der Nationalgarde, dessen Äußeres durch Erziehung veredelte Menschlichkeit verspricht, wacht um sie. Schon sind sie der versprochenen Gnade gewiß, ein Kommissar der Munizipalität verkündet den Befehl, sie in die Abtei zu führen. Aber das war es nicht, was die wütende Menge erwartete, was die ergrimmte, blutdürstige Brut des Pöbels wollte. Nein! Nein! Keine Gnade! Brüllt es über den ganzen Grève-Platz; ein Todesurteil! Verräter müssen sterben! Schießt sie nieder, rasen die Weiber, in schäumende Furien verwandelt … Alles wird unbarmherzig niedergemacht. Mein blutendes Herz erlaubt mir nicht, die scheußliche Szene auszumalen. – Das Jauchzen der Weiber bedeckt die Wehklagen der Todesangst; sie schlürfen, die Weiber schlürfen mit brutaler Wollust das Stöhnen der Sterbenden ein, und des Höllenpfuhls Trunkenheit höhnt aus ihrem Munde die letzten Zuckungen der Agonie.“[75] Die besondere Brutalität von Frauen während der Revolution ist vielfach bezeugt. Sie fällt auch dem jungen Napoleon Bonaparte auf. „Ich habe gut gekleidete Frauen gesehen, die sich zu unaussprechlichen Unanständigkeiten an den toten Schweizern hergegeben haben.“[76] Napoleon beobachtet das Massaker wie Oelsner aus der Nähe. Er wird den Horror vor der Blutgier des entfesselten Mobs nie loswerden.

Es soll noch schlimmer kommen. Am Nachmittag des 2. September wird in Paris die Sturmglocke geläutet. Der hysterisierte Mob knöpft sich die überfüllten Gefängnisse vor. Am Anfang lässt die Wahl der Opfer noch ein gewisses revolutionäres Muster erkennen, das heißt, man erschlägt, ersticht oder erdrosselt zunächst Priester, Nonnen, Mönche und die, die aussehen wie Aristokraten. „Das Wort ‚der Herr mit der zarten

Haut' war schon ein Todesurteil", schreibt der Historiker Michelet.[77] Die Prinzessin Lamballe, eine Freundin Marie-Antoinettes, wird ermordet, dann ihre Leiche abscheulich verstümmelt. Je länger der apokalyptische Tanz dauert, desto unterschiedsloser wüten die Täter. Sie massakrieren alles, was ihnen in den Weg kommt, Diebe und Dirnen, auch Kinder werden nicht geschont. Die Bilanz des Blutrauschs: 1200 Tote, darunter 115 Priester.

Oelsner lässt sich nicht irreführen. Der Würgeengel ist nicht zufällig über Paris gekommen. Die „Kopfabsäbler" (Oelsner) sind von ruchlosen Manipulatoren in Stellung gebracht worden, die Angst und Misstrauen des Volkes bis zum Siedepunkt hochgeheizt haben. Aber mit welchem Ziel? Oelsner weiß zu diesem Zeitpunkt nicht, dass führende Köpfe der Jakobiner den Mob eigentlich auf die rivalisierenden Girondisten hetzen wollten, ist aber überzeugt, dass „blutige Staatsarglist" zu den Massakern geführt hat. Das teilt er seinen deutschen Lesern in einem Brief vom 7. September mit.[78] Zwölf Tage später, am 19. September, nennt er die Verantwortlichen: „Nein! Eine Nation ist nicht frei, bei der sich nicht Männer gefunden haben, mit dem Tyrannenhasse, Robespierre, Danton und Marat zu ermorden, und in deren Senate diese Bösewichte, diese Bluthunde sitzen dürfen."[79] So schnell findet sich jedoch niemand für den Tyrannenmord, zu dem Oelsner hier aus Verzweiflung über die Selbstbeschmutzung der Revolution aufruft. Und als es so weit kommt, ist es eine Frau, die Ernst macht und Marat ersticht. Zuvor vollendet sich das Schicksal Ludwigs XVI., der nie ein Tyrann war.

Ludwig XVI. wurde am 21. Januar 1793 auf der Place de la Révolution (Place de la République) hingerichtet. Das zeitgenössische Gemälde stammt von Pierre Antoine de Machy.

Berauschende Égalité: Beim Tanz um den Freiheitsbaum machen alle mit, Bürger und Soldaten, Frauen und Männer, selbst der Mönch möchte nicht abseits stehen. Zeitgenössisches Gemälde, wahrscheinlich aus dem Rheinland.

8 Revolution II: Die Mainzer Jakobiner

In Mainz errichten „Patrioten", gestützt auf die französische Besatzungsmacht, eine Republik, die sie bald dem Konvent in Paris als Geschenk zu Füßen legen. Dagegen flaut im übrigen Deutschland die anfängliche Revolutionsbegeisterung ab, und es stellt sich heraus, dass die alten Vorurteile gegenüber Frankreich und den Franzosen nur vorübergehend suspendiert waren.

Nach dem 10. August sind der König und seine Familie in den Temple gesperrt worden, den alten Sitz des Templerordens am Seine-Ufer. In das geplünderte Tuilerien-Schloss ziehen ein paar Komitees der Stadtverwaltung ein. Zwei Monate später wird die Monarchie offiziell abgeschafft. Als Geburtstag der Republik wird der 21. September festgesetzt. Mit diesem Tag beginnt das Jahr eins der neuen revolutionären Zeitrechnung. Der Prozess gegen Ludwig XVI. zieht sich eine Weile hin. Am 17. Januar 1793 stimmen 387 von 721 Mitgliedern des Nationalkonvents, dem dritten Parlament seit 1789, für die Todesstrafe. Vier Tage später stirbt der „Bürger Louis Capet" unter dem Fallbeil.

Die Nachricht von der Hinrichtung des Königs geht wie ein Lauffeuer durch Europa. Wer kann jetzt noch hoffen, die Revolution werde alsbald in die Spur von Vernunft und Humanität zurückfinden? Für die zahlreichen Anhänger, die die Revolution in Deutschland noch immer hat, ist nach den Exzessen des August und des September die „schändliche Ermordung" des Königs[80] ein weiterer Rückschlag, den sie verkraften müssen. Sie schweigen, gehen auf Abstand oder bemühen umständliche Rechtfertigungen. Erstaunlich ist die ausbleibende Reaktion der europäischen Souveräne. Die Hinrichtung des bourbonischen Vetters müsste ihre Entschlossenheit, dem Hexensabbat in Frankreich ein Ende zu setzen, eigentlich verstärken. Aber davon kann keine Rede sein. Seit die Franzosen unter General Kellermann den Preußen bei Valmy die Zähne gezeigt haben (20. September 1792), ist es mit dem ohnehin schwach ausgeprägten kriegerischen Elan der Koalition vorbei. Die verbündeten Österreicher und Preußen besinnen sich auf ihre alten Animositäten. Währenddessen gehen die Armeen der Revolution, über deren Zerlumptheit man soeben noch Witze gerissen hat, in die Offensive. Im Süden werden Nizza und Savoyen erobert. Im Norden schlägt Dumouriez bei Jemappes im Hennegau die Österreicher. Ganz Belgien gerät unter die Kontrolle der Franzosen. Am Mittelrhein rücken Truppen unter General Custine vor. Mainz kapituliert am 21. Oktober 1792.

Mainz ist geistliches Fürstentum, der Erzbischof von alters her der ranghöchste Kurfürst im Reich. Die Stadt verfügt über eine starke Befestigung, aber die Garnison ist schwach, sodass der amtierende Erzbischof Friedrich Karl Joseph Freiherr von Erthal auf Gegenwehr verzichtet, als Custine mit seiner keineswegs Furcht einflößenden Armee in Sichtweite kommt. Mit dem Bischof machen sich auch die Adligen der Stadt aus dem Staub. Zurück bleiben die Bürger, unter denen sich viele „Freiheitsfreunde" befinden. Auch deshalb haben die Franzosen leichtes Spiel. In Mainz läuft ab, was vielerorts den Erfolg der tricoloren Armeen begünstigt. Wo immer sie auftauchen, können sie darauf bauen, dass es hinter den Linien Menschen gibt, die nur darauf warten, überwältigt zu werden, weil sie dem Freiheitsversprechen der Revolution vertrauen. Am Rhein fällt das Versprechen auf besonders fruchtbaren Boden. Eine dem Erzbischof ergebene Zeitung klagt schon 1790: „Selbst der Landmann manchen Dörfchens kündigt seinem Richter oder seinem gnädigen Herrn den Gehorsam auf, weil er hört, Rebellion sei allgemeine Sitte."[81] Rebellisch macht auch die adlige Migrantenschwemme. Die zahlreichen französischen Aristokraten, die in den Städten am Rhein müßig auf ihre Stunde warten, haben sich zu einer Landplage entwickelt. Sie gelten als überheblich und als Parasiten und erwecken die Klischees vom lüsternen und sittenlosen Franzosen zu neuem Leben. So behauptet der Schriftsteller Friedrich Christian Lauchardt, in Koblenz gebe es „vom zwölften

Jahr an keine Jungfer mehr; die verfluchten Franzosen haben hier weit und breit alles so zusammengekirrt, daß es eine Schande ist".[82] In Mainz ist nach den Beobachtungen Varnhagen von Enses die Verhöhnung des Schwarzbrots stellvertretend für deutsche Lebensart der Aufreger. Die Migranten gefielen sich darin, aus der Krume des Brotes Kugeln zu formen und sie auf Passanten zu schießen, kolportiert Varnhagen: „Diese Versündigung an der Gottesgabe, wie man es zu nennen pflegte, war derjenige Frevel, den die Deutschen am wenigsten verzeihen wollten, sie riefen die Rache des Himmels dawider an, und wo es geschehen konnte, legten sie wohl auch Hand an die Frevler selbst."[83]

Zwei Tage sind die Franzosen in Mainz, da gründen die Freiheitsfreunde einen örtlichen Jakobinerklub. Für Custine ist das praktisch, denn er hat vor, die eroberte Stadt nicht bloß militärisch zu sichern, sondern nach republikanischem Muster zu verwalten. Rasch findet er eine Galionsfigur. Der Forschungsreisende Georg Forster (1754–1794) ist eine Zelebrität, er hat auch in Frankreich einen Namen. Am 19. November wird Forster zum Vizepräsidenten der Allgemeinen Administration ernannt.[84] Die Sympathie des 38-Jährigen für die Idee der Freiheit steht außer Zweifel, trotzdem hat er gezögert, sich den Jakobinern anzuschließen. Ihn plagen Eheprobleme. Seine Frau Therese, Tochter des Göttinger Historikers Heyne und spätere Redaktionsleiterin von Cottas *Morgenblatt für die gebildeten Stände*, hat ein Verhältnis mit einem Hausfreund, dem Schriftsteller Ludwig Ferdinand Huber. Zu Forsters Seelenschmerz addieren sich finanzielle Sorgen und eine allgemeine Unzufriedenheit. Wie viele, die früh zu hohem Ansehen gelangt sind, glaubt sich Forster, der gerade die bescheidene Stelle eines erzbischöflichen Bibliothekars innehat, nicht ausreichend gewürdigt. Als Teenager hatte er an der Seite seines Vaters die zweite Weltumseglung des Engländers James Cook mitgemacht. Nach der Rückkehr 1777 veröffentlichte er *A Voyage round the World*, das bald in alle Sprachen übersetzt wurde. Das Buch war ein Volltreffer, denn Reiseberichte wurden gern gelesen. Nach der Publikation geriet Forsters Karriere allerdings ins Stocken. Die Tätigkeit als Universitätslehrer stellte ihn nicht zufrieden. Pläne für eine neue wissenschaftliche Expedition zerschlugen sich. Als die Revolution Mainz erreicht, steckt Forster in einer Orientierungskrise. Er ergreift die Politik wie einen rettenden Strohhalm.

Jetzt gibt es kein Zaudern mehr. Das Salär als Bibliothekar ist verloren, der Erzbischof, sein Dienstherr, hat das Weite gesucht. Sei's drum! Vorbei sind die Zeiten, wo man bei hohen Prälaten um eine Gunst buhlen musste. Der Siegeszug der Revolution ist unaufhaltsam, davon ist Forster felsenfest überzeugt. „Zwingt die Franken noch zu einem Feldzuge, und die ganze europäische Welt wird in Einem Jahr frei!", schreibt er voller Enthusiasmus.[85] Selbst England, das er kennt und das er erst kürzlich mit Alexander von Humboldt wieder bereist hat, glaubt er in einem halben Jahr reif für die Revolution. Und Deutschland? Das Rheinland, erklärt er am 21. November, sei für immer im Lager der Freiheit angekommen. „Es ist jetzt schlechterdings unmöglich, daß diese Seite des Rheins je zurückfallen könne an das deutsche Reich – Daß man doch nur einsehen möge, wie die Stimmung unserer Zeiten ist, wie von lange her die Schicksale des Augenblicks vorbereitet sind, wie es platterdings unmöglich ist, daß die morschen Dämme halten können, die man der Freiheitsüberschwemmung entgegensetzt."[86]

Es gelingt den Mainzer Jakobinern – am Ende wird der Club 492 Mitglieder haben –, die Meinungsführerschaft in der Stadt und im Umland zu gewinnen. *Die neue Mainzer Zeitung oder der Volksfreund* ist ihr Verlautbarungsorgan. Sie erscheint ab dem 1. Januar. Am 13. Januar wird in der Stadt ein Freiheitsbaum aufgerichtet, der alte ist von Unbekannten umgestürzt worden. 23 Meter misst der neue. Er wird in feierlicher Prozession und unter Absingen des *Ça ira*, der *Marseillaise* und anderer revolutionärer Lieder durch die Straßen getragen. Forster fordert die Mitbürger auf, den Tag zu feiern: „Es ist der erste Tag eures neuen Lebens." Flugschriften werden in Umlauf gebracht. „Wie gut es die Leute am Rhein und an der Mosel haben könnten", ist eine überschrieben. Verfasser ist Christoph Friedrich Cotta, ein Bruder des späteren Großverlegers. Er kommt aus Straßburg, wo er Hand in Hand mit dem berüchtigten Eulogius Schneider gearbeitet hat, und ist jetzt Kommissar für das Postwesen in den besetzten Gebieten und dafür verantwortlich, dass die Postwagen im Mainzerischen französische Hoheitszeichen tragen. Die Eingliederung der linksrheinischen Gebiete von Mainz bis Bingen in die *nation une et indivisible*, die „eine und unteilbare Nation", ist in vollem Gange. Wahlen zu einem deutschen Nationalkonvent sollen die Zusammenführung legitimieren. Aber die Rahmenbedingungen sind nicht einfach. Es stellt sich heraus, dass die „Freiheitsüberschwemmung", von der Forster schwärmt, nur in den Köpfen einer Minderheit existiert. Die Mehrheit ist lau und verhält sich abwartend, zumal Anfang Dezember hessische Truppen Frankfurt, das Custine durch einen Handstreich genommen hatte, zurückerobert haben und mit einem Angriff der Koalitionstruppen auf Mainz gerechnet werden muss. Forster lässt sich nicht einschüchtern. Zum Zeichen seiner Parteinahme hat er sich den Zopf abschneiden lassen; seine Sprache wird immer radikaler. Erstaunt registriert er, dass längst nicht alle Landsleute wünschen, befreit zu werden. Warum überrascht ihn das? Deutschland sei nicht Frankreich, die Revolution stehe hier nicht auf der Tagesordnung. Diese Ansicht hat er selbst vertreten. Aber sein neuer Eifer duldet nicht, dass die „Freiheitsüberschwemmung" vor Mainz gebremst wird. Es gilt, Farbe zu bekennen, notfalls muss man die Verstockten zu ihrem Glück zwingen. Forster liest täglich den *Moniteur.* Er weiß, dass der Konvent in Paris am 15. Dezember seine Linie korrigiert hat. Bisher war die Befreiung anderer Völker ein Angebot, ein Akt der Bruderhilfe, den man nicht versagt, wenn man gerufen wird. Das klingt inzwischen anders: „Die französische Nation erklärt, dass sie ein Volk als Feind behandeln wird, das, indem es Freiheit und Gleichheit zurückweist oder auf sie verzichtet, mit dem Fürsten und den privilegierten Kasten gemeinsame Sache machen will."[87] Forster hat gegen den drohenden Ton des Dekrets nichts einzuwenden. An sich ist Gewalt seiner milden, scheuen Natur zuwider. Die Härte, die er sich nun zulegt, ist ein Anzug, der nicht passt. Allein, die große Sache, für die er jetzt kämpft, verträgt keine halben Maßnahmen. Als die Hinrichtung des „dicken Capet", wie er höhnisch sagt, herannaht, schreibt er: „Wir leben in einer sonderbaren Krise, wo es nicht mehr möglich ist, Mittelstraße und Mäßigung zu beobachten, wo es Pflicht sogar wird, zu Extremen zuweilen zu greifen."[88] Im Februar geht er auf Wahlkampftour. Die Leute an Rhein und Mosel auf den Pfad des Heils zu führen, erweist sich als ein hartes Stück Arbeit. Die Schwierigkeiten beginnen beim Bürgereid, den alle ablegen müssen und ohne den man kein Wahlrecht hat. Im Dörfchen Grünstadt rücken die Grafen von Leiningen, obwohl enteignet, nicht vom Fleck und stellen sich Forster in den Weg. „Ich ließ 60 Mann kommen und forderte die Grafen nebst allen ihren Beamten auf, Frankenbürger zu werden. Sie protestierten und kabalierten, sie hetzten Bürger und Bauern auf, sie ließen einen meiner Soldaten überfallen und verwunden. Ich beorderte noch 130 Mann und in dem Augenblicke, wo sie ankommen, stellte ich mich an ihre Spitze, nahm Besitz von den beiden Schlössern und setzte die Grafen gefangen. Heute habe ich sie gefangen nach Landau geschickt; die Weiber gehen morgen über den Rhein. So muß uns alles weichen, was der guten Sache widerstrebt."[89] Forsters Bemühen, seiner Frau als großer Feldherr zu imponieren, ist unverkennbar. Therese hat sich in der Schweiz in Sicherheit gebracht. Einem Brief von Anfang März kann sie entnehmen, dass die Einführung der neuen Ordnung in Mainz alles andere als ein Selbstläufer ist. „Hier hat der Fanatismus und die Unwissenheit eine Verstockung unter die Einwohner gebracht, die man nur bedauern kann, aber zugleich mit der unerbittlichsten Strenge behandeln muß", gesteht Forster. „Täglich schickt man noch Leute, die nicht huldigen wollen, zu 30 und mehr über den Rhein, und man wird bis zur Entvölkerung der Stadt damit fortfahren."[90] Die Wahlen sind mit acht Prozent Beteiligung (in Mainz) als Äußerung der *Volonté générale* nicht gerade überwältigend. Dessen ungeachtet tritt am 17. März im Deutschherrenhaus der „Deutsche Nationalkonvent" zusammen. Er beschließt die umgehende Vereinigung der Mainzer Republik mit Frankreich. Eine Delegation soll nach Paris reisen und den Konvent bitten, das Anerbieten anzunehmen. Neben dem Kaufmann André Patocki und dem Philosophen Adam Lux wird Forster als Sendbote ausersehen. Er spricht fließend Französisch und genießt das besondere Vertrauen Custines, weil er sich ohne Wenn und Aber für den Rhein als französische Ostgrenze stark macht. „Frankreich", erklärt Forster im Deutschherrenhaus, „hat auch das Recht von uns zu fordern, daß wir unsern Staat seiner Republik einverleiben. Seine Sicherheit erfordert den Besitz unserer Festung und noch mehr die unzerstörbaren natürlichen Festungen des Rheins."[91] Es ist nicht das erste Mal, dass Forster für die Rheingrenze eintritt. Schon am 15. November hat er im lokalen Jakobinerklub den Rhein als „natürliche Grenze" Frankreichs bezeichnet. Damit eilt er der offiziellen französischen Politik voraus. Erst am 31. Januar legt Danton in einer großen Rede die neue außenpolitische Doktrin dar. Vor dem Konvent verlangt Danton die Annexion Belgiens: „Ich sage, es ist vergeblich, Angst zu machen vor einer angeblich zu großen Ausdehnung der Republik", führt er aus. „Ihre Grenzen sind von der Natur gezogen. Wir erreichen sie in allen vier Himmelsrichtungen, am Rhein, am Ozean, an den Alpen. Dort müssen die Grenzpfähle unserer Republik stehen, und keine Macht der Welt wird uns daran hindern, sie zu erreichen." Am 14. Februar legt Lazare Carnot nach: „Die angestammten und natürlichen Grenzen Frankreichs sind der Rhein, die Alpen und die Pyrenäen. Alles, was im Moment nicht dazugehört, wurde uns genommen."[92] So geschichtsakrobatisch argumentiert Forster nicht. Ihm genügt es zu wissen, dass Frankreich als Schöpferin der Ideen von 1789 alles Recht auf seiner Seite hat. Frankreich führt einen gerechten Krieg, und wenn es dabei zu Eroberungen kommt, sind dies Eroberungen für die Freiheit.

Christoph Martin Wieland sieht das französische Ausgreifen zum Rhein in anderem Licht als Forster. In seinem Aufsatz *Über den deutschen Patriotismus* äußert er sich äußerst kritisch über die „französischen Horden, die den schönsten Teil unsrer Rheingegenden überschwemmt" hätten. Den „Heer- und Hordenführern" sei es bloß darum zu tun, „das Feuer des Aufruhrs und der Zwietracht, das schon vier Jahre in ihren eigenen Eingeweiden wütet, mit ihren allem Menschenverstande Hohn sprechenden sanskülottischen Maximen auch unter uns zu verbreiten".[93]

Wieland ist nicht der Einzige, der die Revolution nun mit anderen Augen sieht. Manche, die um den Freiheitsbaum getanzt haben, gehen nach den Massakern vom Sommer 92 in die innere Emigration oder nehmen ganz offen eine Neubewertung vor. Einer von ihnen ist Friedrich Schiller. Schiller hat nie zu den *enragés* gehört. Aber er hat die Menschenrechtserklärung und die Verfassung als Fortschritt auf dem Weg zur Freiheit willkommen geheißen. In Frankreich kennt man ihn als literarischen Vorkämpfer gegen alle Despotie. Die *Räuber* sind 1792 übersetzt und unter dem Titel *Robert, chef des brigands* im Pariser Marais-Theater aufgeführt worden. Zur Anerkennung hat die Nationalversammlung ihm und zwei anderen Deutschen (Campe und Klopstock) das Ehrenbürgerrecht verliehen. Wie bei Wieland entwickelt sich die Abkehr auch bei Schiller Schritt für Schritt. Das Fass zum Überlaufen bringt der Prozess gegen Ludwig XVI. Schiller ist derart empört, dass er eine Verteidigungsrede aufsetzt und ernsthaft erwägt, sie in Paris vorzutragen. Ehe es dazu kommt, ist der König geköpft.[94] Voller Zorn stellt Schiller umgehend die Lektüre französischer Zeitungen ein, „so ekeln diese elenden Schindersknechte mich an". Mit dem Abstand einiger Monate reflektiert er das Scheitern der Revolution: „Eine verderbte Generation" habe das Freiheitsprogramm verhunzt und nicht bloß das französische Volk, „sondern mit ihm auch einen beträchtlichen Teil Europens, und ein ganzes Jahrhundert, in Barbarei und Knechtschaft zurückgeschleudert", urteilt er im Juli. Mit anderen Worten: Die Revolution war gut gedacht, aber schlecht gemacht, eben von einer falschen, weil verderbten Generation. In der Folge verliert Schiller mehr und mehr den Glauben an die Fähigkeit des Volkes, sich selbst zu regieren. „Man soll die Stimmen wägen und nicht zählen./Der Staat muß untergehn, früh oder spät,/Wo Mehrheit siegt und Unverstand entscheidet." Diese Zeilen schreibt er im *Demetrius*, kurz vor seinem Tod. Der Ehrenbürger der Französischen Republik hat das Projekt Demokratie als frühreif verworfen.

Ein Damaskus-Erlebnis, wie es bei Schiller die Hinrichtung Ludwigs XVI. ist, sucht man bei Campe, dem Zweiten im Bunde der drei Deutschen mit französischem Ehrenpass, vergeblich. Bei seinem kurzen Paris-Aufenthalt hatte er den „neuen Griechen und Römern" in einer Weise gehuldigt, die seinen Reisegefährten Wilhelm von Humboldt am

Urteilsvermögen des alten Lehrers zweifeln ließ. Erst unter dem Eindruck der *terreur* geht er auf Distanz, ohne jedoch den Stab zu brechen. Da ist Friedrich Gottlieb Klopstock, Autor des *Messias*, damals wohl der bekannteste Dichter deutscher Zunge, konsequenter. Sein Werk spiegelt den Kurvenverlauf deutscher Sicht auf das revolutionäre Frankreich recht genau. Kurz nach dem Bastillesturm verfasst Klopstock die Ode *Kennet Euch selbst*. Darin stellt er seine Landsleute den Franzosen gegenüber – sehr zum Nachteil der Deutschen:

Frankreich schuf sich frey. Des Jahrhunderts edelste That hub
Da sich zum Olympus empor!
Bis du so eng begränzt, daß du sie verkennst, umschwebet
Diese Dämmerung dir noch den Blick,
Diese Nacht: So durchwandre die Weltannalen und finde
Etwas darin, das ihr ferne nur gleicht,
Wenn du kannst. O Schicksal! Das sind sie also, das sind sie
Unsere Brüder, die Franken; und wir?
Ach ich frag' umsonst; ihr verstummet, Deutsche …

Vier Jahre später, 1793, reflektiert Klopstock den Revolutionsverlauf und setzt ein bitteres Amen hinter eine zerstörte Liebesbeziehung. „Lange hatt' ich auf sie, forschend geschaut", hebt die Ode *Mein Irrthum* an. Es folgt der Abschied von einer schönen Utopie:

Ach, des goldenen Traums Wonn' ist dahin,
Mich umschwebet nicht mehr sein Morgenglanz.
Und ein Kummer, wie verschmähter
Liebe, kümmert mein Herz.

Den Tyrannenmord als letzte Chance, die Seele der Revolution zu retten, besorgte eine Frau. Die 24-jährige Charlotte Corday erdolchte Marat, den Herausgeber des Hetzblatts Ami du peuple, *in der Badewanne. Das Bild von Baudry zeigt die Normannin nach der Tat.*

9 Revolution III: *La belle mort* des Adam Lux

Die Deutschen in Paris erfahren, dass das Angebot der Brüderlichkeit, das sie so für die Revolution eingenommen hat, nicht mehr viel wert ist. Auf dem Höhepunkt der Terrorherrschaft geraten alle Ausländer unter Kollektivverdacht. Die Revolution frisst ihre Kinder, auch die deutschen. Ein besonderer Fall ist der des jungen Adam Lux. Er verliebt sich in die tugendhafte Mörderin Marats und sucht den Tod als Freiheitsmärtyrer.

Die dreiköpfige Delegation der Mainzer Republik macht sich am 25. März auf den Weg nach Paris. Fünf Tage später hat Georg Forster seinen großen Auftritt. Vor dem Nationalkonvent bittet er um die Aufnahme der Mainzer Schwesterrepublik in den französischen Staatsverband. Die Abgeordneten stimmen per Akklamation zu. Am Abend hält Forster im Jakobinerklub eine Rede, in der er noch einmal seine These vom Rhein als der natürlichen Grenze Frankreichs vertritt. Die Zuhörer vernehmen es mit Genugtuung. Kann es einen schöneren Beweis der *fraternité* geben? Forster äußert sich auch zum deutschen Nationalcharakter. Die Deutschen besäßen nicht den zupackenden Geist der französischen Nachbarn. „Wir sind langsamer, aber wenn wir uns für eine Sache entschieden haben, bleiben wir dabei bis zum Tod.“[95]

Forster ist zu unguter Zeit nach Paris gekommen. Die Lebensbedingungen verschlechtern sich von Tag zu Tag, was auch daran liegt, dass viele Provinzen die Hauptstadt nicht mehr mit Waren beliefern und der Westen des Landes nach der Hinrichtung des Königs in hellem Aufruhr ist. Überdies kehrt das Kriegsglück der Republik gerade den Rücken. Dumouriez unterliegt den Österreichern bei Neerwinden. Custine muss Bingen und Kreuznach aufgeben. Wie lange er sich in Mainz halten kann, steht in den Sternen. Der immer schrillere Ton, den die Revolutionsführer anschlagen, die todernsten Machtkämpfe zwischen den Fraktionen und das ewige Getuschel von Verschwörung und Verrat sind sichere Indizien dafür, dass die Republik in einer existenziellen Krise steckt. Für die Ausländer bedeutet das nichts Gutes. Sie müssen sich jetzt regelmäßig bei ihren Sektionen melden, das heißt, sie stehen unter Aufsicht. Aus den politischen Klubs und aus der Armee werden sie ausgeschlossen. Aufenthaltsrecht in Paris besitzt (ab Beginn 1794) nur noch der, der über ein *certificat de civisme* verfügt, ein politisches Führungszeugnis, das die Kommunalbehörden ausstellen. Danton vergiftet das Klima zusätzlich, indem er im November eine „Verschwörung des Auslands" erfindet. Von nun an sind die in Frankreich lebenden Ausländer Sündenböcke für alles, was schiefläuft.

Forster ist als Bürger des neufranzösischen Mainz von alledem nicht direkt betroffen, doch hatte er sich den Aufenthalt in Paris anders vorgestellt. Die Konventsmitglieder haben ihm höflich applaudiert. Man bekommt schließlich nicht alle Tage ein Departement geschenkt. Mittlerweile interessiert sich niemand mehr für die deutschen Brüder. Was zählt schon Mainz, wo die Republik auf der Kippe steht? Ernüchtert stellt Forster fest, dass er weder als Gelehrter noch als Politiker gefragt ist. Fieberhaft sucht er nach Geldquellen. Mit den Abgeordnetendiäten kann er sich gerade über Wasser halten. Mal glaubt er, einen Regierungsauftrag an der Angel zu haben, mal will er für eine deutsche Zeitung arbeiten, die angeblich in Paris neu herausgebracht werden soll, was aber nie geschieht.[96] Als er hört, dass Custine Mainz geräumt hat (der General wird schon bald als angeblicher Verräter hingerichtet werden), gerät Forster in Panik. In Mainz besitzt er ein Haus, und in dem Haus lagern viele seiner wissenschaftlichen Papiere, aber die Rückkehr ist ihm nun verbaut. Er habe nur noch sechs Hemden und den Rock, den er von zu Hause mitgenommen habe, klagt er seiner Frau. Alle seine Unternehmungen seien fehlgeschlagen. Zuletzt habe er sogar angeboten, an einer Expedition nach Santo Domingo oder nach Ostindien teilzunehmen. Doch auch daraus werde wohl nichts werden. Dann bricht es aus ihm heraus: „Wer obenauf schwimmt, sitzt am Ruder, bis ihn der nächste, der für den Augenblick am stärksten ist, verdrängt. Wenn man nicht verfolgen, denunzieren und guillotinieren lassen kann, ist man nichts.“[97]

Die nächsten Monate zeigen Forster als einen aus der Bahn geworfenen Menschen, der sich den widersprüchlichsten Stimmungen hingibt. Die zerbrochene Ehe und ein Lungenleiden, dessen Ursprünge auf seine Weltumseglung zurückgeht und das ihn manchmal für Tage ans Bett fesselt, verstärken die Depression. Er muss zugeben, dass die Revolution einen schlimmen Weg geht. „Die Leidenschaften müssen entweder einen Zügel bekommen, oder die Anarchie verewigt sich“, schreibt er Therese.[98] „Leidenschaften“ sind für Forster das Synonym für den Personalfaktor in der Politik. Die Institutionen sind gut, aber sie werden von Akteuren missbraucht, die ihrem historischen Auftrag nicht gewachsen sind und sich wie Bestien gebärden. Forster an Therese im Juni: „Nie hat die Tyranney so viel Unverschämtheit, so viel Ausgelassenheit, nie wurden alle Grundsätze so mit Füßen getreten, nie herrschte Verleumdung mit so zügelloser Gewalt. … Eine Schande der Revolution ist das Blutgericht, ich mag nicht daran denken … Hätte ich vor 10 Monaten – vor 8 Monaten – gewußt, was ich jetzt weiß, ich wäre ohne Zweifel nach Hamburg oder Altona gegangen, und nicht in den Club.“[99] Therese hat ihm vorgeschlagen, eine Geschichte der Revolution zu verfassen. Er reagiert mit heftiger Ablehnung: „Ich kann es nicht. Oh seit ich weiß, daß keine Tugend in der Revolution ist, ekelt mich's an. Ich konnte, fern von aller idealistischen Träumerei, mit unvollkommenen Menschen zum Ziele gehen. Aber mit Teufeln, herzlosen Teufeln, wie sie hier alle sind, ist es mir eine Sünde an der Menschheit, an der heiligen Mutter Erde und an dem Lichte der Sonne. Die schmutzigen unterirdischen Kanäle nachzugraben, in denen diese Molche wühlen, lohnt keines Geschichtsschreibers Mühe …“[100] Im Sommer ist er so weit, aufzugeben: „Ein großes Unglück dabei ist, daß mein Enthusiasmus sa belle mort gestorben ist.“[101]

Aber er kann sich nicht lossagen. Der Ertrinkende klammert sich an die Utopie. Sie ist alles, was ihm geblieben ist, und so sucht er in Geschichte und Philosophie nach Argumenten, die die Hässlichkeiten des revolutionären Alltags gegen das schicksalhaft Notwendige aufwiegen. Als er aus der Zeitung erfährt, dass die Hinrichtung des Königs in Deutschland eine Schockwelle ausgelöst hat, greift er zur Sophisterei: „Ludwigs Verurteilung mußte nicht nach den Gesetzbüchern, sondern nach dem Naturrecht geschehen. Ein Tyrann, ein König beleidigt die ersten Grundbegriffe des bürgerlichen Vertrags.“[102] Bei anderer Gelegenheit wird er grundsätzlich. Eine bessere Zukunft rechtfertige die Opfer der Gegenwart. Das sei in der Geschichte schon immer so gewesen. Er zieht einen kühnen Vergleich: „Die Franzosen sind nun einmal, vielleicht gar zur Strafe, bestimmt, die Märtyrer für das Wohl, welches künftig die Revolution hervorbringen wird, abgeben zu müssen. So ungefähr wie die Deutschen zu Luthers Zeiten für das allgemeine Wohl Märtyrer werden mußten, indem sie die Reformation annahmen und mit ihrem Blute verteidigten.“[103]

In dem Bemühen, die Reinheit der Idee zu retten, geht Forster weite Wege. Die Franzosen sind schuld. Sie haben die Idee befleckt. „Die Nation“, belehrt er Therese, „ist, was sie immer war, leichtsinnig und unbeständig, ohne Festigkeit, ohne Wärme, ohne Liebe, ohne Wahrheit, lauter Kopf und Phantasie, kein Herz und keine Empfindung.“[104] Könnte es sein, dass die Deutschen die besseren Franzosen sind? Über diese Brücke will Forster nicht gehen. Möglich, dass die Landsleute mehr Herzenswärme haben. Aber für die Revolution fehlt ihnen die Reife. „Unser rohes, armes, ungebildetes Volk“, schreibt er Ende 1792 seinem Verleger, könne „nur wüten, aber nicht sich konstituieren“.[105]

Hin und wieder gibt es bei Forster Phasen der Klarsicht, so, wenn er die Doppelbödigkeit der revolutionären Propaganda anprangert. „Wenn Ihr wüßtet, wie verhaßt mir das Wort Verrat und das Wort Komplott geworden sind! Gott bewahre uns vor dem Mißbrauch der Worte“, warnt er Therese und ihren Freund Huber.[106] Das Schlimmste habe Frankreich noch nicht erlebt, prophezeit er: „… die Herrschaft, oder besser die *Tyrannei* [kursiv im Original] der Vernunft, vielleicht die eisernste von allen, steht der Welt noch bevor. Wenn die Menschen erst die ganze Wirksamkeit dieses Instruments kennenlernen, welch eine

Hölle um sich herum werden sie damit schaffen! Je edler das Ding und je allmächtiger, desto fürchterlicher und teuflischer ist der Mißbrauch. Brand und Überschwemmung, die schädlichen Wirkungen von Feuer und Wasser, sind nichts gegen das Unheil, das die Vernunft stiften wird – wohl zu merken, die Vernunft ohne Gefühl, wie sie nach den Merkmalen dieser Zeit uns bevorsteht …"[107]

Kaum hat er die Vernunft-Tyrannei als Wurzel allen Übels gebrandmarkt, schlägt er eine Volte und verschanzt sich in der letzten Stellung, die dem verlorenen Idealisten bleibt: Im Kampf, den das Licht gegen die Finsternis führt, heiligt der Zweck die Mittel. „Wir haben die Vendée nun ausgerottet, und so werden wir ausrotten, was sich uns widersetzt. Es ist an keine Ausgleichung zu denken, als bis man bittend zu uns kommt. Die Lava der Revolution fließt majestätisch und schont nichts mehr. Wer vermag sie abzugraben?", schreibt er Therese am 24. März. Notabene! Der Konflikt in der Vendée wird mit der entgrenzten Brutalität des Bruderkriegs geführt. Wohl eine Viertelmillion findet den Tod, darunter viele Frauen und Kinder. Am Schluss des Briefes zerfließt Forster in Selbstmitleid: „Ich sehne mich herzlich nach Euch; meine Kinder zu umarmen ist die einzige Kühlung für den Brand, der mich verzehrt."[108]

Dem Mann ist nicht zu helfen. Weil ihm die Realität unerträglich zu werden droht, wirft er seinen Idealismus auf den Schindanger. Was sich der guten Sache entgegenstellt, erklärt er für krank. In Straßburg wütet als Vertreter des Konvents der deutsche Ex-Mönch und Theologieprofessor Eulogius Schneider. Forster vergleicht Schneiders Säuberungen mit dem Geschäft eines Arztes – nicht alle Perversionen hat das 20. Jahrhundert erfunden: „Es hat hart gehalten, alle die Machinationen im Innern zu vereiteln. Es wird vieler Menschen Leben kosten – freilich haben sie es sich selbst zuzuschreiben; für den Krebs ist nur das Messer – aber Gott sei Dank, daß ich nicht der Wundarzt bin."[109]

Nach dem Blutrausch des September 1792 hatte Oelsner im Tyrannenmord die letzte Chance gesehen, dass die Revolution ihre Seele rette. Zehn Monate später wird Marat ermordet – von einer Frau. Die 24-jährige Charlotte Corday, eine Normannin aus verarmtem Adelsgeschlecht, ist keine Royalistin. Sie hat die großen Aufklärer gelesen, politisch steht sie den gemäßigten Girondisten nahe. Als die aufgeputschten Pariser Sansculotten im Frühjahr 1793 die Verhaftung von drei Dutzend girondistischen Parlamentsmitgliedern erzwingen und die triumphierende „Bergpartei" Robespierres zur Liquidierung der ehemaligen Bundesgenossen ansetzt, fasst Corday ihren Entschluss. Sie verschafft sich Zugang in das Privathaus Marats. Der Herausgeber des *Ami du peuple* sitzt gerade in der Badewanne, ein Kräuterbad soll den Juckreiz des an einer Hautkrankheit Leidenden mildern. Da trifft ihn der Dolch der Attentäterin.

Mit ihrer Tat will Charlotte Corday ein Zeichen setzen. Das will auch Adam Lux. Wir erinnern uns: Der junge Mann ist einer der drei Mainzer Delegierten, die nach Paris gereist waren, um Frankreich eine Provinz zu schenken. Aus engen Verhältnissen kommend, hat Lux Philosophie studiert. Nach einer Übergangszeit als Hauslehrer wird er Bauer. Genauer gesagt betreibt er auf einem Landgut zwischen Kostheim und Hochheim, das er mit dem Geld seiner Frau gepachtet hat, nach den Grundsätzen des von ihm hochverehrten Rousseau eine Art von Öko-Landwirtschaft.[110]

Lux ist das Musterexemplar eines Romantikers. *Enthusiasmus* lautet der Titel seiner philosophischen Doktorarbeit. Enthusiasmus ist ein Zauberwort der Romantik. Es wird von romantischen Wegbereitern wie Novalis und Friedrich Schlegel in einem Atemzug mit Religion verwandt.[111] Und ist Enthusiasmus nicht auch die Antriebskraft der Revolution? Lux bejaht die Frage: „Die Begeisterung ist der Ursprung der Revolution." Der Satz findet sich im Dissertationstext. Einmal in Paris, ist die Karambolage programmiert. Lux erkennt, dass in der Realität des Revolutionsbetriebs Zynismus die Begeisterung verdrängt hat. Während Forster seinen Frust nur der Privatpost anvertraut, will Lux gegen den Verrat seiner Ideale öffentlich protestieren, koste es ihn auch das Leben. Auslösendes Moment ist bei ihm wie bei Corday der Anschlag auf die Girondisten. Er fasst den Plan, im Konvent das Wort zu ergreifen, mit den Anhängern Robespierres abzurechnen und sich dann vor den Augen der Abgeordneten zu entleiben. Weshalb es bei dem Plan bleibt, ist nicht ganz klar. Vielleicht sieht er die Nutzlosigkeit der pathetischen Geste ein. Erhalten hat sich Lux' politisches Testament, das er aus Anlass des geplanten Fanals verfasste. Darin distanziert er sich von der Abtretung der Mainzer Republik: „Hätte ich voher gewußt, was sich von März bis Juni zugetragen, ich hätte darauf verzichtet, meine Landsleute zur Vereinigung mit Frankreich zu bewegen."[112]

An dem Gedanken der Selbstopferung hält Lux fest. Im Juli schreibt er einen *Avis aux citoyens français*. Die „Mitteilung an die französischen Bürger", die nichts anderes ist als ein Aufruf zum Sturz der Jakobinerherrschaft, wird an dem Tag verbreitet, an dem Corday Marat in der Badewanne ersticht. Vier Tage später wird die Attentäterin zum Tode verurteilt. Der Chefankläger Fouquier-Tionville hatte zuvor vergeblich versucht, der Verteidigung einzureden, es sei besser, Corday für geisteskrank zu erklären. Der Weg zur Hinrichtungsstätte auf der heutigen Place de la Concorde ist ein Zuschauerereignis. Noch hat Paris nicht genug von den schaurigen Prozessionen, und wie immer wird der Richtkarren von geiferndem Pöbel umschwärmt. Es hat sich herumgesprochen, die Todgeweihte sei eine schöne junge Frau, und das ist sie tatsächlich. Unbewegt steht sie auf dem Holzgerüst. Man hat ihr das Haar abgeschnitten und das rote Hemd übergezogen, das alle Verurteilten tragen. Die Schergen machen sich einen Spaß daraus, ihre Brust zu entblößen. Als das Beil gefallen ist, ergreift ein Henkersknecht den Kopf der jungen Frau und ohrfeigt ihn. Das ist selbst der Revolutionsjustiz zu viel. Der Henkersknecht wird für drei Monate ins Gefängnis gesteckt.

Adam Lux hält sich unter den Zuschauern auf und ist überwältigt. Möglich, dass ihn der Anblick der schönen Normannin und ihrer Passion auch erotisch berührt, wie seine Freunde für ihn geltend machen. Jedenfalls: „Jetzt war Schweigen in seinen Augen – ein Verbrechen. Er entschloß sich, für die Wahrheit auf dem nämlichen Schafott zu bluten, wo Corday, von Vaterlandsliebe entflammt, ihren Geist aufgegeben hatte", schreibt einer der Freunde, der Schwabe Georg Kerner.[113] Zwei Tage später verfasst Lux eine achtseitige Flugschrift. Er verurteilt die Ermordung Marats, wirbt aber um Verständnis für die patriotische Tat

Charlotte Cordays. Bis zu seiner Verhaftung verstreichen vier Tage. Man hat es mit dem verrückten Deutschen nicht eilig. Endlich, am 4. November geht Lux' Wunsch in Erfüllung, er wird hingerichtet. Bei den Verhören ist er unerschütterlich geblieben, mehrfach hat er betont, ohne Hintermänner gehandelt zu haben. Das ist wichtig vor allem für Georg Forster, der als Zimmergenosse Lux' fürchtet, in Sippenhaft genommen zu werden. Sein Kommentar zum Tod des Mainzer Kameraden fällt kühl aus. Forster an Therese: „Der unglückliche Lux ist, nach seinem Wunsche, ein Freiheitsmärtyrer auf der Guillotine geworden. Diese Nachricht hat mir heut (Sonntag den 10.) den ganzen Tag verdorben. Dazu kommt noch das ganz unbeschreiblich schlechte Wetter."[114]

Charlotte Corday, Adam Lux: Zwei junge Menschen, die die Revolution auf ihren unbefleckten Anfang zurücksetzen wollen. Zwei reine Seelen, die ihre Unschuld gegen die Schuld anderer setzen und einen *belle mort* sterben. Ganz vergeblich ist ihr Tun nicht. Charlotte Cordays Schicksal berührt Frankreich tief, zeigt aber auch, wie sehr gespalten das Land ist. Die Mörderin und ihr Opfer werden zum Gegenstand eines martyrologischen Wettbewerbs. Corday wird an die Seite Jeanne d'Arcs gestellt, der „Volksfreund" Marat zum Helden der Revolution erhoben. Jacques-Louis David, Starkünstler und zu diesem Zeitpunkt noch ein flammender Jakobiner, greift sofort zum Pinsel. Sein Bildnis *La mort de Marat* wird schon im November 1793 ausgestellt. Marats sterbliche Überreste werden feierlich im Panthéon bestattet, aber nach dem Sturz Robespierres und dem Ende der Schreckensherrschaft eilig wieder aus der nationalen Ruhmeshalle entfernt. In Deutschland fühlt sich Klopstock durch Charlotte Corday getröstet: „… So hat mich jüngst die erhabne Männin, Kordä gelabt …", schreibt er in der Ode *Mein Irrthum.* Von Lux' Tod nimmt kaum jemand Notiz. Jean Paul lässt sich mit den Worten vernehmen, kein Deutscher dürfe Lux jemals vergessen, aber da sind seit der Hinrichtung bereits sieben Jahre vergangen. 1929 greift Stefan Zweig das Thema auf. Das Bühnenstück *Adam Lux* bleibt ein Torso; die Rohfassung wird erst 1984 in eine Zweig-Gesamtausgabe aufgenommen.[115] An einer Stelle legt Stefan Zweig Forster die Worte in den Mund:

„Ach, sie werden nie wissen in Deutschland, wie jammervoll allein wir gewesen sind, wie verlassen, wir, die Zu-früh-Gekommenen, die als erste eine freie deutsche Republik aufrichten wollten."[116]

Die Terrorherrschaft tritt in ihre letzte, blutigste Phase ein. In einem hellen Augenblick kurz vor seinem Tod – Forster erliegt im Januar 1794 einer Lungenentzündung – wirft er einen Blick in den Abgrund. Therese schreibt er: „Die Revolution ist ein Orkan, wer kann ihn hemmen? Ein Mensch, durch sie in Tätigkeit versetzt, kann Dinge tun, die man in der Nachwelt nicht vor Entsetzlichkeit begreift."[117] Für das Entsetzliche ist das Revolutionstribunal zuständig. Seine Hauptbeschäftigung liegt jetzt darin, die zu liquidieren, die noch vor Kurzem zur republikanischen Elite gehörten. Die Guillotine arbeitet im Akkord. Ab Juni 1793 ist der Monatsumsatz der „nationalen Rasierklinge" dreistellig. Adam Lux ist nicht der einzige Deutsche, den es trifft.

Im März 1794 wird Anacharsis Cloots hingerichtet. Neben dem Angloamerikaner Thomas Paine ist er der einzige Ausländer im Konvent, aber damit sind die Gemeinsamkeiten bereits erschöpft. Denn während Paine sich als erstklassiger Publizist einen Namen gemacht hat, ist der Deutsche ganz entschieden ein Wirrkopf. Sein richtiger Name lautet Johann Baptist Hermann Baron de Cloots; geboren wurde er 1755 in Gnadenthal bei Kleve. Unmittelbar nach dem Ausbruch der Revolution lässt sich Cloots in Paris nieder, legt den Adelstitel ab, nennt sich fortan Anacharsis und bezeichnet sich als „Redner des Menschengeschlechts". Er predigt die Einführung einer Weltregierung, bekannt wird er aber vor allem durch seinen Kreuzzug gegen die katholische Religion. Die Kirche ist den Revolutionären als Stütze der Monarchie verhasst. Ihr immenser Grundbesitz wird enteignet. Die Priester müssen den Eid auf die Verfassung schwören, die Eidverweigerer werden verfolgt. Im Herbst 1793 erreicht der Kirchenkampf seinen Höhepunkt. Überall werden Kirchen geschlossen, zu Pferdeställen oder Markthallen umfunktioniert, Heiligenfiguren geköpft. In Paris ist das die Stunde von Anacharsis Cloots, Mitglied des Komitees für öffentliche Erziehung. An der Spitze eines Kommandos dringt er bei Nacht in die Residenz des Pariser Erzbischofs

Gobel ein und nötigt den Prälaten, der der Revolution von Anfang an aufgeschlossen gegenübergestanden hat, zum Rücktritt von seinem Kirchenamt. Cloots ist Choreograf des Spektakels, als wenig später die altehrwürdige Kathedrale Notre Dame de Paris entweiht wird. Er lässt alle sakralen Symbole verhüllen und auf einem im Mittelschiff aufgeschütteten Hügel einen Tempel errichten, aus dem – Höhepunkt des Varietés – eine als Freiheitsgöttin verkleidete Schauspielerin heraustritt und die johlenden Huldigungen des Publikums entgegennimmt. Am Tag darauf wird per Konventsbeschluss aus Notre Dame der „Tempel der Vernunft". Durch seine Radikalität gerät Cloots mit Robespierre in Konflikt. Der „Unbestechliche" ist Deist; er glaubt an ein „Höchstes Wesen", und der Bildersturm geht ihm zu weit. Bei Cloots' Ausschaltung macht sich Robespierre den Umstand zunutze, dass dieser ein *ci-devant* und obendrein Deutscher ist. Die Stimmungsmache gegen Ausländer rafft um ein Haar auch Thomas Paine dahin. Paine entgeht dem Richtkarren nur dadurch, dass vor dem Abtransport seine Zellentür irrtümlich falsch markiert wurde. So brutal der Terror ist, so unperfekt ist er.

Glück hat auch Schlabrendorf. Der Graf wird schon im September 1792 verhaftet – weil unbekannt sei, wie er seinen Lebensunterhalt bestreite. Bei den Verhören wird klar, worum es eigentlich geht. Der Graf ist verdächtig, gute Beziehungen zu führenden Girondisten zu unterhalten. Eines Tages ist es so weit. Im Palais Luxembourg, das wegen der überfüllten Kerker zum Ersatzgefängnis umgewidmet worden ist, wird beim Morgenappell auch Schlabrendorfs Name aufgerufen, was bedeutet: Fertigmachen zur Abfahrt auf die Place de la Révolution. Nun geschieht etwas kaum Fassbares. Der Graf kann seine Stiefel nicht finden. Er bittet den Kerkermeister um Verständnis. Er könne doch nicht ohne Schuhwerk zum Richtplatz fahren. Weil die übrigen Todeskandidaten schon draußen bereitstehen, gibt der Wächter nach: „Also gut, dann eben morgen früh." Am nächsten Morgen hat Schlabrendorf zwar seine Stiefel wiedergefunden, aber sein Name fehlt auf der Liste. Man hat den Fall als erledigt abgehakt. Erst nach dem 9. Thermidor, Robespierres Sturz, und 17-monatiger Haft kommt der „Diogenes von Paris" in Freiheit.

So viel Massel hat Eulogius (ursprünglich Johann Georg) Schneider nicht. Schneider (1756–1794) gehört zu den vielen Sumpfblüten, die die Revolution hervorbringt. Bevor er zum Provinztyrannen wird, hat der in der Nähe Würzburgs Geborene einen kurvenreichen Parcours zurückgelegt. Von seinen Eltern für die Theologie vorgesehen, zieht er es vor, Jura zu studieren und als Schriftsteller zu leben. Das Bekanntwerden einer Affäre – er wird wegen „vorehelicher Copulation" zu einem Strafgeld in Höhe von zwei Reichstalern verurteilt – macht ihn in Würzburg allerdings unmöglich. Nun erfüllt er doch den elterlichen Wunsch. In Bamberg tritt der 21-Jährige den Franziskanern bei und nimmt den Ordensnamen Eulogius an. Drei Jahre später ist er Priester. Sein rednerisches Talent bringt ihm die Hofpredigerstelle beim württembergischen Herzog Carl Eugen ein, mit dem er sich aber rasch überwirft. Nächste Station Schneiders ist Bonn. An der dortigen Universität lehrt er als Professor Literatur und Schöne Künste. Der junge Beethoven gehört zu den Studenten, die seine viel besuchten Vorlesungen hören. Durch aufrührerische Schriften verdirbt es sich Schneider mit dem kürfürstlichen Dienstherrn der Universität. Er wechselt 1791 nach Straßburg und schlägt eine politische Karriere ein. Früher verfasste er Kirchenlieder. *Sei gelobt und hochgepriesen* findet sich noch heute in den Gesangbüchern einiger Diözesen. Jetzt schreibt er Oden auf die französische Nation: „Gefallen ist des Despotismus Kette/Beglücktes Volk! Von deiner Hand." Schneider vertritt immer radikalere Auffassungen und empfiehlt sich dadurch für höhere Ämter. Als Öffentlicher Ankläger beim Kriminalgericht des Departements Haut-Rhin ist er bald der mächtigste Mann im Elsass. Alexandre Dumas d. Ä. hat Schneiders Wirken in *Les Blancs et les Bleus* beschrieben.[118] Das Regiment des Schreckens, das er entfaltet, steht dem von Joseph Fouché, des „Schlächters von Lyon", nur zahlenmäßig nach. 31 Todesurteile gehen auf Schneiders Konto. Ob er sich, wie Georg Forster vorschlägt, als Arzt versteht, der den Leib der Revolution von Schädlingen befreit, ist zu bezweifeln. Schneider ist ein *brutalo*, dem es nicht in den Sinn kommt, sein Tun zu sublimieren. Zum Verhängnis wird dem „Kapuziner von Köln" (sonderbarerweise hat er in

Frankreich diesen Beinamen) die Verbindung mit einer jungen Straßburgerin. Schneider feiert die Hochzeit sechsspännig wie ein Vizekönig. Das ist dem sittenstrengen Saint-Just, einem Vertrauten Robespierres, der im Elsass für Ordnung sorgen soll, zu viel. Schneider kommt an den Pranger, das heißt, er wird an die Guillotine auf dem Straßburger Paradeplatz gekettet. Saint-Justs Schreiben an Robespierre lässt erkennen, dass Schneiders exemplarische Bestrafung auch etwas mit seiner Eigenschaft als Ausländer zu tun hat: „Diese Strafe, die er sich durch sein freches Benehmen zugezogen hat, war auch von der Notwendigkeit geboten, einen Druck auf die Fremden auszuüben. Glauben wir nicht an die kosmopolitischen Scharlatane, und vertrauen wir nur auf uns selbst.“[119] Der „Kapuziner von Köln“ wird am 1. April 1794 in Paris hingerichtet.

Freiheit, die sie meinen: Laut Joseph Görres sollte die „Freyheit der Teutschen“ eine liebevolle Madonna sein. Das sahen die Franzosen anders. Eugène Delacroix' Allegorie „Die Freiheit führt das Volk“ zeigt eine barbusige Barrikadenkämpferin, die mit der Trikolore in der Hand über Leichen geht.

10 Hochmut und Vorurteil

Ohne politischen Wirklichkeitssinn ist die Begeisterung des aufgeklärten deutschen Bürgertums für das neue Frankreich eine Schwärmerei, die beim ersten Zusammenprall mit der Realität in ihr Gegenteil umschlägt. Wenige Jahre nach dem großen Erdbeben sind die Gräben zum Nachbarland tiefer als vorher. Auffällig an der deutschen Frankreich-Kritik ist der überhebliche, moralisierende Unterton. Zum Umgang mit der Freiheit fehle den Franzosen der sittliche Ernst. Dieser Ansicht ist nicht bloß der Publizist Joseph Görres. Aber wie wollen die Deutschen die Freiheit erringen? Die Antwort lautet: nicht durch Revolution.

Nach dem Sturz Robespierres und der Beendigung der Terrorherrschaft tritt die Revolution in eine Übergangsphase ein. Das Direktorats-Regime, die neue Exekutive, bekommt die Wirtschaft nicht in den Griff, gilt als korrupt und kann sich nur durch wiederholte Putsche im Sattel halten. Der revolutionäre Schwung reicht dennoch aus, die äußeren Feinde des Landes in Atem zu halten. Als königloser, geschichtsloser Staat werde Frankreich für lange Zeit aus dem Konzert der Großmächte ausscheiden, hatte der konservative englische Staatsmann Edmund Burke prophezeit. Die Wette verliert er. Noch ist Frankreich nicht die Vormacht auf dem Kontinent, wohl aber die Bewegungsmacht Nummer eins. Es behauptet sich gegen die Angriffe auf seine Grenzen, überschüttet die Nachbarregionen mit revolutionärer Propaganda, und seine Armeen dringen bis zum Rhein vor. Das Ausscheiden Preußens aus der feindlichen Koalition 1795 ist ein Geschenk. Die stupende Siegesserie des jungen Generals Bonaparte in Norditalien lässt die Welt aufhorchen. Im Frieden von Campo Formio (1797) muss Österreich die Lombardei abtreten und auf Belgien (Österreichische Niederlande) verzichten. Ein geheimes Zusatzabkommen betrifft die Gebiete links des Rheins, die seit

1794 französisch besetzt sind. Völkerrechtlich fallen diese Territorien erst 1801 an Frankreich, aber Kaiser Franz, der eigentlich die territoriale Integrität des Reiches schützen sollte, erkennt den Status quo schon jetzt an und öffnet damit den Weg für die gewaltigen Gebietsveränderungen im Westen und Südwesten Deutschlands, die mit dem Reichsdeputationshauptschluss von 1803 ihren Abschluss finden.

Eine Episode bleibt die „Cisrhenanische Republik", das heißt der Versuch, das Rheinland in einen eigenständigen, wenn auch eng mit Frankreich verbundenen Staat zu verwandeln. „Schwesterrepubliken" (*républiques sœurs*) sind eine Erfindung der französischen Außenpolitik. Sie werden gerade in Norditalien erprobt und kommen überall zum Einsatz, wo der Einfluss Frankreichs auf andere Weise als durch Annexion zementiert werden soll. 1797 – noch ist der Vertrag von Campo Formio nicht unterzeichnet – greift eine Gruppe von überwiegend in Koblenz ansässigen Bürgern das Modell auf. Die „Cisrhenanen" verfügen über eine eigene Bundeshymne: „Auf, jubelt, ihr Brüder, Vernunft hat gesiegt." Der Gesangverein ist wahrscheinlich an Zahl noch kleiner als die Mainzer Jakobiner-Fraktion von anno 1793 und mindestens so abgehoben vom „Volk" wie diese, trotzdem beanspruchen die Koblenzer das Mandat, das Rheinland aus dem Reichsverband herauszulösen. Soll das Rheinland Schwesterrepublik des großen Vorbilds werden oder gleich durch „Reunion" in Frankreich aufgehen? Nur in diesem Punkt sind die „Cisrhenanen" schwankend. Als Sprachrohr der Koblenzer fungiert Joseph Görres (1776–1848). Görres ist achtzehn, als die Franzosen in seine Heimatstadt einmarschieren. Mit dem Feuer der Jugend, das Zweifel nicht kennt, verschreibt er sich dem Kampf für die Revolution. „Alle Gefühle und Kräfte brausten durcheinander, mir war so wohl, eine lachende Zukunft erfüllte meine Seele, ich jubelte laut auf vor innigem Vergnügen", beschreibt er rückblickend seine Initiation als politischer Mensch.[120] Kämpfen will er mit der Feder, und die handhabt er virtuos und ohne Rücksicht auf Verluste. Als reifer Mann wird Görres ein militanter Vorkämpfer des politischen Katholizismus sein. Jetzt schreibt er die „Papisten" in Grund und Boden. Für die Fürsten hat er nur beißenden Spott übrig. Man solle des hingerichteten Ludwigs XVI. Titel eines „allerchristlichsten Königs" dem Großtürken schenken, schlägt er einmal vor. Als die Franzosen Mainz zum zweiten Mal erobern, verfasst er einen höhnischen Nekrolog auf das Alte Reich: „Am dreysigsten December 1797 starb zu Regensburg in dem blühenden Alter von 955 Jahren 4 Monaten, 28 Tagen, sanft und seelig an einer gänzlichen Entkräftung, hinzugekommenem Schlagflusse, bey völligem Bewußtseyn und mit allen heiligen Sakramenten versehen, das heilige römische Reich, schwerfälligen Angedenkens."[121]

Wie vor ihm Forster macht sich Görres zum Fürsprecher Frankreichs „natürlicher Grenzen". Der Rhein, fordert er, müsse „zur Düne der Republik werden".[122] Was bedeutet das für das Rheinland? Die „Cisrhenanen" haben Mühe, mit den wechselnden Meinungsständen in Paris Schritt zu halten. General Hoche, der Oberkommandierende der Franzosen am Rhein, ist gegen Reunion. Also agitiert Görres für die autonome „Cisrhenanische Republik". Als sich die Linie in Paris ändert, steuert auch er um. Ende 1799 reist Görres an der Spitze einer vierköpfigen Delegation nach Paris, die Carte blanche hat, mit der französischen Regierung die Modalitäten eines Zusammenschlusses auszuhandeln. Am 21. November erreicht die Delegation die französische Hauptstadt. Dort wurde soeben mit dem Brumaire-Putsch die Direktoratsregierung abgesetzt. Der neue Mann an der Spitze heißt Bonaparte. Das heißt, viel zu verhandeln gibt es nicht mehr.

Görres fühlt sich schlecht. Die Revolution ist passé, Frankreich eine Militärdiktatur. So jedenfalls schätzt er die Lage ein. Die brodelnde Metropole macht ihn nervös. Paris ist ihm zu laut, er sehnt sich zurück in die heimatliche Idylle. Die cisrhenanische Idee? Sie beruhte auf der Annahme, unter dem Baldachin der *fraternité* könnten Franzosen zu Deutschen, Deutsche zu Franzosen werden, alles ohne Anstrengung. Ein schwerer Irrtum, meint Görres nun. Denn: „Sprache und Nationalgeist, und Sitten und Gesetze … setzen sich (also) mächtig einer Verbindung beyder Völker entgegen; die Weinreben des Rheins und die Orangen des Südens gedeyhen nicht unter der nämlichen Sonne, sie schied die

Natur, und was die geschieden wissen will, vereinigt sich nicht leicht wieder."[123] Den Franzosen, die er lange als Vorbilder gepriesen hat, stellt er ein mangelhaftes Charakterzeugnis aus. Sie seien „leichtblütig und warm", ausgestattet mit einem heiteren Sinn, „der nur die Blumen an der Oberfläche pflückt und sich um die Schätze nicht kümmert, die ein tieferes Eindringen in ihrem Schooße entdeckt", tadelt er in seiner Reisebilanz. Das tiefere Eindringen ist – so kann man hinzufügen, ohne Görres Unrecht zu tun – den Deutschen vorbehalten, die sich durch ihre Gründlichkeit, ihre Innerlichkeit und Einfalt weit über die französische Oberflächlichkeit erheben. Für die Franzosen, behauptet Görres, sei die Freiheit so etwas wie eine Zierpuppe: „Ihre Freyheit kann nie jenes hohe reine Wesen seyn, das in nakter Einfalt, ungeschmückt und einfach vor unserm innern Sinne strahlt: nein in Seide und Glanz muß sie sich hüllen, von der Mode des Tages aufgeputzt muß sie einhertreten … Die Freyheit der Teutschen hingegen soll eine Madonna seyn, mit liebevoller Güte soll sie ihren Seegen, und nichts als Seegen spenden."

Die Freiheit eine liebevolle und gütige Madonna? Franzosen würden über diese Vorstellung den Kopf schütteln. Nicht durch Kontemplation ist die Bastille in Volkes Hand gefallen. Gewalt stand am Anfang der Großen Revolution. Blut fließt auch 41 Jahre später bei der „kleinen" Revolution, die Karl X. vom Thron fegt. Die Juli-Revolutionäre erkämpfen ihren Sieg auf den Barrikaden von Paris. In Delacroix' emblematischen Gemälde *Die Freiheit führt das Volk* ist die barbusige Heldin mit der Trikolore in der Faust und der Jakobinermütze auf dem Kopf eine Furie, der man nicht im Dunkeln begegnen möchte – das krasse Gegenbild einer Madonna. Die Freiheit will erobert sein und muss Gewinn abwerfen, Gewinn für die Nation. Für die Franzosen, die das Rheinland besetzt halten und die sich anschicken, Europa zu unterwerfen, bilden Menschheitsbeglückung und Nationalegoismus eine – bisweilen irritierende – Einheit. Und die Deutschen? Liest man die Texte der deutschen Revolutionsfreunde, ist viel von Philosophie die Rede, wenig von Macht. Man tanzt um Freiheitsbäume und stürzt Tyrannen beim Nachsingen haarsträubender Lieder wie der *Marseillaise*. Aber niemand wirft sein Leben in die Schanze. Der Mainzer Fürstbischof flieht vor den Truppen Custines und nicht vor Forster und seinen Gesinnungsgenossen. Den Mainzer Jakobinern fällt ihre kleine Republik in den Schoß. Der Fall wiederholt sich mit der „Cisrhenanischen Republik". Görres und seine Freunde vertreiben keinen einzigen „Tyrannen". Sie schreiben kämpferische Traktate, was, mit der Armee Hoches im Rücken, keine Heldentat ist.

Die Deutschen betrachten die Revolution durchs Fernrohr. Was sich im Nachbarland abspielt, ist ein aufregendes Schauspiel, das mal mehr, mal weniger gefällt. Eine Revolution in Deutschland zieht niemand in Betracht. Als Forster einmal von seinem Schwiegervater ermahnt wird, die revolutionäre Sprache zu mäßigen, antwortet er fast indigniert: „Wie sollte es mir einfallen, einen Umsturz predigen zu wollen, den ich selbst nicht wünsche, sondern vielmehr für ein großes Unglück in Deutschland halte, dass ich alles aufbiete, um es abzuwenden."[124] Gegenüber dem Schweizer Historiker Johannes von Müller erklärt er apodiktisch: „Ich halte dafür, dass Deutschland noch lange nicht reif zu einer Änderung seiner Verfassung ist."[125] Hegel vertritt den exquisiten Standpunkt, in Deutschland habe sich das Thema Revolution durch die Reformation erledigt. Nur in den romanischen, d. h. den katholischen Ländern begehre das Volk auf. „Wo aber die Freiheit der evangelischen Kirche herrscht, da ist Ruhe. Denn mit der Reformation haben die Protestanten ihre Revolution vollbracht", schreibt der Philosoph.[126]

Hegel verweist Deutschland auf den Weg der Revolution von oben. Wenn die Obrigkeit Reformen zulässt, macht sie alles richtig. Mit dieser Auffassung steht er nicht allein. Campe sieht in der Situation von 1789 einen gallischen Sonderfall. In Frankreich, schreibt er in der Vorrede seiner *Briefe aus Paris*, hätten der königliche Absolutismus und die Frechheit der Aristokraten den revolutionären Ausbruch unvermeidlich gemacht. In Deutschland dagegen herrsche keine Despotie. Man wohne lediglich „in einem alten, auch etwas baufälligen und unbequemen Hause", weshalb es falsch wäre, „aus unweiser Veränderungssucht die Grundlagen desselben auf einmal wegzureißen und es sich und den Seinigen auf den Kopf stürzen zu lassen".[127] Auch Oelsner sieht keinen Nachholbedarf in Sachen Revolution: „Unabhängig von der zerstückelten teutschen Staatsverfassung und ihren Zweigen, die meistens militarisch sind, kann keine ähnliche Revolution über den teutschen Adel leichtlich hereinbrechen, und zwar, weil, trotz der groben und ungehobelten Vorurteile, womit er beladen ist, er sich um Staatsverwaltung und Landwirtschaft einige reelle Verdienste, und durch Ehrbarkeit Achtung erworben hat. Vom Luxus großer Städte, und dem verderblichen Beispiel großer Höfe entfernt, auf dem Lande lebend, oder gar durch wissenschaftliche Erziehung gebildet, zeigt er sich oft gemeinnützig."[128]

Dass Deutschland nicht zum Umsturz ansteht, ist der Cantus firmus der aufgeklärten Bürger. Die Franzosen haben die Monarchie in ihrem Land mit einem Schlachtfest abgeschafft. An jedem 21. Januar ist das Volk per Gesetz verpflichtet, den Tag der Hinrichtung Ludwigs XVI. als Jubeltag zu feiern. In Deutschland ist von einem rabiaten Antimonarchismus nichts zu spüren. Der Publizist Ludwig Posselt hält die Alternative Monarchie oder Republik für unstatthaft. Die Menschheit werde dann glücklich sein, wenn „alle Staatsverfassungen nebeneinander existieren und jede Regierung den edlen und weisen Ehrgeiz haben wird, die ihrige am besten zu verwalten".[129]

Im Wettbewerb um die beste Verwaltung und die freiheitlichste Verfassung spielen die von Frankreich besetzten linksrheinischen Territorien eine Sonderrolle. Ihre Eingliederung in den französischen Staatsverband vollzieht sich weitgehend geräuschlos, was keine Selbstverständlichkeit ist, ändert sich für die betroffenen eineinhalb Millionen Menschen doch fast alles. Beispiel Köln: Für die Domstadt ist die alte Zeit am 6. Oktober 1794 zu Ende. An diesem Tag marschieren Abteilungen der Sambre- und Maas-Armee in Köln ein. Die Invasoren beruhigen die Bevölkerung: „Die französische Republik bestraft ihre Feinde, während sie die Freundin aller Völker ist, die im Frieden mit ihr leben wollen. Darum bleibet in euren Wohnungen. Eure Personen, euer Eigenthum, eure Gesetze, die Gegenstände eurer Religionsausübung sollen geachtet werden. Wir setzen dabei keine andere Bedingniß, als dass ihr friedsam und ruhig bleiben sollet."[130] In den nächsten Wochen gehen die Besatzungsbehörden energisch ans Werk. Eine der ersten Verordnungen verdonnert die Bürger zur regelmäßigen Straßenreinigung – eine überfällige Maßnahme, Köln gilt als außerordentlich schmutzig und ungepflegt. Bahnbrechend ist die Einführung der Religionsfreiheit. Protestanten und Juden, die bisher als nicht katholische Minderheiten offiziell „Beisaß" genannt wurden, dürfen nun ihren Kultus ungehindert ausüben und erhalten das Bürgerrecht. Ein Bruch mit dem Mittelalter ist die Abschaffung der Zünfte und die Einführung der Gewerbefreiheit. Die Häuser der 40 000-Einwohner-Stadt erhalten Hausnummern; in einem zweiten Schritt werden Straßennamen französisiert. Ein herber Schlag für die spezielle Kölner Lebensart ist das 1795 verhängte Karnevalsverbot; den Behörden ist die Vermummung nicht geheuer. Acht Jahre später wird das Verbot wieder aufgehoben. Insgesamt können die Bürger über die neue Verwaltung nicht klagen. Das zentralistische französische Verwaltungssystem ist so leistungsfähig, dass es bis zur Einführung der Rheinischen Städteordnung 1856 in Kraft bleibt. Für die örtliche Wirtschaft ist die Bilanz gemischt. Schlecht ist, dass die Assignaten, die jetzt Zahlungsmittel sind, immer mehr an Wert verlieren. Das muss erst einmal verkraftet werden. Trotzdem geht es langsam bergauf. Vor allem der Handel macht Fortschritte. Zwar brechen angestammte Geschäftsbeziehungen ins Rechtsrheinische ein, weil der Rhein jetzt Grenze ist. Aber die Verluste werden durch die Zugehörigkeit zum großen Wirtschaftsraum Frankreich mehr als aufgewogen. Neue Fabriken entstehen, nicht selten in alten Klöstern. Denn wie im französischen Kernland werden auch in den vier linksrheinischen Departements die Kirchengüter eingezogen.

In Köln fallen neben den hier besonders zahlreichen Klöstern elf Stifte, zwei Abteikirchen und 89 Klosterkirchen an den Staat,[131] um anschließend an Meistbietende verkauft zu werden. Johann Gottfried Brügelmann, um ein Beispiel zu nennen, ersteigert das Kloster Klein Nazareth. Wo früher fromme Cellitinnen beteten, rattern von nun an Spinnmaschinen. Der Grundstein für eine angesehene Kölner Fabrikanten-Dynastie ist gelegt.

Der Anpassungsstress, dem die Menschen überall im linksrheinischen Neu-Frankreich ausgesetzt sind, ist enorm. Ob Fabrikanten oder Bauern, Städter oder Landbewohner: Für alle ändert sich das Leben im Modus eines Daumenkinos. Auch hierfür ein Beispiel: Ab 1794 gilt der Revolutionskalender. Das heißt, der Tag zählt nunmehr zehn Stunden à hundert Minuten zu tausend Sekunden. Eine Woche hat zehn Tage, der Monat drei Dekaden. Die fünf Tage, die übrig bleiben, weil das Jahr unglücklicherweise 365 Tage zählt, werden mangels einer besseren Lösung dem letzten Monat zugeschlagen. Die Monate heißen jetzt nach Naturereignissen im Jahreszyklus. Weil das neue Jahr mit dem 21. Oktober (Geburtstag der Republik) alter Zeitrechnung beginnt, ist erster Monat der *Vendémiaire*, Monat der Weinlese. Es folgt der Nebelmonat *Brumaire*, beschlossen wird das Jahr mit dem *Fructidor*, dem Erntemonat. Opfer der neuen Dezimalzählweise ist nicht zufällig der Sonntag. Der Tag des Herrn war den Kulturrevolutionären, die sich bei der Neuerfindung des Kalenders ausgetobt hatten, ein besonderer Dorn im Auge.

Wie kommen die Menschen mit den unzähligen Neuerungen klar? Was reden sie untereinander, wenn vor ihren Augen Kunstschätze, die ihre Stadt geschmückt haben, auf Nimmerwiedersehen nach Paris verschwinden? Der Kunstraub in den neu-fränkischen Gebieten ist Politik. Im Tross der vorrückenden Armeen durchsuchen Kommissare Kirchen, Klöster und Schlösser und lassen mitgehen, was sie an wertvollen Büchern und Bildern zusammenraffen können. Den Kölnern rauben die organisierten Fischzüge Rubens' *Kreuzigung Petri*. Ordentlich wie ein Buchhalter berichtet der Agent Tinet dem Wohlfahrtsausschuss: „Ich, P. Tinet, Mitglied der Agence de Commerce et approvisionnement, … habe mich in die Kirche Sankt Peter in Köln begeben, um dort ein Gemälde von Rubens entfernen zu lassen, welches die Kreuzigung Petri darstellt. Es mißt zehneinhalb Fuß in der Höhe sowie sieben Fuß und zwei Zollbreit in der Länge."[132] Gerechtfertigt wird der Kunstraub als Teil des globalen Kampfes gegen die Tyrannen. Der Leitsatz stammt vom Robespierre-Freund Henri Grégoire: „Mehr als die Römer sind wir berechtigt zu sagen, daß wir, indem wir die Tyrannen schädigen, die

Künste schützen."[133] Die Kölner dürften sich mit dieser Logik schwertun. Weshalb nimmt man ihnen den Rubens, wo sie doch inzwischen ein befreites Volk sind und Tyrannen weit und breit nicht zu sehen? Leider wissen wir wenig über die Stimmung der Transformationsjahre. Aber irgendwie halten die Menschen den Stress aus. Sie machen sich die Vorteile, die ihnen die neue Zeit beschert, zunutze und mucken nicht auf, wenn ihnen etwas gegen den Strich geht. Nirgendwo kommt es zu Unruhen, vielleicht, weil Widerstand zwecklos wäre, vielleicht auch, weil man doch in der Summe ganz zufrieden ist mit dem, was die Herren Franzosen bescheren.

Auf der Suche nach Legitimität, dem Dauerthema seiner Herrschaft, schlug Napoleon kühn eine Brücke zu Karl dem Großen, „unserem erhabenen Vorgänger". Bei einem Besuch in Aachen 1804 verharrte er sinnend vor dem schmucklosen Thronsessel des Frankenkaisers.

11 „Vergessen Sie nicht, daß ich Karl der Große bin“

Die Deutschen kommen von Frankreich nicht los. Im Barock bestimmte der Nachbar die Vorstellung von Größe und Vornehmheit. Man parlierte französisch, baute französisch, kleidete sich französisch und wollte herrschen wie Ludwig XIV. Dann kam die Revolution, und ihre Botschaft von Freiheit, Gleichheit und Brüderlichkeit elektrisierte das geistige Deutschland. Mit dem kometenhaften Aufstieg des Außenseiters Napoleon Bonaparte zum Herrn Europas nimmt das Bild vom Nachbarland eine neue Farbe an. Frankreich führt vor, was erreichbar ist, wenn die Kraftquellen einer Nation zusammengefasst werden.

Am 2. September 1804 trifft Napoleon in Aachen ein. Er kommt von Boulogne an der Kanalküste, wo er den Aufbau einer Invasionsstreitmacht, mit der er England in die Knie zwingen will, überwacht hat. Aachen hat sich aufgeputzt. Blumengirlanden schmücken Häuser und Straßen. Die sechsspännige Kutsche durchquert einen hölzernen Triumphbogen, den die Munizipalität zur Feier des Tages errichtet hat. Mit Wohlgefallen bemerkt der Kaiser die Inschrift: Neben *Carolus magnus* prangt gleichberechtigt der eigene Name. Darunter ist zu lesen *Vainqueur et pacificateur*, „Sieger und Friedensbringer“.

Wenige Tage später besichtigt Napoleon die Marienkirche. Der alte Kaiserdom ist 1794/95 von französischen Revolutionstruppen nach Kräften ausgeraubt worden. Seither hat er viel von seiner Herrlichkeit verloren. Der Proserpina-Sarkophag, der einmal den Leichnam Karls des Großen enthalten haben soll, wurde ebenso wie die eiserne Wölfin, die den Eingang zur Kirche bewachte, nach Paris abtransportiert. Denselben Weg nahmen an die vierzig Marmor- und Porphyrsäulen aus dem

Umgang des Oktogons.[134] Barhäuptig und in Gedanken versunken steht Napoleon vor dem steinernen Thronsessel Karls, auf den sich seine Frau Joséphine, übermütig wie immer, setzt. Der Kaiser kann es nicht verhindern. Ob er wahrnimmt, dass er in einer Ruine weilt? Einerlei. Allein wichtig ist ihm der Genius Loci. Den beschwört Berdolet, der von ihm im Vorjahr eingesetzte Bischof des neuen Bistums Aachen, in devotem Ton: „Sire! Bei Eurem Eintritt in diesen ehrwürdigen Tempel belebt sich die Asche Karls, der große Schatten lächelt Napoleon zu, und die Seelen der zwei Helden vereinigen sich."

Napoleons Reise nach Aachen, die ihn weiterführen soll über Köln bis nach Trier, ist keine Auslandsreise. De facto seit Mitte der Neunzigerjahre, völkerrechtlich seit 1801, beglaubigt durch den Frieden von Lunéville, gehören die Territorien links des Rheins zu Frankreich. Sie sind aufgeteilt in vier Departements, von denen das nördlichste die Bezeichnung Roer hat (nach dem Flüsschen Rur, das im Niederländischen Roer heißt). Verwaltungssitz des Departements Roer, zu dem auch Krefeld und Köln gehören, ist Aachen. Der Spitzenbeamte ist, wie überall im Frankreich Napoleons, ein Präfekt. Der Bürgermeister heißt Maire.

Man darf den begeisterten Empfang, den die Aachener Napoleon bereiten, für echt halten. Die ganze Welt steht im Banne dieses Mannes und seiner staunenswerten Taten, und auch wer nicht zu seinen kritiklosen Bewunderern zählt, würde zugeben, dass der korsische Emporkömmling der Mann der Stunde ist, neben dem die gewohnten Stammbaum-Majestäten alt aussehen. Zur verständlichen Neugier der Aachener Bürger kommen hochfliegende Erwartungen. Viel macht die Stadt im Moment nicht her. In den letzten Jahrhunderten ist sie arg randständig geworden, was doppelt schmerzt, schließlich war sie einst die erste im Reich, jedenfalls auf der Protokollebene. Nirgendwo wurden so viele römisch-deutsche Kaiser gekrönt wie in Aachen. 31 waren es bis 1531, ehe Frankfurt, allen Aachener Protesten zum Trotz, die Rolle der Krönungsstadt zufiel. Jetzt könnte das Glücksrad der Geschichte der Stadt endlich Wiedergutmachung leisten. Aachen als Krönungsort Napoleons – davon träumen die Bürger.

Im Mai hat der Senat in Paris den Ersten Konsul Napoleon Bonaparte zum Kaiser proklamiert. Anschließend hat das Volk den Akt in einem Plebiszit beglaubigt. Im Departement Roer ist die Zustimmung genauso überwältigend ausgefallen wie überall in Frankreich: Nur 161 Wahlberechtigte haben sich gegen die Erblichkeit der Kaiserwürde ausgesprochen, 94 404 dafür. Dabei ist die Erhebung Napoleons keineswegs unumstritten gewesen. Ein Kaiser für die Republik, die die Monarchie für immer und ewig abgeschafft hatte?

Die Mehrheit der politischen Elite hat das Unerhörte letztlich mitgemacht, ja, die Einführung des Kaisertums aktiv unterstützt. Eine Erklärung liefert die Instabilität des Regimes. Den alten europäischen Mächten ist die nachrevolutionäre Ordnung Frankreichs noch immer ein Dorn im Auge. Die Bourbonen betreiben die Rückkehr auf den Thron. Gerade erst ist ein von England gesponsertes Komplott gegen das Leben des Konsuls aufgeflogen. Und weil selbst alte Revolutionäre einsehen, dass ein Frankreich ohne Napoleon seinen Feinden schutzlos preisgegeben wäre, sind sie bereit, das Kaisertum als Mittel zur Stabilisierung des Staates zu akzeptieren.

Napoleon ist nicht größenwahnsinnig. Er gehört auch nicht zu der Sorte von Emporkömmlingen, die sich ihrer Herkunft schämen. Bei den Fürstentagen von Erfurt und Dresden genießt er es, die ihm ergeben lauschenden Monarchen mit Erzählungen zu nerven, die alle mit „als ich noch ein kleiner Artillerieleutnant war" beginnen. Als der österreichische Kaiser Franz, nachdem er Napoleon 1810 nolens volens seine Lieblingstochter zur Ehefrau gegeben hat, versucht, den Stammbaum des unebenbürtigen Schwiegersohns zu veredeln und in den Archiven nach höherwertigen und möglicherweise vergessenen Ahnen zu graben, reagiert Napoleon im Staatsanzeiger *Moniteur* ausgesprochen pikiert: „Auf alle Fragen, von wann das Haus Bonaparte datiert, ist die Antwort sehr leicht: vom 18. Brumaire (an diesem Tag, dem 9. November 1799 hatte er sich an die Macht geputscht). Wie kann man so wenig Takt und Gefühl für das haben, was man dem Kaiser schuldet, um der Frage Bedeutung zu geben, wer seine Vorfahren waren?"[135]

Der Aufsteigerstolz macht Napoleon nicht blind für die Schwäche des Regimes. Sein Lindenblatt ist die Fehlstelle Legitimität. Die Revolutionäre haben geglaubt, das Monarchische ließe sich aus der Welt schaffen, indem man einem König den Kopf abschneidet. Das war ein Irrtum, dem auch er eine Zeit lang erlegen ist. Tatsächlich ist außerhalb Frankreichs der Stammbaum unverändert der Maßstab. Und in Frankreich? Der dicke Bruder des verblichenen Königs, der sich Ludwig XVIII. nennt und in Europa herumirrt, ist ja nun wahrhaftig die Karikatur eines Herrschers – und trotzdem wird sein Anhang nicht kleiner. Offenbar reichen Kanonen nicht, um die geheimnisvolle Kraft der Legitimität zu ersetzen. Also greift Napoleon zum Mittel der Symbolpolitik. Er krönt sich zum Kaiser. Er stiftet die *Légion d'honneur*, eine Ordensgemeinschaft regimetreuer Bürger aus allen Schichten. Er lädt den alten Adel ein, sich mit dem neuen, von ihm geschaffenen Verdienstadel zu „amalgamieren", wie er sagt. Er verheiratet seine Geschwister mit Angehörigen des europäischen Hochadels. Schließlich, 1810, nimmt er eine österreichische Erzherzogin zur Frau. Es ist sein letzter Versuch, den Schatten des Emporkömmlings loszuwerden.

Traditionen kann man schaffen, man kann es zumindest versuchen. Man kann sich aber auch vorhandene Traditionen nutzbar machen. Napoleons Ziel ist die Etablierung einer neuen Dynastie, die vierte nach Merowingern, Karolingern und Capetingern. Von den Capetingern übernimmt er die Biene als Wappentier. Ideal für die Bildung einer Kontinuitätslinie sind die Karolinger.

In Karl dem Großen/Charlemagne sehen Franzosen und Deutsche gleichermaßen ihren Urvater. Karl war der Begründer des abendländischen Kaisertums, und ist er, Napoleon, nicht auf dem besten Wege, ein universales Reich zu schaffen? Also wird Karl vereinnahmt. Bei Bedarf beruft sich Napoleon auf *notre auguste prédécesseur*, „unseren erhabenen Vorgänger". Karl hat dem Papst das *patrimonium petri*, den von Pippin geschenkten Kirchenstaat, garantiert. Der Nachfolger Karls kann ihm den Kirchenstaat auch wieder nehmen. Als Pius VII. sich weigert, der Kontinentalsperre beizutreten und seine Häfen für den Handel mit England zu sperren, droht Napoleon ihm mit den Worten: „Vergessen Sie nicht, daß ich Karl der Große bin und daß Rom infolgedessen zum Kaiserreich gehört."[136]

Aber Napoleon übertreibt es nicht. Er kommt nach Aachen, um den Karls-Kult auf seine Nützlichkeit zu testen. Der Kult selbst bleibt episodisch, er ist nur ein Stein unter anderen in Napoleons politischem Stabilbaukasten. Die Aachener bekommen das zu spüren. Ihren Wunsch, er möge die Stadt wieder zum kaiserlichen Krönungsort machen, zieht Napoleon noch nicht einmal in Erwägung. Zum Trost erhält Aachen wie etliche andere Städte, darunter auch Köln, den Titel der *bonne ville*, ein Muster ohne Wert. Rückblickend kleidet Victor Hugo die Analogie Napoleon / Charlemagne in die traurig-ironische Zeile: „814 starb Karl der Große. Tausend Jahre später, in gewisser Weise auf den Punkt genau, 1814, fiel Napoleon."[137]

Als Passionata versuchte Königin Luise Napoleon milde zu stimmen. Aber das Melodram fiel durch. Napoleon ließ sich nicht erweichen. Das Gemälde von Nicolas Gosse zeigt den Kaiser und die schöne Königin in Tilsit, flankiert von Zar Alexander I. und Friedrich Wilhelm III.

12 Die Schöne und das Biest

Beliebt ist Luise von Preußen schon zu Lebzeiten. Sie ist schön, ihre Büste gilt als vollendet. Beliebt ist auch ihr Mann, Friedrich Wilhelm III. In der Öffentlichkeit treten beide unprätentiös auf. Sie duzen sich, was ungewöhnlich ist. Er betet sie an. Sie hat ihrem Mann zehn Kinder geboren (in siebzehn Ehejahren!). Kurz: König und Königin entsprechen ganz und gar dem sich in der Zeit herausbildenden bürgerlichen Familienideal. Von Luise weiß man, dass sie im kritischen Jahr 1806 zum Krieg gegen Napoleon gedrängt hat. Ihr früher Tod 1810 wird im daniederliegenden Preußen als Unglück und zugleich als Weckruf gegen die französische Unterdrückung empfunden. Der Historiker Adam Heinrich Müller verklärt Luise zur „Königinn (sic!) der Herzen". Für den Dichter Heinrich von Kleist ist und war sie die „Herrlichkeit, wenn sie durch finstre Wetterwolken bricht". Luises Image der nationalen Schmerzensmutter geht zurück auf einen Bittgang zu Napoleon. Die Schöne und das Biest begegnen sich am 6. Juli 1807 in Tilsit.

1807: Hinter dem preußischen Königspaar liegt ein *annus horribilis.* Nach der verlorenen Doppelschlacht von Jena und Auerstedt überschwemmen französische Truppen Preußen, Napoleon zieht in Berlin ein. Friedrich Wilhelm, Luise und die Kinder sind ständig auf der Flucht. Ihre letzte Hoffnung ist der russische Zar, der sich nach einigem Zögern dazu entschlossen hat, die Schmach von Austerlitz nicht auf sich sitzen zu lassen und das Glück zu wenden. Der Krieg quält sich hin, sehr zum Ärger Napoleons. Die winterlichen Bedingungen in Polen und Ostpreußen lassen Blitzoperationen, die ihm sonst den raschen Erfolg gesichert haben, nicht zu. Endlich, am 14. Juni 1807, besiegt er Russen und Preußen bei Friedland.

Die folgenden Wochen sind eine einzige Demütigung für die preußische Seite. Alexander, der politisch so beweglich ist wie Friedrich Wilhelm stur, schließt über den Kopf des Bundesgenossen hinweg Waffenstillstand mit Napoleon. Bei den Friedensverhandlungen in Tilsit am äußersten östlichen Rand Preußens ist Friedrich Wilhelm nur Zaungast. Napoleon kommt dem Zaren weit entgegen. Er bietet ihm die Machtteilung an. Die französische Einflusssphäre soll am Njemen (Memel) enden. Dahinter kann Russland frei walten und schalten. Es darf sich sogar Finnland einverleiben. So viel Milde ist man sonst von Napoleon nicht gewohnt. Umso unnachsichtiger behandelt er Preußen. Eine Weile erwägt Napoleon ernsthaft, den preußischen Staat komplett zu zerschlagen. Um zu retten, was zu retten ist, entschließt sich Friedrich Wilhelm, einer Empfehlung seiner Ratgeber zu folgen und Luise in größter Not als „Geheimwaffe“, so der Historiker Thomas Stamm-Kuhlmann, zu Napoleon zu schicken.

Die Gnadenlosigkeit, mit der Napoleon Preußen abstraft, bedarf einer Erklärung. Preußen ist keineswegs Frankreichs Erbfeind, im Gegenteil: Die Bourbonen konnten in ihrem epochalen Ringen mit den Habsburgern stets auf die Hohenzollern bauen, die wie sie an der Schwächung des Habsburgerstaats interessiert waren. Brandenburg/Preußen war für Frankreich als Koalitionspartner gewissermaßen abonniert. Dann kam Friedrich II., dessen aufgeklärtes Herrschertum im Land der *Lumières* Staunen und Bewunderung hervorrief. Den Franzosen imponierte aber nicht bloß der *roi philosophe*, sondern auch Friedrichs überlegene Kriegskunst. Napoleon lernte auf der Schule in Brienne und an der *École Militaire* von Paris Preußen als militärisches Vorbild kennen. Im Ersten Koalitionskrieg stand Preußen dann aus französischer Sicht auf der falschen Seite. Aber als der Hohenzollernstaat 1795 den Separatfrieden schloss, schien alles wieder im Lot zu sein. In der Folge leistete Preußen Frankreich wichtige Schrittmacherdienste. Ob es um die Rheingrenze ging oder später um das Kaisertum Napoleons – immer war Preußen die erste Macht, die die Realitäten anerkannte.

1806 würde Napoleon den Konflikt mit Preußen liebend gern vermeiden. Er sieht keinen Sinn darin. Falls es dennoch zum Krieg komme, werde er diesen wie einen Bürgerkrieg ansehen, schreibt er Friedrich Wilhelm kurz vor Ausbruch der Feindseligkeiten. Das ist natürlich stark übertrieben. Sicher, es gibt keine unüberbrückbaren Interessengegensätze zwischen Frankreich und Preußen. Das heißt aber nicht, dass das Verhältnis ungetrübt wäre. Immer wieder verletzt Napoleon Berliner Empfindlichkeiten. Umgekehrt stellt auch Preußen einen Störfaktor dar – nicht, weil es stören wollte, sondern weil seine Politik unberechenbar ist. Der entscheidungsscheue König möchte sich am liebsten aus allen Händeln heraushalten. Unter Druck gesetzt, stellt er mal dem Zaren, mal Napoleon, mal beiden gleichzeitig Preußens militärische Unterstützung in Aussicht. Sein Minister Hardenberg ist verzweifelt. Er weiß, dass die Schaukelpolitik nicht gut gehen kann, und verlangt vom König eine klare Richtungsentscheidung: „Eure Majestät befinden sich in der einzigartigen Situation, gleichzeitig mit Rußland und mit Frankreich verbündet zu sein", schreibt er Friedrich Wilhelm am 6. Juni 1806. „Dieser Zustand darf nicht andauern."[138]

Napoleon hat kein Verständnis für die preußischen Pirouetten. Preußen ärgert und enttäuscht ihn. Friedrich Wilhelm hält er für einen Schwächling, der nur Unheil stiftet. Außerdem glaubt er zu wissen, dass sich der König von seiner Frau leiten lasse, und das macht ihm Friedrich Wilhelm noch verächtlicher. Seine Diplomaten berichten ihm, Luise gehöre zu den vehementen Befürwortern eines Krieges mit Frankreich. Frauen in der Politik, das ging schon Friedrich dem Großen gegen den Strich. Napoleon schießt sich regelrecht auf Luise ein. Das offizielle Armeebulletin nennt sie eine Armide, was wenig schmeichelhaft ist. Armide war eine sagenhafte Prinzessin von Damaskus, die aus Liebesenttäuschung und Rache ihren Palast in Schutt und Asche legte. Ein anderes Bulletin, verfasst nach Jena und Auerstedt, spielt an auf zarte Gefühle, die die Königin angeblich für den Zaren hegt. Nach der überstürzten Flucht des Königspaars aus Berlin hatten die Franzosen in Luises Ankleidezimmer im Charlottenburger Schloss tatsächlich Briefe und geheime Staatspapiere gefunden. Die Briefe seien „mit Moschus parfümiert" gewesen, teilt das Bulletin süffisant mit und resümiert lehrerhaft, Fürsten, „wenn sie Frauen erlauben, Einfluß auf die Politik" zu nehmen, müssten mit so etwas rechnen.[139]

Das Rendezvous der Schönen mit dem Biest hat also eine Vorgeschichte. Tilsit ist eine ansehnliche Stadt; sie verfügt über einen Schlossberg und eine Burg, die einst den Rittern des Deutschen Ordens als Schutzort gedient hat. Friedrich Wilhelm ist in der eigenen Stadt ein Ritter von der traurigen Gestalt. Während sich die beiden Kaiser in den nobelsten Anwesen, die zur Verfügung stehen, einquartiert haben – Napoleon im Haus des Justiz-Kommissionsrates Ernst Ludwig Siehr, Deutsche Straße 24 –,[140] muss sich der König mit der bescheidenen Wohnstatt eines Müllers begnügen. Hierhin, in das Haus des Müllers, kommt Napoleon am Abend des 6. Juli, um der schönen Königin seine Aufwartung zu machen. Luise ist aufgewühlt. In Piktupönen, einem kleinen Ort, der das momentane preußische Hauptquartier beherbergt, hat man ihr den Wunsch vorgetragen, sie möge mit dem Kaiser der Franzosen von Angesicht zu Angesicht sprechen, nur so sei Preußen zu retten. Luise ist zunächst schockiert. „Sehen den Ursprung des Bösen! Die Geißel der Erde!", soll sie ausgerufen haben,[141] um sich dann der Pflicht zu beugen. Welche Erwartungen knüpfen Friedrich Wilhelm und seine Berater an die Mission? Soll Luise als Passionata, als leidende Königin und Mutter, den Empereur milde stimmen? Soll sie mit ihren weiblichen Reizen punkten? Angetan mit einem Crêpe-de-Chine-Kleid, im Haar ein Perlendiadem und um den Hals ihre Lieblingskette, steht „die Semiramis des Nordens" (so der Historiker Jacques Bainville) auf dem oberen Treppenabsatz und bittet den Kaiser um Entschuldigung, dass er die enge Stiege hinaufsteigen müsse. „Was tut man nicht, um an ein solches Ziel zu gelangen", gibt Napoleon galant zurück.[142] Luise ist wirklich eine Schönheit, und tapfer ist sie auch. Preußen habe den Krieg verloren, und sie verstehe, dass dies nicht folgenlos bleiben könne, sagt sie. Aber man dürfe ihm nicht Provinzen nehmen, die es seit Jahrhunderten besitze. Flehentlich bittet sie um den Erhalt von Magdeburg. Sie weiß, dass Napoleon Preußen hinter die Elbe zurückdrängen will, weiß auch, dass

Friedrich Wilhelm III. war ein wohlmeinender, aber ich-schwacher Monarch, der den Herausforderungen der Zeit hilflos gegenüberstand. Seine Schaukelpolitik führte Preußen in die Niederlage von 1806.

Magdeburg auf der falschen Seite des Flusses angesiedelt ist. Napoleon hört höflich zu. Nach dem Abendessen zieht er eine Rose aus der Tischvase und überreicht sie der Königin. Aber Luise bleibt fest. Nur mit Magdeburg nehme sie die Rose, erklärt sie. Vergebliches Bemühen. Napoleon lässt sich nicht erweichen. Das Melodram fällt durch. Preußen muss einem Vertrag zustimmen, der ihm die Hälfte von Land und Einwohnern nimmt. Selbst in Restpreußen ist der König nicht mehr souverän. Die wichtigsten Festungen erhalten französische Garnisonen, als Faustpfand für Reparationszahlungen, deren Höhe Napoleon bewusst in der Schwebe hält. Gedemütigt und isoliert, bleibt Preußen wenig mehr als die Hoffnung auf das Jüngste Gericht.

Es ist das Schicksal von Kultfiguren, dass sie sich gegen ihre Instrumentalisierung nicht wehren können. Die Verklärung Luises beginnt unmittelbar nach ihrem frühen Tod und lässt von der historischen Gestalt wenig übrig. Im Grunde war Luise kein „politischer Charakter", wie schon Friedrich Meinecke feststellte.[143] Ihr tatsächlicher Einfluss auf den Kriegseintritt Preußens 1806 wurde stark übertrieben, nicht zuletzt von Napoleon, der sie für kriegerischer gehalten haben soll als Blücher, der „Marschall vorwärts".[144] Was das Tilsiter Treffen betrifft, war es eine peinliche Veranstaltung, die Friedrich Wilhelm seiner Frau nicht hätte zumuten dürfen. Das alles tat der Ikonisierung Luises, an der sich Künstler wie Schadow und Tischbein und viele Dichter beteiligten, keinen Abbruch. Preußen liegt 1810, als Luise stirbt, am Boden. Gesucht wird eine Monstranz, hinter der sich die Krieger der Vergeltung versammeln können. 1812 verfasst Theodor Körner, einer der Barden der Befreiungskriege, das Gedicht *Vor Rauchs Büste der Königin Luise.* Die Königin ist darin eine Schlafende, die auf den Rückruf des sich gegen die Frechheit Frankreichs erhebenden Volkes wartet.

Du schläfst so sanft! – Die stillen Züge hauchen
Noch deines Lebens schöne Träume wider;
Der Schlummer nur senkt seine Flügel nieder,
Und heil'ger Frieden schließt die klaren Augen.

So schlumm're fort, bis deines Volkes Brüder,
Wenn Flammenzeichen von den Bergen rauchen,
Mit Gott versöhnt die rost'gen Schwerter brauchen,
Das Leben opfernd für die höchsten Güter.
…
Kommt dann der Tag der Freiheit und der Rache:
Dann ruft dein Volk, dann, deutsche Frau, erwache,
ein guter Engel für die gute Sache!

Der Luisen-Kult hält auch nach den Befreiungskriegen an. Die „Königin von Preußen, ein leuchtendes Vorbild ihres Geschlechts und Rangs", so das *Damen Conversationslexikon* von 1836[145], wird jetzt mehr und mehr passgerecht gemacht für den Gebrauch des Mythos von der Erbfeindschaft. Das ist nicht ganz einfach. Schließlich sprach Luise überwiegend französisch, die Sprache des Erbfeinds. Aber diese Schwachstelle wird erfolgreich wegretuschiert. Als Luises zweitältester Sohn Wilhelm 1871 im Schloss von Versailles zum Kaiser proklamiert wird, gilt sie für die borussische Geschichtsschreibung als gerächt.[146] In der Weimarer Republik wird der „Königin-Luisen-Bund" als Frauenverband der rechtskonservativen „Stahlhelm"-Organisation gegründet. In kornblumenblauer Luisentracht schwören die Bundesmitglieder: „Wir wollen wie Luise unser von Gott geschaffenes deutsches Wesen in Treue pflegen …" Die Deutsche Volkspartei (DVP) greift das Bild von der Schönen und dem Biest wieder auf. Ein Wahlplakat verwebt das Treffen von Tilsit mit dem von Frankreich erzwungenen „Versailler Diktat". Es zeigt das Antlitz der Königin, unterschrieben mit „1807 Tilsit, 1920 Versailles".[147] Wie unausrottbar Legenden sind, beweist eine 1957 veröffentlichte Erzählung Reinhold Schneiders, *Die Rose des Königs*, die Luise abermals als Schmerzensmutter auftreten lässt: „Da sie als Königin nichts mehr vermochte und ein Letztes versuchte als Frau, eine gebotene Rose nur annehmen wollend für das Zugeständnis Magdeburgs."[148]

Die Exekution des Nürnberger Buchhändlers Palm 1806 war ein Willkürakt, löste aber keine Widerstandshandlungen aus. Das Buch Deutschland in seiner tiefen Erniedrigung, *von dem man nicht weiß, ob Palm es selbst geschrieben oder nur verlegt hat, war eine literarische Frühgeburt.*

13 Der Tod des Buchhändlers Palm

Auch nach zwei Gewehrsalven gibt der Verurteilte noch Lebenszeichen von sich. Erst der dritte Versuch bringt die Exekution, für deren unfachmännische Ausführung die Soldaten von ihrem Hauptmann schwer beschimpft werden, zu Ende. Der Sitte entsprechend teilen die Leichengräber des Toten Kleider unter sich auf. Die von Schüssen durchlöcherte Weste wird verkauft. Die Hinrichtung Johann Philipp Palms, Buchhändler zu Nürnberg, findet in der Mittagszeit des 26. August 1806 in Braunau am Inn statt. Am Tag zuvor hat eine französische Militärkommission Palm abgeurteilt. „Der deutsche Nationalismus hatte seinen ersten Märtyrer", urteilt der Historiker Heinrich August Winkler.[149]

Von Johann Philipp Palm, von seinen Lebensstationen und von seinen Ansichten, wissen wir wenig.[150] Der Buchhändler ist bei seinem Tod vierzig Jahre alt. Zum Verhängnis wird ihm eine Schrift mit dem Titel *Deutschland in seiner tiefen Erniedrigung*. Bei der Vernehmung besteht er darauf, das Buch nur vertrieben und nicht geschrieben zu haben. Den Namen des Verfassers nimmt er mit ins Grab.

Die in 6000 Exemplaren in Umlauf gebrachte Schrift beklagt die Lage Deutschlands als himmelschreiend. Landauf, landab herrsche „schauerliches Wehklagen über Geldmangel, Theuerung und nahrungslose Zeiten", behauptet der Autor. Die sich anschließenden Darlegungen sind langatmig und ziemlich diffus. Klar benannt werden allerdings die Hauptschuldigen am deutschen Elend. Es sind, folgt man dem Verfasser, die französischen Soldaten, die sich auf deutschem Boden durch „Fressen, saufen, Raub und Weiberschänden" hervortun. Und es ist Napoleon, der es darauf angelegt hat, sich ganz Deutschland untertänig zu machen. Seine Helfershelfer sind die deutschen Fürsten. Kein gutes Haar lässt das Buch am preußischen König, dem unterstellt wird, er betreibe Gebietsschacher mit Napoleon. Adressat des Buches ist das Volk. Rettung sei nur von ihm zu erwarten. Die Deutschen sollten ihren Fürsten Beine machen und ihnen sagen, „daß die Nation nur ihren Aufruf erwarte, und ihr Anblick im Harnisch wird des Feindes Schrecken, im Kampf sein Untergang sein".[151]

Zum Unglück des Buchhändlers wird die Schrift in einer Phase politischer Hochspannung entdeckt. Der Sieg in der Dreikaiserschlacht von Austerlitz liegt sechs Monate zurück. Napoleons Armee ist müde, die Soldaten wollen nach Hause, dürfen aber nicht. Denn Russland verweigert den Friedensschluss, und aus Berlin berichten die französischen Diplomaten von einer anschwellenden Kriegsstimmung. Tatsächlich stellt Preußen am 26. September Frankreich ein Ultimatum. Zwei Wochen später ist die überschätzte preußische Militärmacht am Boden zerstört.

Das hochnervöse Klima des Sommers wird durch Pamphlete, die in Österreich und im Süden Deutschlands zirkulieren und gegen Frankreich Stimmung machen, zusätzlich angeheizt. Als Napoleon in Paris von Palms Schrift erfährt, ist er entschlossen, ein Exempel zu statuieren. Für ihn liegt der Fall klar: Das Buch ist Hochverrat, Anstiftung zum Aufstand. Er fordert von seinem Kriegsminister die umgehende Verhaftung Palms und ein Schnellverfahren durch ein Militärgericht, dem er das Ergebnis vorgibt: Füsilierung des Schuldigen binnen 24 Stunden.

Das Vorgehen gegen Palm stellt einen klaren Willkürakt dar, vergleichbar mit der Hinrichtung des Herzogs von Enghien zwei Jahre zuvor. Unmittelbare Folgen hat es nicht. Die Zeitungen fassen den Vorfall aus Angst vor Repressalien mit dem langen Löffel an. Die Wirkung des Buches selbst wird man nicht überschätzen dürfen. *Deutschland in seiner tiefen Erniedrigung* dokumentiert den Unmut über die Franzosen-Herrschaft. Aber es bleibt eine Einzelerscheinung, die Widerstandshandlungen nicht auslöst. Die öffentliche Aufmerksamkeit ist auf anderes gerichtet, vornehmlich auf den eskalierenden französisch-preußischen Konflikt. Knapp zwei Monate nach der Exekution von Braunau kommt es bei Jena und

Auerstedt zur Karambolage. Beweist die verheerende Niederlage Preußens nicht abermals, dass gegen Napoleon kein Kraut gewachsen ist? Die deutschen Fürsten im Rheinbund denken nicht im Traum daran, zur Volkserhebung gegen die Franzosen zu blasen, wozu Palms Buch sie aufgefordert hat. Volkserhebungen kommen für sie aus Prinzip nicht infrage; an dem Wort hängt der Hautgout der Revolution. Und was Napoleon angeht, so läuft es den Interessen Sachsens oder Bayerns keineswegs zuwider, wenn er Preußen und Österreich schwächt. Ganz abgesehen davon ist es nie verkehrt, auf der Seite des Stärkeren zu stehen.

Mit den Fürsten ist ein Aufstand nicht zu machen, gegen sie noch weniger. „Deutschland in seiner tiefen Erniedrigung“: Ein Handlungsimpuls würde voraussetzen, dass dieses Deutschland, real oder in den Köpfen, überhaupt existiert. Und das ist alles andere als sicher. Die Deutschen haben Vaterländer fast so viele wie Kirchtürme. Es ist noch gar nicht so lange her, da hat der Historiker Justus Möser festgestellt, seine Patria sei Osnabrück. Christoph Martin Wieland fragte 1793 rhetorisch: „Aber deutsche Patrioten, die das ganze Deutsche Reich als ihr Vaterland lieben, über alles lieben … wo sind sie?“[152]

Dieses Deutsche Reich gibt es inzwischen nicht mehr, und kaum jemand weint ihm eine Träne nach. Es abgeräumt zu haben, sei nachgerade ein Verdienst Frankreichs, meint Joseph Görres. Wenn Frankreich zerstörte, zerstörte es Werte, die abgeschrieben waren; wenn Frankreich nahm, dann gab es auch etwas. Diese Sichtweise ist durchaus verbreitet, als Johann Philipp Palm ins Grab sinkt. Erst mit der Zeit gewinnt die Diagnose seines Buches Evidenz. *Deutschland in seiner tiefen Erniedrigung* ist eine literarische Frühgeburt.

„Hieronymus Napoleon, von Gottes Gnaden und durch die Constitutionen König von Westphalen, französischer Prinz etc. etc.", hier im Bild mit seiner Gattin Katharina von Württemberg, ist als „König Lustigk" in Erinnerung geblieben. Der Modellstaat scheiterte an inneren Widersprüchen. Gemälde von François Kinson.

14 Im Reich des Königs Lustigk

Die erste geschriebene Verfassung auf deutschem Boden trägt die Handschrift Napoleons, und das kam so: Im November 1807 erhält Jérôme Bonaparte Post von seinem kaiserlichen Bruder. Der Benjamin der Bonaparte-Familie residiert seit Kurzem zu Kassel im Schloss Wilhelmshöhe, das jetzt Napoleonshöhe heißt. Der neue Name trägt dem Umstand Rechnung, dass Kassel mittlerweile Hauptstadt des neu geschaffenen Königreichs Westphalen ist, mit Jérôme, zu Deutsch: Hieronymus Napoleon als König. Jérôme erbricht den Brief und liest: „Lieber Bruder, in der Anlage finden Sie die Verfassung Ihres Königreichs."[153]

Von Jérômes knapp bemessener Zeit als Herrscher in Westphalen ist wenig mehr übrig geblieben als das Zerrbild des amüsierfreudigen und verschwenderischen „König Lustigk". Wie Napoleons allesamt hochveranlagten Geschwister hat Jérôme das Pech, von einem noch höher Veranlagten ständig überfordert zu werden. Als Jüngster hat er es besonders schwer. Er ist ein Vierteljahr alt, da stirbt der Vater. Mit neun erlebt er, wie die Familie Hals über Kopf aus Korsika fliehen muss und mittellos in Südfrankreich strandet. Beim Brumaire-Putsch 1799, Napoleons Durchbruch zur Macht, ist er zu jung, um aktiv mitzumischen, profitiert aber wie der Rest der Familie vom kometenhaften Aufstieg des Clanchefs. Der fünfzehn Jahre Ältere fühlt sich für den Benjamin verantwortlich und behandelt ihn wie ein Kind, herzlich, aber streng. Er bestimmt über seine Laufbahn, schickt ihn zuerst zur Marine, dann macht er ihn zum General. Doch die militärische Familienbegabung hat sich mit Napoleon erschöpft. Jérôme versagt 1812 in Russland wie am Tag von Waterloo. Oft erzählt ist der Schiffbruch seiner ersten Ehe. Von einer Amerikareise ist Jérôme in Damenbegleitung zurückgekehrt. Er hat Elizabeth Patterson geheiratet, die Tochter eines reichen amerikanischen Kaufmanns, die inzwischen schwanger ist. Napoleon schäumt. Noch minderjährig, hätte Jérôme die Einwilligung seines Bruders einholen müssen. Dafür bekommt er die Quittung. Napoleon zwingt ihn, die Ehe zu annullieren. Er hat für den kleinen Bruder andere Pläne. Das Regime braucht Stabilität. Die wird sich einstellen, glaubt er, wenn die Bonaparte-Dynastie mit wichtigen europäischen Herrscherhäusern familiär verzahnt ist. Jérôme soll eine Prinzessin ehelichen. Das ist Heiratspolitik nach dem Muster des Ancien Regime und passt ganz und gar nicht zum Land der Revolution, aber das stört Napoleon wenig. Vorgesehen hat er für Jérôme die Prinzessin Katharina von Württemberg. Diesmal pariert der Jüngere, und es soll sein Schaden nicht sein. Als das Kaiserreich zusammenbricht und die Bonaparte-Geschwister nicht mehr Könige sind, sondern Flüchtlinge und Parias, hält Katharina ihrem Ehemann die Treue.

Mit der Post erhält Jérôme nicht bloß die Verfassung seines Reiches, sondern auch Anweisungen, wie er regieren soll. „Die deutschen Völker", schreibt Napoleon, „verlangen mit Ungeduld, dass die bürgerlichen Talente nicht gegen den Adel zurückgesetzt; dass jede Art von Leibeigenschaft abgetan werde; dass alle Schranken, welche den Landesherrn von der niedrigsten Klasse seiner Untertanen trennen; hinwegfallen … Die Wohltaten des Code Napoléon, die Öffentlichkeit der Gerichtsverfahren, die Einführung der Schwurgerichte, werden die unterscheidenden Kennzeichen des westphälischen Staates sein. Es ist notwendig, dass das westphälische Volk eine Freiheit, eine Gleichheit und einen Wohlstand genieße, wie sie den Völkern Deutschlands bisher unbekannt waren. Eine solche liberale Regierungsart wird den günstigsten Einfluß auf die Machtstellung der westphälischen Monarchie ausüben, und eine mächtigere Schranke gegen Preußen sein als die Elbe, die Festungen und der Schutz Frankreichs. Welche Provinz wird auch unter das despotische preußische Regiment zurückkehren wollen, wenn sie einmal die Wohltaten einer weisen und liberalen Regierung gekostet hat? Die Völker Deutschlands sehnen sich nach Gleichheit und liberalen Ideen, es kann gar nicht ausbleiben, dass Westphalen ein moralisches und geistiges Übergewicht über die benachbarten absoluten Könige erlangt."[154]

Wer den Code der napoleonischen Deutschlandpolitik knacken will, hält mit diesem Brief vom 15. November 1807 ein Schlüsseldokument in Händen. Die drei Modellstaaten, die Napoleon in Deutschland etabliert – neben dem Königreich Westphalen das Großherzogtum Berg und das Großherzogtum Frankfurt –, sollen die überlegene Modernität Frankreichs vorzeigen und moralische Eroberungen machen. Es ist gut, die beste Armee zu besitzen. Noch besser ist, man hat den Fortschritt auf seiner Seite. Dass dies der Fall ist, davon ist Napoleon überzeugt. Er hat eine Menge an der Revolution von 1789 auszusetzen gehabt und besonders am Revolutionspersonal. Aber nie hat er daran gezweifelt, dass die Beseitigung des Feudalismus richtig war. Gleichheit vor dem Gesetz, Gewerbefreiheit, Religionsfreiheit, Entmächtigung der Kirche sind in seinen Augen Errungenschaften, die Frankreich stark gemacht haben. Die Deutschen werden dankbar sein, wenn sie diese Errungenschaften geschenkt bekommen.

Am Anfang scheint das Konzept aufzugehen. Eine der ersten Reformmaßnahmen in Westphalen schafft die Prügelstrafe beim Militär ab. Das ist keine Kleinigkeit, das Spießrutenlaufen gilt als Symbol für Verdorbenheit und Inhumanität des Absolutismus. Offiziersstellen sind nicht mehr für den Adel reserviert. Einfache Soldaten können es, wenn sie tüchtig sind, zum General bringen. Öffentlich tagende Geschworenengerichte dokumentieren, dass jetzt gleiches Recht für alle gilt. Juden dürfen ihren Kultus so frei praktizieren wie Katholiken und Protestanten. Der Straßenbau wird forciert, der Aufbau eines Katasterwesens in Angriff genommen, das Impfen wird propagiert. Bürgerliche Gleichheit plus Modernität: Ein paar beherzte Maßnahmen machen den Doppelcharakter der napoleonischen Staatsphilosophie sichtbar. Herzstück der Reformagenda ist die Einführung des *Code Napoléon* (*Code Civil*) am Neujahrstag 1808. Das weltweit fortschrittlichste Rechtssystem heißt in Westphalen „Napoleons Gesetzbuch", ist zweisprachig gedruckt und umfasst 1054 Seiten. Der Rechtsgelehrte Paul Johann Anselm Feuerbach feiert die Einführung als epochalen Gründungsakt: „Wohin Napoleons Gesetzbuch kommt, da entsteht eine neue Zeit, eine neue Welt, ein neuer Staat."[155]

Das Neue ist reizvoll, die Herausforderung immens. Das Reich des Königs Lustigk ist ein Sammelsurium, zusammengesetzt aus zwanzig Territorien, darunter Teile des ehemaligen Kurfürstentums Hannover, Braunschweig-Wolfenbüttel, Magdeburg, Göttingen, Goslar sowie Besitzungen des von Napoleon in die Wüste geschickten Kurfürstentums Hessen. Wie sollen Menschen mit unterschiedlichen Glaubensbekenntnissen, andersartigen Dialekten und geschichtlichen Erinnerungen zusammenleben? Für Napoleon, den Administrator aus Leidenschaft, ist das nur eine Frage des Wollens. Er entsendet aus Paris ausgewiesene Verwaltungs- und Finanzfachleute nach Kassel. Der Schweizer Historiker Johannes von Müller wird für den Aufbau eines modernen Bildungssystem gewonnen. Die Anwerbung Müllers ist ein besonderer Coup, der in der gesamten deutschsprachigen Gelehrtenwelt für Aufsehen sorgt. Müller hat eine Universalgeschichte geschrieben, Goethe nennt ihn einen neuen Thukydides. Seit 1804 ist er in Berlin als hohenzollernscher Haushistoriker angestellt und arbeitet an einer Biografie Friedrichs II. Politisch hat er sich als vehementer Napoleon-Gegner exponiert. Er stellt den Korsen auf eine Stufe mit dem Hunnenkönig Attila. Nach der militärischen Katastrophe Preußens versäumt er es, wie andere, die vom Sieger nichts Gutes zu erwarten haben, Berlin rechtzeitig zu verlassen. Umso überraschter ist er, als er eine Einladung ins Schloss erhält und dort, statt von Attila gevierteilt zu werden, in ein Gespräch über die Gemeinsamkeiten von griechischer Polis und Schweizer Verfassung verwickelt wird. „Durch sein Genie und seine Güte hat er mich erobert", rechtfertigt Müller seine Kapitulation.[156]

Müller ist nicht der Einzige, der sich von der Intellektuellen-Droge Macht hinreißen lässt. Das Königreich Westphalen zieht viele Berufswechsler an. Ehemals preußische Offiziere, für die in der drastisch verkleinerten Armee Friedrich Wilhelms III. kein Platz mehr ist, beziehen ihren Sold jetzt von Hieronymus Napoleon. Gelehrte verlassen ihre Schreibstube und verdingen sich als Mitarbeiter am Bau eines neuen Staates. War einst „Koblenz" das Synonym für unbelehrbare französische Adels-Emigranten, gilt „Kassel" nun als Labor der Menschheitsbeglückung, in dem sich unter den Fittichen des neuen abendländischen Kaisers verlockende Beschäftigungsmöglichkeiten bieten. Die Stadt erlebt eine Blüte des Theater- und Musiklebens. Leo von Klenze wird Hofarchitekt. Beethoven erhält einen Ruf als Kapellmeister, bleibt aber in Wien. Der aus Zweibrücken stammende Staats- und Kameralwissenschaftler Karl August Malchus, ein typischer Vertreter des aufgeklärten Beamtentums, beschreibt den Reiz, der von der Stunde null ausgeht: „In einem Staat wie der unsrige (!), auf Sieg gegründet, gibt es keine Vergangenheit! Es ist eine Schöpfung, in welcher wie bei der Schöpfung alles, was vorhanden ist, nur als Urstoff in die Hand des Schöpfers und aus ihr vollendet in das Dasein übergeht."[157]

Die Aufbruchstimmung vergeht allzu rasch. Von Anfang an hat der neue Staat mit Finanznöten zu kämpfen. Der Hauptverantwortliche sitzt in Paris. Krieg ist teuer, und solange Westphalen existiert, herrscht Krieg. Auf 30 000 Mann beläuft sich der Beitrag, den Jérômes Königreich den Armeen des Empire schuldet. Westphälische Soldaten schlagen sich in Spanien, dann in Österreich und schließlich in Russland. Die Kriegführung saugt das Land aus, ist aber nicht die einzige Last, die es zu tragen hat. Napoleon nutzt Westphalen als Ersatzkasse. Die Erträge der meisten Staatsdomänen verbleiben nicht in Kassel, sondern fließen an den Kaiser, der damit den von ihm geschaffenen Militäradel des Empire dotiert. Jérômes wiederholte Klagen darüber sind berechtigt; sie kreuzen sich aber regelmäßig mit ebenso berechtigten Gegenvorwürfen, die ihm Verschwendungssucht zur Last legen.

Zweifellos ist Jérôme Teil des Problems. Sein Regierungsstil ist unstet. Mit Johannes von Müller liegt er bald über Kreuz. Der Konflikt war programmiert. Dem Historiker ist auf die Dauer die Kärrnerarbeit der Politik zu wenig geistvoll. Umgekehrt werden Müllers hohe Gedankenflüge dem König lästig. „Ich will keine Gelehrten mehr; ich brauche Dummköpfe und Soldaten." Sofern das Zitat nicht authentisch ist, ist es doch gut erfunden. In Kassel geht es drunter und drüber, weshalb Napoleon sich entschließt, Jérôme einen Aufpasser zu schicken. Der neue Gesandte Karl Friedrich Reinhard genießt als gewandter und erfahrener

Diplomat das Vertrauen des Kaisers. Außerdem ist er gebürtiger Deutscher. Wer könnte die *citoyens westphaliens* besser als er davon überzeugen, dass es sich für die Deutschen lohnt, im Zeichen der Biene, dem Wappentier der bonapartistischen Dynastie, zu leben?

Reinhard ist von seiner Mission erfüllt. Er versteht das Modellkönigreich als Bindeglied zwischen Frankreich und Deutschland und sich selbst als Vermittler zwischen den ungleichen Brüdern. Aber da gibt es wenig zu vermitteln. Jérôme braucht eine Weile, bis er herausfindet, dass seine Krone aus Pappmaschee ist. Und als er es endlich begriffen hat, verliert er die Lust am Regieren. Das grundlegende Dilemma verrät schon Jérômes offizieller Titel: „Hieronymus Napoleon, von Gottes Gnaden und durch die Constitutionen König von Westphalen, französischer Prinz etc., etc." Die doppelte Würde bedeutet keine Verdoppelung der Kräfte, vielmehr beschneidet sie Jérômes Handlungsspielraum. Denn als französischer Prinz ist er dem Familienstatut der Bonapartes unterworfen. Und dass im Konfliktfall das Wohl Westphalens hinter den Interessen Frankreichs zurückzustehen hat, daran lässt der kaiserliche Bruder nicht den geringsten Zweifel.

Napoleon steht an der Spitze einer Universalmonarchie, in der, wenn sie funktionieren soll, gleiches Recht für alle gelten müsste. Das ist aber nicht der Fall. Frankreich zuerst, das ist die Linie, an der er eisern festhält. Schon bei dem Gros der Rheinbundmitglieder sorgt sie für Misstrauen und Distanz. Erst recht unsinnig ist sie gegenüber den Modellstaaten, deren Auftrag doch ist, moralische Eroberungen zu machen. In Kassel macht man sehr bald die Erfahrung, dass der Protektor in Paris seine eigene Vorstellung vom Geben und Nehmen hat. Der Wirtschaftsboykott gegen England, dem sich die Regierung Jérômes natürlich anschließen muss, trifft Handel und Konsumenten Westphalens mit voller Härte. Umgekehrt verweigert Napoleon Westphalen und den anderen Bundesgenossen die Zollunion, die ihnen den Vorteil brächte, Teil eines großen und gemeinsamen Wirtschaftsraums zu sein. Was wiegen dagegen die Segnungen des Bürgerlichen Gesetzbuchs? Die Einführung von Geschworenengerichten und die Abschaffung der Prügelstrafe versetzen die westphälische Bevölkerung nicht unbedingt in Trance. Gewiss, die dünne Oberschicht – Beamte, Professoren, Fabrikanten – schwört auf die guten Anlagen des Kunststaates. Im benachbarten Preußen ist ein Reformpolitiker wie Hardenberg davon überzeugt, dass man von Westphalen eine Menge lernen könne. Was aber denken die einfachen Leute im Reich des Königs Lustigk? Es ist ja schön und gut, wenn Straßen gebaut werden, und wer wollte darüber klagen, dass der Zunftzwang aufgehoben ist. Andererseits gibt es den Zwang zum Soldatsein, mit Folgen, die empfindlicher spürbar sind als die neuen Freiheiten, deren wohltätiger Charakter sich nur langsam entfaltet. Und dann die Sprache! Offiziell herrscht in Westphalen Zweisprachigkeit. Das napoleonische Gesetzbuch ist deshalb so dick, weil es in beiden Sprachen gedruckt ist, linke Seite deutsch, rechte Seite französisch. An die Zweisprachigkeit hält sich auch der neue *Moniteur* für Westphalen, die Zeitung der Regierung. Aber das Misstrauen ist geweckt. Viele Bürger unterstellten den Behörden die Absicht, das Französische über kurz oder lang zur *langue officielle* zu machen, meldet der Gesandte Reinhard nach Paris.[158] Dies werde als herabwürdigend empfunden und füge sich ein in eine lange Liste von Gravamina. Ende 1811 zieht Reinhard die Alarmglocke. Dem Außenminister Napoleons schreibt er warnend: „Der Deutsche ist ruhig, geduldig, ein Freund der Ordnung, kaum für die Revolution geschaffen: allein, man darf ihn nicht zum Äußersten treiben …"[159]

Begegnung von Genie zu Genie: Goethe war bei einem Treffen in der Erfurter Alten Statthalterei von Napoleon tief beeindruckt. Er bewahrte dem Franzosen-Kaiser auch nach dessen Sturz seine Bewunderung. In der Karikatur von Rainer Ehrt „besticht“ Napoleon den Dichter mit dem Orden der Ehrenlegion.

15 Agamemnon in Erfurt

Vom 27. September bis zum 14. Oktober 1808 ist Erfurt Schauplatz eines europäischen Gipfeltreffens. Im Blickpunkt stehen die beiden Kaiser, der französische Imperator Napoleon und der russische Zar Alexander. Nur Staffage sind die zahlreichen angereisten Rheinbundfürsten, darunter immerhin vier Könige, die von Sachsen, Bayern, Württemberg und Westphalen. Der Kongress findet nicht zufällig in Thüringen statt. Napoleon hat in Erfurt, das seit einem Jahr *domaine réservée à l'Empereur*, d. h. kaiserlicher Privatbesitz ist, Hausrecht. Die Fassungskraft der Zeitgenossen wird auf eine harte Probe gestellt: Wenn Erfurt, das im Herzen Deutschlands liegt, französisch ist, wo liegt dann Deutschland?

Durch Europa rast der Pflug. Veränderungen hat es schon immer gegeben. Mal starben Könige kinderlos, mal sorgten klug eingefädelte Fürstenehen dafür, dass die Bürger, wenn sie morgens aufwachten, einem neuen Landesherrn huldigen mussten. Dass Grenzpfähle gewaltsam verschoben wurden, kam natürlich auch vor, war aber selten. Um Österreich Schlesien abzunehmen, brauchte Friedrich II. drei Kriege und 36 Jahre. Mit dieser relativen Beschaulichkeit ist es 1789 vorbei. Die Revolution beschleunigt das Veränderungstempo des Geschichtsverlaufs ins Ungeahnte. Alte Reiche verschwinden, neue entstehen. Die Veränderungen greifen tief in das Alltagsleben ein. Die Völker müssen massenhaft Soldaten liefern für die neuartigen Wehrpflichtarmeen, sich an neue Gesetze gewöhnen und manchmal die Sprache neuer Herren lernen. Antriebskraft all dieser Umwälzungen ist das revolutionäre Frankreich. 1790 zählt Frankreich 83 Departements, neun Jahre später 101. Zu diesem Zeitpunkt sind Nizza und Avignon, Chambéry und Basel annektiert, außerdem Belgien und das linksrheinische Deutschland. Hinzu kommen sogenannte Schwesterrepubliken, nämlich die Niederlande, die Lombardei, Genua und die Eidgenossenschaft, die alle sonderbare Namen haben (Batavische Republik für Holland; Cisalpinische Republik für die Lombardei) und deren Gemeinsamkeit darin besteht, dass sie von Paris aus gesteuert werden. Was oft übersehen wird: Als Napoleon 1799 Konsul wird, ist Frankreich schon längst auf Expansionskurs. Der neue Mann macht da weiter, wo die Vorgängerregierungen aufgehört haben, nur dass er als Eroberer noch weit effektiver ist.

Mit dem Pflug geht Napoleon über Italien und Deutschland hinweg, formlose Räume mit teilweise archaischer Struktur und daher besonders einladend für eine ausgreifende Politik. In Deutschland beginnt alles damit, dass sich die Franzosen am Rhein festsetzen. Einmal dort angekommen, ist die Einflussnahme auf den Kern Deutschlands vorprogrammiert. Die Logik ist zwingend: Wer links des Rheins enteignet wurde, muss rechts des Rheins entschädigt werden. Das geschieht zulasten der geistlichen Fürstentümer und der Reichsstädte (Säkularisierung). Und weil die Reichsinstutionen die Umverteilung nicht selbst bewerkstelligen können, wird Frankreich als Schiedsrichter bestellt. Bittprozessionen wallen nach Paris und buhlen um das Wohlwollen Napoleons. Hauptnutznießer sind die Mittelstaaten Bayern, Württemberg und Baden, die der Konsul aufwertet und sich als künftige Bündnispartner verpflichtet. Auch andere profitieren, wie das Beispiel Erfurt zeigt. Lange dem Mainzer Krummstab untertan, fällt die Stadt infolge der Auflösung des Fürstbistums an Preußen, um nach der preußischen Niederlage zur *domaine réservée à l'Empereur* zu werden.

Das Reich, todgeweiht durch die jahrhundertelange Auszehrung der kaiserlichen Handlungsmacht, überlebt die Säkularisierung nicht lange. 1806 legt Franz II. die römisch-deutsche Krone nieder, nachdem er sich bereits 1804 vorausschauend als Franz I. den Titel eines Kaisers von Österreich zugelegt hatte. Napoleon hat es nicht auf die Zerstörung des ehrwürdigen Reiches abgesehen. Er ist nicht der Mann der großen Vision, der geduldig strebend auf ein Endziel hinarbeitet. Dafür ist er ein Meister im Ausnutzen von Gelegenheiten, die der sich hinziehende Revolutionskrieg reichlich serviert. Eine solche Gelegenheit taucht 1805 auf. England hat es mit seinem Geld geschafft, ein neues Bündnis gegen Frankreich zu schmieden. Für die Dritte Koalition seit 1792 sind Russland und Österreich gewonnen. Mitte des Jahres wartet Napoleons Hauptarmee im Lager von Boulogne auf guten Wind, um mit tausend Schiffen über den Kanal zu setzen. Österreichs Einmarsch in das mit Frankreich inzwischen verbündete Bayern durchkreuzt seine Planung. Er zieht die Armee von der Kanalküste ab und dirigiert sie mit Gewaltmärschen nach Süddeutschland. Es beginnt ein zweijähriger Feldzug. Dreimal siegt Napoleon, einmal gegen Österreich und Russland (Austerlitz), einmal gegen Preußen (Jena und Auerstedt) und einmal gegen Russland und Preußen (Friedland). Der Frieden von Tilsit im Juli 1807 beendet das dramatische Ringen und ebnet den Weg zu einer radikalen Umgestaltung Mitteleuropas. Wo liegt Deutschland? Schon vor dem Erdbeben von 1789 war die Frage nur schwer zu beantworten. Jetzt wird alles noch komplizierter.

Österreich muss für die Niederlage von Austerlitz schwer büßen. Es verliert Tirol und Vorarlberg an Bayern; die Reste von Vorderösterreich werden Württemberg und Baden zugeschlagen. Drakonisch ist die Bestrafung Preußens. Im Osten muss Preußen alles abgeben, was es sich aus den Teilungen Polens zugeschanzt hatte. Napoleon modelliert aus der Gebietsmasse das Großherzogtum Warschau. Im Westen hört Preußen nun an der Elbe auf. Jenseits der Elbe liegt jetzt das Königreich Westphalen, das wie die beiden anderen Kunststaaten Berg und Frankfurt Werbung für Frankreich in Deutschland machen soll. Der Rheinbund stellt eine weitere Neuerung dar. Den Nukleus bilden Bayern, Württemberg und Baden. Napoleon hat die drei Staaten durch Zugaben aus dem Verlusttopf Österreich territorial massiv aufgewertet. Auch die Landesherren kommen auf ihre Kosten. So wird aus dem bayerischen Kurfürsten ein König. König darf sich auch der bisherige Herzog von Württemberg nennen, für den Herzog von Baden bleibt der Komparativ, er wird Großherzog. Neben den drei begünstigten Staaten hat der Rheinbund dreizehn weitere Mitglieder. Später steigt die Mitgliederzahl auf 39, womit der Rheinbund alles abdeckt, was nicht preußisch und nicht österreichisch ist. Preußen, Österreich, die Modellstaaten und die Rheinbund-Konföderation: viermal Deutschland, kein Staat, keine Interessengemeinschaft, politisch definiert nur durch ein jeweils eigenes Verhältnis zum Frankreich Napoleons. Das fünfte Deutschland liegt links des Rheins. Die Menschen, die dort leben, sind zwar rechtlich Franzosen, aber damit haben sie nicht aufgehört, sich als Teil der deutschen Kulturnation zu fühlen.

Mit der Erfurter Inszenierung[160] will Napoleon dem Zaren imponieren. Im Jahr zuvor hat er dem besiegten Russland eine Vorzugsbehandlung zuteilwerden lassen. Statt es zu demütigen wie Preußen, hat er dem jungen Zaren die Teilhabe an der Beherrschung Europas angeboten. Jetzt soll sich Alexander erkenntlich zeigen. Er soll ihm den Rücken freihalten, wenn er sich um Spanien kümmert, wo Frankreichs Armeen auf unerwarteten Widerstand gestoßen sind. Aber der Zar reagiert kühl. Diplomatisch ist der Fürstenkongress für Napoleon ein Misserfolg.

Mehr Glück hat er mit dem zweiten Erfurter Planziel. Er werde „Deutschland durch Pracht und Glanz in Erstaunen versetzen“, hat er versprochen, und das Versprechen hält er. 57 000 nach Thüringen beorderte Elitesoldaten legen Zeugnis ab von der militärischen Superiorität Frankreichs. Aus den Schlössern von Paris hat man ganze Wagenladungen mit Gobelins, Porzellan und Silber nach Erfurt befördert, um die Residenz, die Alte Statthalterei, aufzupolieren. Angereist ist auch eine dreißigköpfige Truppe des *Théâtre français*, darunter Napoleons Lieblingsschauspieler Talma. Allabendlich werden im Kaisersaal der Statthalterei Tragödien aufgeführt. Als bei der Aufführung von Voltaires *Oedipe* Talma deklamiert: „Die Freundschaft eines großen Mannes ist eine Wohltat der Götter!“, erhebt sich der komödiantisch talentierte Zar und umarmt den Gastgeber. Die Götter werden oft bemüht in diesen Tagen, Erfurter Lokaldichter geben ihr Bestes. Bei Napoleons Einfahrt in die Stadt säumen Spruchbänder seinen Weg. Auf einem steht: „Gäb's jetzt noch einen Götter-Sohn/so wär's gewiß Napoleon.“

Die Bürger der Stadt sind nur Zaungäste. Doch auch wenn ihnen der Sinn der fantastischen Prachtentfaltung verschlossen bleibt – allein die untertänige Anwesenheit so vieler gekrönter Häupter macht sinnfällig, dass Napoleon der König der Könige ist. Der Kaiser der Franzosen ist längst auch der wahre Kaiser in Deutschland, ausgestattet mit einer Handlungsmacht, die die römisch-deutschen Imperatoren gern gehabt hätten. Und er weiß den Deutschen zu schmeicheln. Er kann sie nicht in ihrer Muttersprache anreden. Als Schüler in Brienne hat er zwar Deutschunterricht gehabt, aber zum Leidwesen seines Lehrers, eines gewissen Monsieur Bauer, keinen Strich für das Fach getan. Dafür beeindruckt er die Erfurter durch seine bescheidene Uniform, die sich positiv von der üppigen Takelage seiner Umgebung abhebt. Gut kommt an, dass er in Verbindung zur Crème des deutschen Geisteslebens tritt, was durch die Nähe zu Weimar erleichtert wird. Mit dem alten Christoph Martin Wieland diskutiert er eineinhalb Stunden über die Weltgeschichte, von Gleich zu Gleich, wie Wieland rückblickend hervorhebt. Goethe bestellt er in die Statthalterei und empfängt ihn mit den Worten: „Voilà, un homme!" Der Dichter ist verblüfft über die Kenntnisse des Kaisers, der mit ihm des Längeren über den *Werther* plaudert und ihm sogar eine logische Ungenauigkeit nachweisen will. Er sieht in Napoleon den Genie-Kollegen, der es geschafft hat, und wird ihn auch dann noch bewundern, als er vom Olymp gestürzt ist. Selbstverständlich sorgt Napoleon dafür, dass sein Rendezvous mit Goethe in die Zeitungen kommt. Die Deutschen sollen erfahren, dass er vor ihrer Kultur Respekt hat.

Für die Franzosen war Deutschland lange Zeit gleichbedeutend mit geistiger Ödnis. Das änderte sich durch Germaine de Staëls 1814 erschienenes Buch De l'Allemagne. *Die Autorin, hier von François Gérard dargestellt, präsentierte das Nachbarland als Paradies der Philosophen.*

16 Eine Französin in Deutschland

Nach ihrer Entdeckung durch Tacitus tauchen die Germanen völkerkundlich für lange Zeit in den nordischen Nebeln unter. Bis Germaine de Staël sie daraus hervorzieht. *De l'Allemagne* (*Über Deutschland*) erscheint 1814 und ist diesseits und jenseits des Rheins eine literarische Sensation. Bei Madame de Staël haben die Deutschen das Barbarische abgelegt. Sie stechen nicht mehr wie in *De origine et moribus Germanorum* durch Rauflust, Trinkfestigkeit und Naturhaftigkeit hervor. Stattdessen zeigt die Französin ein Deutschland, in dem die Künste blühen und die Philosophie eine beispiellose Höhe erklommen hat. Durch *De l'Allemagne* lernen die Franzosen, dass es lohnt, sich mit dem unbekannten Nachbarn zu beschäftigen. Die Deutschen, die sich erstmals als Nation ernst genommen fühlen, befeuert das Buch bei ihrer Identitätssuche.

Die 1766 geborene Anne Louise Germaine Baronin von Staël-Holstein ist das Produkt eines fehlgeschlagenen pädagogischen Projekts. Die Mutter hatte nach der Lektüre von Rousseaus *Émile* eigentlich vor, die Tochter natürlich, das heißt frei von den Schlacken der Zivilisation zu erziehen. In Wirklichkeit erreicht sie das Gegenteil: Germaine wird Wunderkind statt Naturkind. Mit zwölf verfasst sie ein Lustspiel. An der Schwelle zur Pubertät hat das Mädchen bereits eine ganze Bibliothek gelesen. Gegenstand ihrer Anbetung ist der heiß geliebte Vater. Der Schweizer Bankier Jacques Necker wurde zweimal von Ludwig XVI. zum Generaldirektor der Finanzen ernannt. Als er das erste Mal entlassen wird, gilt er als Bahnbrecher, weil er den Staatshaushalt offengelegt hat – eine Novität. Dass die Zahlen geschönt waren, tut seiner Popularität keinen Abbruch. 1788 wird er erneut berufen. Er ist das letzte Aufgebot des Königs. Necker scheitert, weil nur ein Wunderheiler den Staatsbankrott abwenden könnte. Wenige Tage nach seiner zweiten Entlassung wird die Bastille gestürmt.

Germaine stimmt der Revolution anfänglich aus vollem Herzen zu. Als die Jakobiner die Macht übernehmen, muss sie jedoch in Deckung gehen. Aristokraten leben jetzt in Frankreich gefährlich, und sie ist als Gattin des schwedischen Diplomaten Staël-Holstein Baronin. Verdächtig macht sie auch ihre Vorliebe für eine Repräsentativdemokratie nach britischem Muster. Um ihren Kopf zu retten, flieht sie nach Coppet am Genfer See, wo ihr Vater ein Schlösschen besitzt. Den aufgehenden Stern Bonaparte beobachtet sie zunächst mit Sympathie. Wieder in Paris, sucht sie die Nähe des so aufregend erfolgreichen Generals. Ihr Biograf Christopher Herold ist davon überzeugt, dass sie ihm nachstellte. Herold erzählt eine Anekdote, die Napoleon immer wieder gern zum Besten gegeben haben soll. Danach suchte Germaine ihn eines Tages in seinem Haus in der Rue de Chanteraine auf. Vom Diener darauf aufmerksam gemacht, dass der General gerade in der Badewanne sitze, erwiderte sie: „Ein Genie hat kein Geschlecht!“[161] Bei ihrer Kehrtwende zur leidenschaftlichen Gegnerin Napoleons mögen verletzte Gefühle eine Rolle gespielt haben; letztlich waren ihre liberalen Vorstellungen und der Cäsarismus des Ersten Konsuls unvereinbar.

Dominanzstreben gehört freilich auch zu den Eigenschaften der Necker-Tochter. Sie ist eine Alphafrau; in den Salons herrscht sie wie eine Göttin. Ihr Ansehen beruht auf einer sprudelnden schriftstellerischen Aktivität. Kein Genre lässt sie aus. Sie schreibt Theaterstücke, Romane, literaturgeschichtliche Essays und kommentiert die Zeitereignisse. Ihr Ehrgeiz geht jedoch weit über das Literarische hinaus. Sie will politisch wirken. Das ist ihr elementarer Antrieb, den sie mit Benjamin Constant, einem langjährigen Geliebten, teilt. Constant erlebt einen kurzen Frühling als Häuptling der Liberalen im Tribunat, einer der beiden Gesetzgebungskammern, bis Napoleon ihn kaltstellt. Auch Germaine bekommt den Unmut des Ersten Konsuls zu spüren. Napoleon verdächtigt sie nicht grundlos, ein oppositionelles Netzwerk zu betreiben. Sie muss Paris und Frankreich verlassen.

Im Exil von Coppet fasst sie den Entschluss, Deutschland zu bereisen. Angeregt hat ihr Interesse Constant, der mit einer Deutschen (auf dem Papier) verheiratet war und eine Weile in Deutschland gelebt hat. Warum nicht ein Buch schreiben über das Nachbarland, das so ganz anders ist als Frankreich und das den Franzosen vielleicht als Spiegel vorgehalten werden kann?

In Begleitung Constants macht sie sich im Oktober 1803 auf den Weg. Zuerst besucht sie Weimar, wo sie sich ein Vierteljahr aufhält, dann Berlin. In den Kreisen der frankophonen deutschen Bildungselite ist die glamouröse Frau eine Berühmtheit. Überall öffnen sich ihr die Türen. In Weimar trifft sie Goethe, Schiller, Wieland und pflegt Umgang mit dem fürstlichen Haus. Das miniaturhafte Herzogtum erscheint ihr als Deutschlands Mittelpunkt, die Kleinstadt Weimar als wahre Hauptstadt eines großen Landes, dessen Mangel an Zentralität ihr als Französin Rätsel aufgibt. Berlin enttäuscht sie. Sie wird Königin Luise vorgestellt und kann sich über einen Mangel an Aufmerksamkeit nicht beklagen. Indessen vermisst sie in Berlin das geistige Klima, das sie in Weimar in der verdichtetsten Form kennengelernt hat. Auch missfällt ihr der Hang der Berliner Gesellschaft, den französischen Stil nachzuahmen. „O Weimar! Weimar!“, seufzt sie. „Alle diese Versuche im französischen Genre scheinen mir dem wahren Verdienst der Deutschen so fern zu liegen! Nicht eine Nachahmung von Paris, sondern ein originales Leben und Treiben wünsche ich auch außerhalb Frankreichs zu finden.“[162] Eine zweite Reise, diesmal an der Seite August Wilhelm Schlegels, führt sie vier Jahre später nach Süddeutschland und Wien.

In Coppet beginnt sie 1808 mit der Niederschrift von *De l'Allemagne*. Ein Jahr vorher ist ihr Roman *Corinne* erschienen. *Tout Paris* ist gespannt auf ein neues Meisterwerk. Auch in der deutschen Kolonie, die im Haus von Henriette Mendelssohn, Rue Richter, ihren Treffpunkt hat, sind die Erwartungen hoch geschraubt, wie Karl August Varnhagen von Ense, ein Flaneur auf allen literarischen Boulevards, bezeugt. „Hier wurde der

Inhalt des noch unter der Presse befindlichen Buches von Frau von Staël über Deutschland im voraus erörtert, und ich erhielt darauf im tiefsten Vertrauen die Aushängebögen desselben ausgeliefert, die ich wohl mit Spannung, aber auch mit Mißbehagen und zum Teil mit Unwillen las, indem ich einseitig und ungerecht nicht erwägen wollte, was und wie das Buch in Frankreich wirken müsse, sondern nur wiefern es für uns das Deutsche widergäbe."[163] Varnhagen von Ense ist nicht der Einzige, der einen Vorabblick in Germaines Werk erhascht. Auch die Zensur liest mit. Napoleon ist *not amused.* In einem ersten Impuls will er nur ein paar Stellen schwärzen lassen, dann aber weist er seinen Innenminister Savary an, die ganze Auflage mit immerhin 10 000 Exemplaren einzustampfen. Warum? Er mag die Necker-Tochter nun einmal nicht. Erst nach dem Sturz Napoleons kann *De l'Allemagne* erscheinen. Ein Korrekturexemplar war dem Autodafé entkommen.

Ganz unterschiedliche Faktoren pushen den Erfolg des Buches. Da ist einmal die Prominenz der Autorin: Eine Frau, die sich in der Männerdomäne Literaturbetrieb behauptet; die keine Scheu hat, sich mit Napoleon anzulegen; eine Frau schließlich, die, obwohl nicht schön, mit ihrem abwechslungsreichen Liebesleben den Klatsch beschäftigt. Ein Treffer ist der Titel des Buches: *De l'Allemagne* setzt sich durch Kürze und Prägnanz vorteilhaft ab von der üblichen Sachbuchliteratur mit ihren ellenlangen und umständlichen Benamsungen. Der wichtigste Erfolgsfaktor des Buches ist sein Gegenstand. Deutschland ist für die meisten Franzosen Terra incognita. In den Bibliotheken gibt es kaum etwas Lehrreiches über das Nachbarland zu finden. Gewiss, da ist der verblichene Montaigne, ein Amateur deutscher Ordnungsliebe. Aber wer kennt noch Montaigne? Und wenn, dann schätzt man seine Aphorismen. Dagegen sind die Eindrücke, die er 1580, als er zum Kuren nach Italien wollte, en passant in Süddeutschland sammelte und dann aufschrieb, in Vergessenheit geraten. Vergessen kann man auch Voltaires *Candide*. Der Held des Büchleins, ein Naivling, wächst auf einem westfälischen Schloss heran, das einem Baron mit dem absichtsvoll unaussprechlichen Namen Thunder-ten-tronckh gehört. Was Thunder-ten-tronckh als ganz großen Magnaten der Provinz auszeichnet, ist der Umstand, dass sein Schloss „über eine Pforte und über Fenster" verfügt. Des Barons Töchterlein wird Kunigunde gerufen, und die Baronesse zeichnet sich dadurch aus, dass sie „ungefähr 350 Pfund" auf die Waage bringt. *Candide* ist eine amüsante Spotthudelei des großen Spötters Voltaire, der informative Nährwert des Buches liegt bei null.[164]

In Frankreich herrscht die Ansicht vor, dass Deutschland politisch und geistig wenig zu bieten hat. Man ist angetan von Friedrich II., aber das Interesse gilt dem *roi philosophe* und setzt die Regel nicht außer Kraft. Erst gegen Ende des 18. Jahrhunderts wird das Bild Deutschlands als einer kulturellen Ödnis infrage gestellt. Die gebildeten Franzosen horchen auf. Sie nehmen Kenntnis von Klopstocks *Messiade* (erste Übersetzung 1748) und von der Existenz eines Mannes namens „Göt", dessen *Werther* seit 1776 in Übersetzung vorliegt. Neun Jahre später kann man in Frankreich auch *Les Voleurs de Schiller* lesen. Benjamin Constant registriert das Aufmerken seiner Landsleute mit Genugtuung. „Ein Gegenstand überheblicher Späße ist uns abhanden gekommen – das ist die deutsche Literatur."[165]

Zum Wissenstransfer tragen die adligen Emigranten bei, die in den ersten Jahren nach dem *Quatorze juillet* in großer Zahl aus Frankreich geflohen sind und rechts des Rheins auf die Stunde der Vergeltung warten. Die Emigranten sind nicht besonders beliebt. Viele verprassen ihr Geld und führen sich auf, als wollten sie den jakobinischen Adelshass beglaubigen. Erst als die ersehnte Gegenrevolution ausbleibt, das Geld weg ist und man sich auf einen längeren Aufenthalt in Deutschland einstellen muss, fangen sie an, sich für das Gastland zu interessieren. Der Publizist Charles de Villers, auch er Emigrant und in Göttingen untergekommen, empfiehlt seinen Schicksalsgenossen, statt weiter zu lamentieren den Schatz der deutschen Kultur zu entdecken. Die meisten Emigranten kehren, als Napoleon ihnen die Tür öffnet, aus Deutschland nach Frankreich zurück. Im Gepäck tragen sie viele Eindrücke mit sich, und wie alle, die von einer langen Reise heimkommen, erzählen sie unermüdlich von ihren Erlebnissen in der Fremde.

Der Boden ist also bereitet für ein Buch wie *De l'Allemagne.* Deutschland, das aus französischer Sicht so lange der Rede nicht wert war, ist auf einmal „in". Man kann es philosophisch betrachten: Die goldenen Zeiten eines Volkes kommen und gehen. Der Weltgeist ist ein Wanderer – nicht auszuschließen, dass er seinen nächsten Halt bei den Deutschen einlegt. So denkt Germaine de Staël. Ihre Methode ist komparativ. *De l'Allemagne* lebt vom Vergleich zwischen Deutschland und Frankreich. Die Deutschen schneiden gut ab, wenn auch nicht in allen Belangen. Als Französin habe sie sich nur mühsam an die Langsamkeit und Trägheit des deutschen Volkes gewöhnen können, gesteht sie. „Es übereilt sich nie, es findet überall Hindernisse, und den Ausruf: ‚Das ist unmöglich!' hört man in Deutschland hundertmal öfter als in Frankreich."[166] *De l'Allemagne* enthält das uns bekannte Sortiment deutsch-französischer Polaritäten: Eleganz und Leichtsinn sind bei den Franzosen, Schwerfälligkeit und Tiefsinn bei den Deutschen. In der lockeren Konversation sind die Franzosen Meister, dagegen bekommen die Deutschen den Mund nicht auf, auch wenn sie etwas zu sagen haben. „Ein Franzose", schreibt Madame de Staël, „weiß immer noch zu reden, selbst wenn er keine Gedanken im Kopf hat; ein Deutscher dagegen hat immer etwas mehr Gedanken im Kopf, als er aussprechen kann."[167] Als Frau ist Germaine enttäuscht von den deutschen Männern, die ihr extrem „plump" und „rauchgeschwängert" vorkommen und ihren französischen Geschlechtsgenossen nicht das Wasser reichen können. Das vertraut sie freilich nicht den Spalten ihres Buches an, sondern Privatbriefen nach Hause.[168] Sie lassen durchblicken, dass sie Frankreich in mehr als einer Hinsicht vermisst. „Liebe oder Paris oder Macht – das wäre eine Freude. Ich brauche eines dieser drei Dinge, das meinem Herzen, meinem Geist oder meiner Energie ein Ansporn wäre", klagt sie eines Tages ihrem Vater.[169]

Entschädigung sucht und findet sie in der Metaphysik. Kind des Rationalismus, empfindet sie doch lebhaft, dass es eine Sphäre gibt, die dem sezierenden Verstand verschlossen ist. In Frankreich befindet sich der Glaube auf dem absterbenden Ast. Die Philosophen haben für die letzten Dingen nur Spott übrig. Da ist Deutschland ganz anders. Die Autorin wird nicht müde, die tiefe Gläubigkeit der Deutschen zu loben. Die Religion öffnet ihnen den Blick für Zukünftiges und Vergangenes, zum Beispiel für die Schönheiten des Mittelalters, das der Rationalismus als finster verschrien hat. Eng mit der Gläubigkeit verbunden ist der Enthusiasmus, den sie als weitere deutsche Spezialität dingfest macht. Unter Enthusiasmus, dem drei Kapitel des Buches gewidmet sind, versteht Germaine de Staël die selbstlose Hingabe an eine Idee. Er sei, schreibt sie, „das eigentliche Kennzeichen der deutschen Nation".[170] In der Nachfolge von Voltaire betrachtet sie Deutschland als das „Paradies der Philosophen". In diesem üppig blühenden Garten ist Immanuel Kant, den Villers zu Beginn des Jahrhunderts ins Französische übersetzt hat, für sie die konkurrenzlos krönende Erhebung.

Germaine de Staëls Fähigkeit der Aneignung ist staunenswert. Sie hat viel gelesen und besitzt mit Constant und Schlegel erstklassige Mentoren. Andererseits sind ihre Aufenthalte zu kurz, um das Buchwissen nennenswert zu erweitern, zumal ihre aktiven deutschen Sprachkenntnisse unzureichend sind. Man muss das Selbstbewusstsein einer Necker-Tochter besitzen, um auf dieser schmalen Basis ein dickleibiges Buch vorzulegen, das den Anspruch erhebt, ein ganzes Land mitsamt Menschen, Sitten und Kultur zu präsentieren. Manches entgeht ihr, anderes ist überzeichnet. Norddeutschland ist für sie das geistige Deutschland, deutsche Baukunst ausschließlich die Gotik. Letzteres verwundert doch sehr bei einer Autorin, die aus dem Land der schönsten gotischen Kathedralen kommt. Den Reichtum romanischer und barocker Architektur ignoriert sie. Zu Goethe und vor allem zu Schiller findet sie keinen rechten Zugang. Eine literarische Sonderbegabung attestiert sie den Deutschen nur für die lyrische Dichtung, nicht aber für Prosa und das Drama. Kritik kann da nicht ausbleiben. Varnhagen von Ense, der Madame de Staël 1814 in Paris begegnet, empört sich in seinen Erinnerungen: „Die sichtbare Unfähigkeit in philosophischer Richtung war nur durch die Anmaßung übertroffen, mit der die unruhige Frau alles Betastete schon begriffen zu haben wähnte, in den ästhetischen Beziehungen erkannte man die Einseitigkeit der auf Treu und Glauben angenommenen fremden Aussprüche."[171]

Der heutige Leser wird diese herablassende Kritik nicht teilen. Trotz mancher Fehlurteile bleibt *De l'Allemagne* ein bewundernswertes Buch und gehört mit Recht in den Kanon grundlegender deutsch-französischer Erkundungen. Es öffnet den Franzosen eine neue Sicht auf das Nachbarland und den Deutschen eine neue Sicht auf sich selbst. Die Deutschen pflegen ja, sich liliputanisch als Bayern, Hessen oder Hildburghauser zu definieren. Nun werden sie, und zwar von einer Französin, als Glieder einer großen Nation angesprochen, der nichts fehlt außer dem dazugehörigen Staat! Bei allem will *De l'Allemagne* kein politisches Buch sein. Die Autorin hat (wie wir wissen, begründete) Angst vor der Zensur. Sie schafft es, das Panorama eines Landes vorzuführen, in dem die Realitäten der Politik keinen Ort haben. Das ist keine leichte Sache, schließlich wird das Land, das sie beschreibt gerade umgepflügt. Darüber, dass in manch einem der *allemands supérieures*, denen sie auf ihren Reisen begegnet ist, die Wut auf Frankreich und die Franzosen hochkocht, findet sich in dem ganzen Buch kein Wort, und genauso scheint die Autorin den politischen Zündstoff, der in der deutschen Hinwendung zur Romantik liegt, zu ignorieren. An dieser Unstimmigkeit ist wohl nicht nur die Schere im Kopf schuld. Germaine de Staël hält die Deutschen wie Hölderlin für tatenarm und gedankenvoll. Ihre Befähigung, das Schicksal in die eigene Hand zu nehmen, hinkt deutlich hinter der Gabe, darüber zu philosophieren, zurück. „Deutschland", bemerkt sie an einer Stelle vielsagend, vermöge „nur die zu fesseln, die sich mit geschehenen Tatsachen und abstrakten Ideen beschäftigen. Die Gegenwart und die Wirklichkeit gehören Frankreich, und bis auf weiteres scheint es nicht geneigt, darauf zu verzichten."[172]

Davon kann allerdings Anfang 1814, als *De l'Allemagne* endlich erscheint, nicht mehr die Rede sein. Blücher ist bei Kaub über den Rhein gegangen, die deutschen Bundesgenossen Frankreichs haben die Seite gewechselt, ihre Truppen werden bald als Sieger durch die Straßen von Paris ziehen. Die Gärung des deutschen Nationalbewusstseins und die Herausbildung des Feindbildes Frankreich hat Germaine de Staël nicht kommen sehen. Im Vorwort entschuldigt sie sich: „Die vollständige Unterwerfung eines Volkes unter ein anderes ist wider die Natur." Goethe, der *Über Deutschland* noch im Erscheinungsjahr liest, ist souverän genug, den Wert des Buches trotz seiner Schwachstellen anzuerkennen. „Die französische Polizei war intelligent genug zu begreifen, daß ein solches Werk das deutsche Selbstvertrauen stärken mußte, und vernichtete es vorsorglich", schreibt er und fügt hinzu: „Heute wirkt das Buch erstaunlich. Wenn es früher erschienen wäre, hätte man die letzten großen Ereignisse auf seinen Einfluß zurückführen können."[173]

Geschichte als Mutmacherin für die Gegenwart: Kleists Hermannsschlacht *von 1808 war ein Agitationsstück, das die nach dem Geschmack des Dichters zu duldsamen Deutschen in Wutbürger verwandeln und auf den Befreiungskrieg gegen Napoleon vorbereiten sollte. In den folgenden Jahrzehnten avancierte der legendäre Cheruskerfürst – hier die Kolossalstatue auf den Höhen des Teutoburger Waldes – zur Leitfigur im Kampf gegen den Erbfeind im Westen.*

17 Heinrich von Kleist: „Schlagt ihn tot!“

Glorios war des Adlers Aufstieg, schrecklich ist der Absturz. Er führt über Moskau nach Leipzig und findet sein Finale furioso 1815 bei Waterloo. So weit der Geschichtsverlauf. Literarisch geprobt wird die Überwindung Napoleons bereits sieben Jahre vorher, allerdings nicht in den Ebenen Flanderns, sondern auf den Höhen des Teutoburger Waldes. Hier hatten im Jahr 9 n. Chr. germanische Stämme, angeblich unter Führung eines Cheruskerfürsten namens Hermann, den für unbesiegbar gehaltenen römischen General Varus und seine Legionen bezwungen. Nach der verheerenden Niederlage stellte Rom alle Pläne, die germanischen Gebiete östlich des Rheins zu unterwerfen, ein. In der *Hermannsschlacht* (1808) greift Heinrich von Kleist den historischen Stoff auf und nimmt ihn als Folie für die aktuelle Auseinandersetzung zwischen Deutschen und Franzosen, Unterdrückten und Aggressoren. Der Künstler will mit seinem Werk die nach seinem Geschmack allzu duldsamen Deutschen in Wutbürger verwandeln. Sie sollen aus der Geschichte Kraft schöpfen für den Aufstand gegen Napoleon.

Die *Hermannsschlacht* ist auf unmittelbare Wirkung berechnet. Ein „Hetz- und Tendenzstück reinsten Wassers“ nennt der Kleist-Biograf Joachim Maass das Drama.[174] Die Konstellation ist leicht zu entschlüsseln. Varus vertritt die Supermacht Rom. Seine Legionäre sind die Franzosen der Gegenwart. Der Ubier Aristan verkörpert als Helfershelfer der Römer die treulosen Rheinbundfürsten. Kleists Künstlerschaft erweist sich darin, dass er seinen Helden keineswegs als Prachtexemplar „deutscher Einfalt“ vorstellt. Hermann ist verschlagen und grausam. Er lässt wehrlose Gefangene köpfen, Aristan bezahlt seinen Opportunismus mit dem Tod. Ein teutonischer Barbar ist dieser Cherusker, aber doch auch ein halber Römer, der dem Feind das Beste abschaut. An dieses Rezept wird sich die antinapoleonische Koalition 1813 halten und den Übermächtigen ins Wanken bringen.

Heinrich von Kleist (1777–1811) stammt aus einer berühmten preußischen Offizier-Familie. Der große Name ist ihm eine Last. Zeitlebens kämpft er um Geld und um Anerkennung. Dafür ist er zu mancherlei Wendungen bereit. Zum leidenschaftlichen Napoleon-Hasser wird er erst in seinen letzten Lebensjahren, es hätte auch anders kommen können. 1803 verfällt er plötzlich auf die Idee, in die französische Armee einzutreten, die sich an der Kanalküste auf die Invasion Englands vorbereitet. Der Plan scheitert, weil die Franzosen ihn nicht wollen. Sie halten ihn für einen Spion.[175] Ein paar Jahre später – er sitzt an der Vollendung der *Hermannsschlacht* und bezieht wegen seiner patriotischen Haltung monatlich 60 Louis d'Or aus der Schatulle von Königin Luise – bemüht er sich um das deutsche Druckprivileg für den *Code Napoléon.* Was, wenn Kleist die einträglichen Rechte bekommen hätte? Kaum vorstellbar, dass er dann seinen *Katechismus der Deutschen* oder die *Ode Germania an ihre Kinder* geschrieben hätte.

In der Ode nimmt Mutter Germania ihre Brut ins Gebet. Die Deutschen sollen aufhören, vor den Franzosen zu buckeln. Sie sollen zu den Waffen greifen und ihre Hütten und Häuser verlassen. „Schäumt, ein uferloses Meer,/Über diese Franken her!" Die Leichen der Feinde sollen den Rhein dämmen, der Anführer muss zur Strecke gebracht werden. Den Namen des Unholds zu nennen, kann sich Germania ersparen. Jedes Kind kennt den Franzosenkaiser Napoleon. Er ist wie ein räudiger Hund. Man muss ihn abknallen. Der Freispruch der letzten Instanz ist garantiert. „Schlagt ihn tot!", ruft die Mutter. „Das Weltgericht/Fragt euch nach den Gründen nicht." Der Satz ist frei zu beliebiger Verwendung. Knapp hundert Jahre später droht Heinrich Claß, der Vorsitzende des Alldeutschen Verbandes, den Juden gnadenlose Verfolgung mit den Worten an: „Ich werde vor keinem Mittel zurückschrecken und mich in

Genialer Dichter und unruhiger Geist: 1803 wollte Heinrich von Kleist in Napoleons Armee gegen England kämpfen. Wenige Jahre später predigte er die Ermordung Napoleons: „Schlagt ihn tot! Das Weltgericht/Fragt euch nach den Gründen nicht!“ Stahlstich nach der Miniatur von Peter Friedel.

dieser Hinsicht an den Ausspruch Heinrich von Kleists … halten: ‚Schlagt sie tot, das Weltgericht, fragt Euch nach den Gründen nicht.'"[176]

Kleist verfasst die *Germania* 1811. Schon vorher hat er sich mit dem *Katechismus der Deutschen* als Pamphletist empfohlen. Der *Katechismus* ist dialogisch abgefasst und hebt an mit der Frage des Vaters an den Sohn:

> Sprich, Kind, wer bist du?
> Antwort. Ich bin Deutscher.
> Frage: ein Deutscher? Du scherzest. Du bist in Meißen geboren, das Land, dem Meißen angehört, heißt Sachsen!
> Antwort: Ich bin in Meißen geboren und das Land, dem Meißen angehört, heißt Sachsen; aber mein Vaterland, das Land, dem Sachsen angehört, ist Deutschland, und dein Sohn, mein Vater, ist ein Deutscher.

Wie es sich für ein Glaubensbekenntnis geziemt, wird neben dem absoluten Guten auch das Gegenteil benannt. Der Vater fragt im 7. Kapitel:

> Frage: Was hältst du von Napoleon, dem Korsen, dem berühmten Kaiser der Franzosen?
> Antwort: Mein Vater, vergib, das hast du mich schon gefragt.
> Frage: Das hab ich dich schon gefragt? – Sage es noch einmal, mit den Worten, die ich dich gelehrt habe.
> Antwort: Für einen verabscheuungswürdigen Menschen; für den Anfang alles Bösen und das Ende alles Guten; für einen Sünder, den anzuklagen, die Sprache der Menschen nicht hinreicht, und den Engeln einst, am Jüngsten Tage, der Odem vergehen wird.

Kleist kupfert den „Katechismus" von einer spanischen Vorlage ab – das Weltgericht fragt nicht nach Urheberrechten. Spanien ist der Mutmacher für alle, die nicht wollen, dass Napoleon erst am Jüngsten Tag bestraft wird. Der Franzosen-Kaiser hat sich 1807 in die Verhältnisse auf der Iberischen Halbinsel eingemischt. Den unüberlegten Schritt bezeichnet er später als seinen größten politischen Fehler. Anfänglich erscheint die Intervention als wenig riskant. Die spanische Königsfamilie entspricht in ihrer Verkommenheit dem Bild, das sich die Jakobiner von der Monarchie insgesamt gemacht haben. Aber statt sich für die Vertreibung des unwürdigen Monarchen zu bedanken, machen die Spanier gegen den neuen König, Napoleons Bruder Joseph, Front. Mönche predigen den Kreuzzug gegen die gottlosen Franzosen, Bauern schmieden die Pflugscharen zu Schwertern um, und plötzlich sehen sich die sieggewohnten Franzosen in einen verlustreichen Kleinkrieg verstrickt. Als im Juli 1808 eine ganze Armee bei Bailén in Andalusien kapitulieren muss, ist das für Frankreichs Ansehen ein schwerer Schlag.

Das spanische Beispiel regt zur Nachahmung an. Weshalb soll sich im Herzen Europas nicht wiederholen lassen, was auf der Iberischen Halbinsel gelang? 1809 überwindet die Regierung Österreichs für einen Moment die Angst vor dem Volk und unterstützt den Aufstand der Tiroler Landbevölkerung unter Andreas Hofer. In Deutschland greifen unzufriedene Offiziere (Schill, Dörnberg, Herzog von Braunschweig-Oels) zu den Waffen. Die Kommandounternehmen scheitern, weil die Fürsten nicht mitspielen und es nicht gelingt, die Fackel des Widerstands in breitere Volksschichten zu tragen. Aber den Franzosen weht jetzt der Wind ins Gesicht. Die Landwirtschaftskrise von 1810/11 drückt auch im Linksrheinischen und in den Modellstaaten auf die Stimmung. Industrie und Handel leiden unter der Kontinentalsperre. Um England die Luft abzudrücken und den Schleichhandel zu stoppen, lässt Napoleon die norddeutschen Flussmündungen samt der Städte Hamburg, Bremen und Lübeck annektieren. Französische Zollbeamte, zu Tausenden rekrutiert, versuchen, des sich ausbreitenden Schmugglerunwesens Herr zu werden. Exempel werden statuiert. Waren britischer Herkunft werden beschlagnahmt und öffentlich verbrannt. Der Eindruck, den die Vernichtung von Lebensmitteln auf die Bevölkerung macht, ist verheerend. Aus dem Unmut wächst Widerstandsgeist. An vielen Orten bilden sich Geheimgesellschaften und politische Netzwerke, die am Aufstand weben, oft unter dem Deckmantel literarischer Beschäftigung. Von den Fürsten erwarten die Frondeure wenig, dagegen alles von der Nation. Viel Fantasie ist im Spiel: Ein Volk in Waffen werde sich gegen die Tyrannis erheben und den deutschen Namen von der Schmach der Fremdherrschaft reinigen.

Der Wille zur Tat hat ein Nord-Süd-Gefälle. Im Preußischen gärt es am stärksten. Was hat der Rumpfstaat noch zu verlieren? Dagegen führt die Vorteilsrechnung in Rheinbund-Deutschland vorerst noch zu anderen Resultaten. Hier ist die Last nicht so drückend wie in Preußen, außerdem lohnt es sich, im Kielwasser des großen Empire zu schwimmen, solange der Erfolg an ihm klebt. Es ist jedoch nicht zu übersehen, dass es selbst in den Musterstaaten zu gären anfängt. Der Verleger und Publizist Arnold Andress Friedrich Mallinckrodt, Präfekturrat im Ruhr-Departement, war ursprünglich ein überzeugter Anhänger Napoleons. Jetzt richtet er einen flammenden Appell an die Landsleute: „Seyd Deutsche! Hermanns und Wittekinds Geist beseele euch. Noch nennen wir ihre Namen mit heiligem Schauer, sie fochten für Freyheit, Vaterland und Recht. Daß auch die Namen unserer Söhne mit gleichen Empfindungen die Nachwelt nenne!“[177]

Von Wittekind, dem Sachsen-Häuptling, der Karl dem Großen die Stirn bot, ist jetzt häufig die Rede, noch häufiger von Hermann (Arminius), dem Cherusker. Kleist ist nicht der Einzige, der das Hermann-Motiv zum Zweck der moralischen Aufrüstung benutzt. Historische Stoffe stehen um die Jahrhundertwende generell hoch im Kurs. Beflügelnd wirkt die aufkommende Zeitgeistrichtung, die Romantik, die das Mittelalter nicht nur als Fundgrube des Schönen, sondern als Hort einer Erinnerung entdeckt, die dem aktuellen deutschen Jammertal entgegengestellt werden kann. Gelehrte begeistern sich für Völkerkunde. Schriftsteller sammeln Volkslieder und Volksmärchen, und ganz nebenbei kommt das Alte Reich wieder zu Ehren. Nicht alle sind von dem Schwelgen in Farben und Gefühlen angetan. Goethe geht die neue literarische und philosophische Mode auf die Nerven. Bekanntlich bewegt ihn die Nachricht von der Auflösung des bemoosten Kaiserreichs, als er sie erhält, weniger als der Streit der Bediensteten auf dem Kutschbock. Dagegen erklärt Kleist die Wiederaufrichtung des Reichsgebäudes als heilige Pflicht, ist Napoleon erst von einem neuen Hermann überwunden.

Weshalb soll im Kreislauf der Geschichte die Zeit der Deutschen nicht wiederkommen? Geschult an Herder, ist man damit vertraut, in Völkern Persönlichkeiten zu sehen, mit Hochzeiten und Tiefpunkten und mit besonderen Eigenschaften. Damit ein Volk sich behauptet kann, muss das, wodurch es sich von anderen unterscheidet, herausgestrichen werden, zum Beispiel durch die Pflege der Muttersprache. Selbstfindung durch Abgrenzung: Kant ist die Explosivität der Idee durchaus bewusst. „Nationalstolz und Nationalhaß" seien zur „Trennung der Nationen notwendig", schreibt er. Um dann sogleich zurückzurudern. Das Zerstörerische des Gedankens lasse sich durch Anwendung der Vernunft einhegen. „Um dessentwillen ist dieser Nationalwahn auszurotten, an dessen Stelle Patriotism und Cosmopolitism treten muß."[178]

„Da schwur er beim Eisen gar zornig und hart/Den Welschen zu weisen die deutscheste Art", heißt es in Ernst Moritz Arndts Preislied Der Feldmarschall, *gewidmet dem Napoleon-Bezwinger Blücher. Der Sieg über Napoleon war Arndt zu wenig. Er forderte ewigen Hass gegen die Franzosen. Das Bild zeigt den Dichter über einem Wappenschild, darunter Germania.*

18 Ernst Moritz Arndt erfindet die Erbfeindschaft

Kleist schrieb seine Ode *Germania an ihre Kinder* im Jahr 1811. Zwei Jahre später verfasst Ernst Moritz Arndt die Schrift *Über Volkshaß und über den Gebrauch einer fremden Sprache*. Während Kleists Feindbild noch eine Person ist – Napoleon Bonaparte –, erhebt Arndt den Hass auf die Franzosen und alles Französische zur Religion der Deutschen. „Ich will den Haß gegen die Franzosen, nicht bloß für diesen Krieg, ich will ihn für immer. Dann werden Deutschlands Grenzen auch ohne künstliche Wehren sicher sein, denn das Volk wird immer einen Vereinigungspunkt haben, sobald die unruhigen und räuberischen Nachbarn überlaufen wollen. Dieser Haß glühe als die Religion des deutschen Volkes, als ein heiliger Wahn in allen Herzen und erhalte uns immer in unsrer Treue, Redlichkeit und Tapferkeit."

Der 1769 geborene Arndt wächst in Vorpommern auf, das damals schwedisch ist. Er studiert Theologie, entscheidet sich aber gegen eine kirchliche Laufbahn. Seine Leidenschaft gilt den irdischen Verhältnissen. Er übernimmt eine Professur für Geschichte und Philosophie in Greifswald. Die Lage der Landbevölkerung beschäftigt ihn, was kein Wunder ist – Arndts Vater wurde als Leibeigener geboren. Dann entdeckt er sein Lebensthema. Sein Buch *Geist der Zeit* ist ein Plädoyer für die politische Selbstertüchtigung der Deutschen. Das Thema liegt nicht unbedingt in der Luft. Nach der Schlacht von Austerlitz im Dezember 1805 steht Napoleon im Zenit seiner Macht. Im Folgejahr zertrümmert er das friderizianische Preußen. Das Heilige Römische Reich haucht sein Leben aus, der Rheinbund ist ein französisches Protektorat, Deutschland ein Trümmerhaufen. Wer jetzt die deutsche Wiedergeburt propagiert, läuft Gefahr, als heilloser Narr angesehen zu werden. Oder als Aufwiegler: Arndt flieht nach Stockholm und entgeht so dem Schicksal des Buchhändlers Palm.

Der publizistischen Arbeit sagt Arndt vorerst Ade, aus „Ekel an der Gegenwart".[179] Krank macht ihn der Gedanke an die deutschen Fürsten. Ihre Sache wäre es, im Kampf gegen den übermächtigen Franzosenkaiser das Panier zu ergreifen. Napoleon könne besiegt werden, „wenn man ihn mit seinen Instrumenten" angreife.[180] Aber vergeblich hält man unter den Fürsten nach einem deutschen Bonaparte Ausschau. Sie sind egoistisch und nur auf ihren dynastischen Vorteil bedacht. Die Nation kümmert sie nicht. Von Arndts Kollektivurteil ist auch Friedrich der Große nicht ausgenommen. Selbst Friedrich hat die Zwietracht in Deutschland nur befördert. Nichts sei „lächerlicher, als ihm patriotisch deutsche Ideen beigeben zu wollen", schreibt Arndt.[181] Mit Friedrichs Nachfolgern und Standesgenossen kennt er, der zürnende Gott, erst recht keine Gnade. Sie seien „Verbrecher", schleudert er ihnen entgegen, Verbrecher an der Nation. „Daß keine mehr da ist, daß das letzte gemeinschaftliche Gefühl gemeinschaftlichen Stammes und gleicher Sprache, daß der Wahn langer Gewohnheit, das heiligste Leben der Völker, erkaltet und ausgestorben ist, es ist euer Werk!"[182]

Arndt wird vielleicht als Fürstenhasser geboren, nicht aber als Franzosenhasser. Wie seine ganze Generation zieht Frankreich auch ihn zunächst unwiderstehlich an. 1799 führt ihn eine Bildungsreise für ein paar Monate nach Paris, auf die Schaubühne des Welttheaters. Die Republik liegt in der Agonie und harrt des „Retters", der schon bald auf den Plan treten wird. Arndt sympathisiert mit den unschuldigen Idealen der Revolution, auch mit Land und Leuten. Dem Nordmann gefällt die südliche Lebensart. Seine Tagebuchnotizen über das lockere Verhältnis zwischen den Geschlechtern und das gastronomische Elysium, das er in Paris kennenlernt, sind frei von moralischer Säuernis. In den Parisern sieht er Kinder. Sie seien, allen Umbrüchen zum Trotz, „dieselben liebenswürdigen Affen, die sie nur je gewesen sind". Kurz, Arndt mag Frankreich, er mag „diese Nation, die ich ewig lieben muß".[183]

Sein Liebesschwur hält jedoch nur wenige Jahre. Schon bald erbittert ihn die französische Politik. Hatte die junge Republik nicht versprochen, niemals einen Eroberungskrieg zu führen? In Wirklichkeit gibt Frankreich keinen Hektar fremden Bodens aus den Klauen, auf den seine Soldaten den Stiefel gesetzt haben. Napoleon treibt den von den frühen Revolutionsregierungen begonnenen Expansionskurs auf die Spitze. Mit jedem Jahr wächst die Anzahl der Departements und der Vasallenstaaten, aus dem Empire wird das Grand Empire, aus der Armee die Große Armee. In *Geist der Zeit* klagt Arndt die Franzosen des Ideenverrats an: „Ihr also seid das würdige Volk, ihr, die ihr Europa um seine schönsten Hoffnungen betrogen habt, ihr wollt die Beglücker und die Herren anderer sein, ihr, die ihr wieder die kriechendsten und elendesten Sklaven eines Einzigen geworden seid, der euch durch keine edleren Künste beherrscht, als durch gemeine List und prunkende Aefferei? Ihr nennt euch das große Volk. Wenn Länder ausgeplündert, Staaten umgekehrt, freie Völker unterjocht, alle Tugenden und Ehre für Gold feil haben, groß ist, so sind wenig größere Völker gewesen. Wenn aber Redlichkeit, Treue, Gerechtigkeit und Mäßigkeit den Menschen und das Volk groß machen, so sagt euch selbst, wie klein ihr seid.“[184]

In Deutschland pendelt der Geist der Zeit langsam, aber sicher in Richtung Konfrontation mit Napoleon-Frankreich. Vielsagendes Indiz ist der Bedeutungswandel des Wortes „Patriot“. Patrioten nannten sich nach 1789 die, die als deutsche Jakobiner Freiheitsbäume pflanzten und mit Frankreich in ein brüderliches Verhältnis treten wollten. Inzwischen ist ein Patriot, wer in Hinterzimmern gegen die „Welschen“ vom Leder zieht und Deutschland von Frankreich befreien will.[185] Ein wichtiger Anreger für die Patrioten ist der Philosoph Johann Gottlieb Fichte. Bei den *Reden an die deutsche Nation*, die er im Winter 1807/08 in Berlin hält, hängen meist junge, begeisterungsfähige Zuhörer an seinen Lippen. Fichte will das Volk heben, durch „National-Erziehung“ soll es zum Bewusstsein seiner selbst gelangen. Deutschland befindet sich in einem Jammertal, aber darüber zu klagen, bringt die Deutschen nach Ansicht Fichtes nicht weiter, so wie es auch nutzlos ist, auf fremde Hilfe zu hoffen. Für ihre

Erlösung müssen sie selbst sorgen. Sie führt über drei Stufen, „Besinnung, Entschluß und That". Worin die Tat bestehen soll, lässt Fichte ungesagt, vielleicht mit Rücksicht auf französische Spione, von denen es in Berlin wimmelt, wohl aber auch, weil in seiner professoralen Rhetorik das Abstrakte dem Konkreten weit vorauseilt. Der Gretchenfrage, wie die Nation, die ihr Schicksal in die eigene Hand nehmen soll, politisch zu organisieren sei, preußisch oder österreichisch, monarchisch oder republikanisch, geht der Philosoph aus dem Wege. Diese Vagheit sehen seine Schüler ihm jedoch nach. Entscheidend ist, dass er für die Deutschen, die er als eine Art Urvolk bezeichnet, einen Führungsanspruch reklamiert. Gern hört das Publikum auch, wodurch sich die Deutschen laut Fichte auszeichnen: „Charakter zu haben und Deutsch sein, ist ohne Zweifel gleichbedeutend."[186]

Die Patrioten haben das Problem, dass sie auf sich gestellt nichts oder nur wenig ausrichten können. Sie brauchen für ihre Pläne die Fürsten oder das Volk, am besten den Rückhalt beider Seiten. Was die Fürsten betrifft, ist in erster Linie Friedrich Wilhelm III. gefragt, aber nicht geneigt. Preußen erlebt eine kurze, aber intensive Reformperiode. Bauernbefreiung, Judenemanzipation, Gewerbefreiheit und nicht zuletzt die verdeckte Einführung der allgemeinen Wehrpflicht führen dem schwer atmenden Reststaat Sauerstoff zu. Wie von einem Zauberstab berührt, steht Preußen, das historisch bereits abgeschrieben schien, als Hoffnungsträger der Reformkräfte in Deutschland da – sehr zum Verdruss des altpreußischen Adels, der die Neuerungen unter Revolutionsverdacht stellt und sie bekämpft. Friedrich Wilhelm bleibt vorsichtig. Einerseits möchte er, dass die Bürger stärker an den Staat herangeführt werden. Andererseits fürchtet er immer weiter gehende Ansprüche auf politische Mitwirkung. Wozu es führt, wenn der Monarch nicht mehr das letzte Wort hat, zeigt das Beispiel der Bourbonen in Frankreich. Als Friedrich Wilhelm erfährt, dass in patriotischen Kreisen auf eine Insurrektion gegen die Franzosen hingearbeitet wird und auch sein Minister, der Freiherr vom Stein, in die Pläne eingeweiht ist, reagiert er scharf. Stein wird entlassen. Ein Aufstand gegen Frankreich, das militärisch im ganzen

Land präsent ist? Das sei „Poesie", befindet der König, der sich kein zweites Mal zu einer Kraftprobe wie 1806 drängen lassen möchte, die Preußen nicht bestehen kann.

„Von oben" haben die Patrioten also wenig zu erwarten. Neue Frustrationen stehen ihnen bevor. Preußen kann dem Druck Napoleons nicht standhalten und sagt ihm für den Fall eines Krieges mit Russland ein Hilfskontingent zu. Verbittert wenden sich führende Reformer ab. Gneisenau emigriert nach England, Stein nach Sankt Petersburg, wo er den Zaren berät. Trotz aller Rückschläge ist die Konjunktur gut für die Patrioten, denn die Unzufriedenheit in der Bevölkerung wächst, und zwar in allen Schichten. Das hängt hauptsächlich mit dem latenten Kriegszustand zusammen. Immer ist irgendwo Krieg, wenn nicht vor der Haustür, dann in fernen Ländern, wo die eigenen Söhne als Soldaten von des Kaisers Großer Armee sterben. Daheim leidet die Zivilbevölkerung unter Truppendurchzügen und Einquartierungen. Die Bürger verstecken ihr Geld, die Bauern ihr Vieh und ihre Töchter. Nicht, dass sich die Franzosen besonders schlimm aufführten, aber darauf kommt es nicht an. „Soldate für die Bauern, die eigene oder die andern, das fällt wie Rotz und Grind aufs's liebe Vieh; an beide krepierts", erklärt in Stefan Zweigs *Adam Lux* der alte Bauer seinem Sohn.[187] Als Herren, die die Franzosen im Augenblick sind, nehmen sie sich, was sie brauchen. Kommen sie aus einem Gefecht, ist die Disziplin suspendiert. Nach der Thüringer Doppelschlacht 1806 wird Jena von Plünderungen heimgesucht, die so arg sind, dass Napoleon der gebeutelten Stadt finanzielle Wiederaufbauhilfe leistet. Das benachbarte Weimar kommt besser weg, erlebt aber eine angstvolle Nacht. Die Sieger brandschatzen und vergewaltigen. Goethe entgeht dem Schlimmsten wegen seines Namens, der den Franzosen ebenso bekannt ist wie die napoleonfreundliche Einstellung des Dichters. Herzog Carl August, der auf preußischer Seite gekämpft hat, kann von Glück sagen, dass er keinen der berüchtigten blauen Briefe Napoleons erhält wie der weniger glückliche Kurfürst von Hessen-Kassel: „Das Haus Hessen-Kassel hat aufgehört zu regieren." Dafür muss er enorme Kriegsentschädigungen zahlen. Nach Berechnungen eines

Stadthistorikers werden Weimars Bürger um 139 851 Reichstaler ärmer, sie beklagen den Verlust von 3432 Stück Vieh, 40 836 Maß Wein, 25 779 Maß Bier, von Wäsche und Möbeln im Wert von 70 000 Talern.[188] Wem so etwas widerfährt, der vergisst das nie. Besonders bedrückend sind die ewigen Konskriptionen, ist das Soldatsein fern der Heimat. Die Rheinbundstaaten sind verpflichtet, Napoleon umfangreiche Truppenkontingente zu stellen. Tausende junge Männer werden ihren Familien entrissen und riskieren auf den Schlachtfeldern Europas ihr Leben. 1812 beträgt der Anteil der Deutschen an der Großen Armee 120 000 Mann. Nur ein Bruchteil kehrt aus Russland zurück.

Der gescheiterte Russlandfeldzug bedeutet für Napoleon eine militärische und eine politische Katastrophe. Die militärische ist vielleicht noch am leichtesten zu verkraften. Wenn Napoleon rechtfertigend ins Feld führt, nicht die Russen hätten die Große Armee besiegt, schuld sei der russische Winter gewesen, so ist das wenigstens die halbe Wahrheit. Wahr ist auch, dass der Kaiser in Windeseile eine neue Armee aus dem Boden stampft und mit ihr im Frühjahr 1813 bei Lützen und Bautzen zweimal erfolgreich ist. Aber die politische Katastrophe kann er nicht abwenden. Nachdem der Nimbus der Unbesiegbarkeit einmal zerstört ist, fallen die Preußen, die noch in Russland auf seiner Seite gefochten haben, von ihm ab. Österreich wechselt im Sommer die Seite, nach einem glänzenden diplomatischen Manöver Metternichs. Die Sachsen, die Württemberger, die Bayern drehen ihre Kanonen um. Der Rheinbund fällt zusammen wie ein Kartenhaus, auch das Reich des Königs Lustigk.

Russland ist der große Wendepunkt. Napoleon hat viel von seinem Schrecken eingebüßt. Das macht die Zaghaften mutig. War der Aufbruch der Deutschen zur neuen Hermannsschlacht bis dahin bloß das Thema einer Handvoll bramarbasierender Bürger im „Tugendbund" und anderen geheimen Konventikeln, wird der Volkskrieg nun zur Losung des Tages. Weil die Presse nicht frei ist, sind es die Schriftsteller, die zur Sammlung blasen. Eine Fülle patriotischer Gedichte ergießt sich über das Land. Sie werden aufgenommen, weitererzählt, zu Liedern verarbeitet. Nie war Lyrik näher beim Volk. Ein führender Barde ist Theodor Körner. Der 1791 in Dresden geborene Körner taucht als Student in die patriotische Szene ein, er tritt der Burschenschaft bei, lässt sich von Fichtes Vorlesungen mitreißen und turnt unter Anleitung Friedrich Ludwig Jahns, der 1811 in der Berliner Hasenheide ein paramilitärisches Ausbildungscamp für junge Kämpfer gegen Napoleon gegründet hat. Als Preußen Anfang 1813 grünes Licht für die Bildung von Freikorps, gibt, ist Körner selig. „Deutschland steht auf … Meine Kunst seufzt nach dem Vaterlande", schreibt er seinem Vater. Er tritt dem Lützowschen Korps bei, den „Schwarzen Jägern", wie sie wegen ihrer pechschwarzen Uniform mit dem roten Paspeln und den Goldknöpfen genannt werden.

Körners Lyrik ist appellativ, der Enthusiasmus des Autors will das Publikum anstecken: „Das Volk steht auf, der Sturm bricht los!/Wer legt noch die Hände feig in den Schoß?", heißt es in *Männer und Buben*. Der *Aufruf* hebt an: „Frisch auf mein Volk! Die Flammenzeichen rauchen, /Hell aus dem Norden bricht der Freiheit Licht." Wie Arndt, Fichte und die meisten Patrioten ist Körner kein Fürstenfreund. „Es ist kein Krieg, von dem die Kronen wissen;/Es ist ein Kreuzzug, s'ist ein heil'ger Krieg." Die beiden Zeilen aus dem *Aufruf* haben Programmqualität. Anders als die französischen Revolutionäre trachten die Patrioten den Königen nicht nach dem Leben, sie lassen sich aber auch nicht für die Interessen der Könige einspannen. Sie führen ihren Kreuzzug für die Freiheit, die im Kontext zwei Pole hat: die Freiheit des Individuums von Bevormundung und die Freiheit des Vaterlands von ausländischer Bedrückung. „Was will des Sängers Vaterland?", fragt Körner in einem anderen Poem und antwortet: „Die Knechte will es niederschlagen,/den Bluthund aus den Grenzen jagen/Und frei die freien Söhne tragen/ Oder frei sie betten unterm Sand:/Das will mein Vaterland!"[189]

Lieblingssujet der lyrischen Sammlungsappelle sind die Jäger, Freiwilligeneinheiten, die überwiegend aus Studenten bestehen. „Frisch auf, zum fröhlichen Jagen", fordert Friedrich de la Motte Fouqué und versichert den Tatbereiten, dass höchste Mächte hinter ihnen stehen: „Gott ist uns wohlgewogen …" Die Komplizenschaft Gottes im Befreiungskrieg steht für die Patrioten außer Frage. Gott steht aufseiten der Deutschen. In Arndts *Fluchtlied*, das bald zum Gassenhauer der Soldaten wird, war er es, der in Russland die Große Armee in den Untergang führte: „Mit Mann und Roß und Wagen/So hat sie Gott geschlagen." Bei Arndt ist der Lohn Gottes denen sicher, die für die Freiheit und gegen die Tyrannen das Schwert erheben: „Der Gott, der Eisen wachsen ließ, der wollte keine Knechte …", beginnt das *Vaterlandslied*. Weiter heißt es: „So wollen wir, was Gott gewollt,/Mit rechter Treue halten/Und nimmer im Tyrannensold/den Menschenschädel spalten." Protestantische Pastöre segnen die Fahnen der Jäger und lassen in der Kirche für die Aufständischen beten. „Der Übergang von der Knechtschaft in die Freiheit bereitet sich vor!" Mit diesen Worten macht in Fontanes *Vor dem Sturm* der Pfarrer Seidentopf einer Landsturmeinheit Mut, die ausrückt, um den Franzosen Frankfurt an der Oder zu entreißen.[190]

Die Jünglinge, die in den „heil'gen Krieg" (Ludwig Uhland) ziehen, fürchten nicht den Teufel und auch nicht den Tod. Arndt: „Wir siegen oder sterben hier, den süßen Tod der Freien." Die Lieben daheim müssen nicht wehklagen, wenn es den Sohn oder den Bräutigam getroffen hat. „Das Land ist ja frei und der Morgen tagt, Wenn wir's auch nur sterbend gewannen!", erklärt Körner in *Lützows wilde Jagd*. Für ihn, den jung zu Ruhm Gekommenen, ist die wilde Jagd zu Ende, kaum dass sie begonnen hat. Am 26. August 1813 wollen die Lützower im Mecklenburgischen einen französischen Transport überfallen. Bei den Kämpfen findet Körner den Tod. Die Umstände sind für den patriotischen Dichter wie ein Hohn: Die Kugel, die ihn niederstreckt, kommt keineswegs aus dem Gewehr eines Franzosen, sondern aus dem eines Rheinbund-Deutschen, einem Schützen aus dem Hunsrück.

Aus dem breiten Chorgesang des literarischen Patriotismus dringt die Stimme Arndts heraus, auch weil sie die schrillste ist. Arndts antifranzösische Tiraden werden immer ungezügelter. Der studierte Theologe schreckt noch nicht einmal davor zurück, den Herrgott als seinen Auftraggeber aufzurufen: „Ich hasse alle Franzosen ohne Ausnahme im Namen Gottes und meines Volkes", wütet er 1814 in *Blick aus der Zeit auf die Zeit*. Eine Sonderstellung nimmt er aber auch deshalb ein, weil er politischer denkt als die meisten seiner Kollegen. Noch ist Napoleon nicht geschlagen, da wirft er die Frage auf, wie Deutschland aussehen soll, wenn die Franzosen über den Rhein zurückgeworfen sind. Soll es wieder zum Status quo ante zurückkehren, in die alte Kleinteiligkeit? Nein, erklärt er in *Des Deutschen Vaterland* (1813). Deutschland ist mehr als Österreich und Preußen, Bayern oder Schwaben. Sogar die Schweiz gehört dazu. Deutschland ist, „soweit die deutsche Zunge klingt".

Als ehemaligem schwedischen Staatsbürger ist Arndt natürlich bewusst, dass die zentrifugalen Kräfte, die über Jahrhunderte auf Deutschlands Gestalt einwirkten, tiefe Spuren hinterlassen haben. Es wird mehr als die gemeinsame Sprache brauchen, um den homogenen Nationalstaat, den er herbeisehnt, zusammenzuhalten. Ein weiteres Bindemittel muss hinzutreten, ein „Vereinigungspunkt", den Arndt im Franzosenhass findet. „Ich will den Haß gegen die Franzosen nicht bloß für diesen Krieg, ich will ihn für immer. Dann werden Deutschlands Grenzen auch ohne künstliche Wehren sicher sein, denn das Volk wird immer einen Vereinigungspunkt haben, sobald die unruhigen und räuberischen Nachbarn überlaufen wollen."[191] Damit stellt Arndt das Verhältnis zu den Nachbarn auf eine historisch neue Stufe. Der Hass auf alles Französische muss, wo er nicht vorhanden ist, geweckt werden. Man braucht ihn, damit das deutsche Streben nach Einheit und Stärke gelingen kann. Er ist nicht die Folge des Nationalismus, sondern seine Voraussetzung. So wird Arndt zum Erfinder der Erbfeindschaft.

Auf der Wartburg verbrannten radikale Studenten Accessoires des Obrigkeitsstaats wie einen Schnürleib der preußischen Garde und Bücher, die sie für „undeutsch" hielten, darunter ein Exemplar des Code Civil.

19 Autodafé auf der Wartburg

Nach dem Sieg über Napoleon ist es mit der Eintracht der Sieger schnell vorbei. Die Patrioten haben den Befreiungskrieg auch als Krieg für mehr bürgerliche Freiheit verstanden. Nun fordern sie eine Friedensdividende ein, d. h. eine Verfassung sowie die Überwindung der schwächlichen deutschen Kleinstaaterei, die sie für alle Unbill der letzten Jahrzehnte verantwortlich machen. Der deutsche Einheitsstaat kann eine Republik sein oder auch eine konstitutionelle Monarchie, das ist gleich, Hauptsache, die Steuerzahler sind auch die Gesetzgeber. Das ist nicht wenig verlangt, aber darf, wer sein Leben für die Nation gewagt hat, keine Ansprüche stellen? Die Fürsten sind alarmiert. Sie wittern Revolutionsgefahr. Die Nachkriegsordnung soll nach ihrer Vorstellung der alten Ordnung entsprechen, allerdings mit einem wesentlichen Zusatz. Sie soll einen Schutzwall aufrichten gegen den Virus des Jakobinertums. Zeigt nicht der Ruf nach dem Einheitsstaat und einer Verfassung, dass die Patrioten gefährlich infiziert sind? Im Oktober 1817 findet auf der Wartburg bei Eisenach ein Studententreffen statt. Bei der romantisch-rebellischen Manifestation werden aufrührerische Reden geschwungen und Schriften verbrannt, die man für antifreiheitlich und undeutsch hält. Unter den Brandopfern befindet sich auch ein Exemplar des *Code Civil.*

Federführend für das Fest sind die Jenenser Studenten. Ort und Zeitpunkt haben sie bewusst gewählt. Die altehrwürdige Wartburg liegt auf dem Territorium des Großherzogtums Sachsen-Weimar-Eisenach. Carl August, der Großherzog, ist für seine liberale Haltung bekannt. Im Mai 1816 hat er seine Unterschrift unter eine landständische Verfassung gesetzt. Es ist die erste in Deutschland. Aus der Reihe fällt auch die Universität des Großherzogtums. An der Alma Mater Jenensis ist 1815 unter kräftiger Mitwirkung fortschrittlicher Professoren eine Burschenschaft gegründet worden. Sie soll die vorherrschende landsmannschaftliche Gliederung der studentischen Zusammenschlüsse überwinden und den Grundstein legen für den Bau des einigen Vaterlands.

Für den Zeitpunkt des Treffens ist Martin Luther verantwortlich. Vor dreihundert Jahren hat er seine 95 Thesen an die Tür der Schlosskirche zu Wittenberg genagelt. Die Wartburg war später sein Asyl. Als „Junker Jörg" übersetzte er hier die Bibel ins Deutsche. Inzwischen hat der Zeitgeist das Bild des Reformators kräftig übermalt. Die Nationalgesinnten verehren Luther auf einer Linie mit Marschall Blücher als vaterländische Leitfigur.[192] In die Fest-Choreografie eingebunden ist auch ein zweites Jubiläum, der vierte Jahrestag der Leipziger „Völkerschlacht". Luther und Leipzig: Wer für die Einheit der Nation demonstrieren will, kann keinen besseren Kontext finden.

Am 17. Oktober treffen immer neue Gruppen in Eisenach ein, schließlich sind es wohl fünfhundert Studenten. Den weitesten Weg hat ein Trupp aus Kiel hinter sich. Die 400 Kilometer wurden zünftig zu Fuß bewältigt. Der 18. Oktober ist ein Sonntag. Frühmorgens steigt der „heilige Zug" den Berg hinauf, an der Spitze der Burgvogt, gefolgt von vier Fahnenwächtern, dann die Burschen jeweils zwei und zwei. Die Fahne der Burschenschaft haben Jenenser Jungfrauen gestickt, die Farben sind schwarz-rot-gold. Sie sollen an die Uniformfarben der Lützower erinnern. Die Burg befindet sich in einem maroden Zustand. Die Wände des Rittersaals, die heute Fresken des Historienmalers Ernst Moritz von Schwind schmücken, sind kahl. Tannengrün ist das einzige Dekor. Der Sage nach sollen anno 1206 in diesem Saal die Stars unter den Minnesängern einen großen Dichterwettbewerb ausgetragen haben. Aber nach Minnegesang ist den Burschen nicht zumute. Sie intonieren das Luther-Lied *Ein feste Burg ist unser Gott.* Ein sakraler Ton durchzieht auch die Rede des Burschensprechers Heinrich Hermann Riemann: „Ewiger gütiger Gott, der du dein treues Volk erweckt hast aus der Finsternis … der du dein gebeuteltes und getretenes Volk aus den Fesseln der Zwingherrschaft und Knechtschaft erhoben hast zur Freiheit, höre das Flehen deiner Kinder …“[193] Nach dem Mittagessen ziehen die Studenten wieder den Berg hinab zu einem Gottesdienst in der Eisenacher Stadtkirche, wo sie gemeinsam mit der örtlichen Landsturmeinheit des Leipziger Sieges über Napoleon gedenken. Anschließend gibt es Turnübungen auf dem Marktplatz. Die Eisenacher Bürger sind angetan von den vielseitigen Studenten. Am Abend ziehen sie zu Tausenden auf den Wartenberg. Das Finale des Festes wollen sie sich nicht entgehen lassen. Der Wartenberg ist eine Erhebung nordöstlich der Stadt. Weil die Kuppe unbewaldet ist, sollen hier die Freudenfeuer entzündet werden. Das Holz hat der Großherzog spendiert.

Im Schein der lodernden Flammen ermahnt der Philosophiestudent Ludwig Rödiger die Burschen, dem deutschen Vaterland die Treue zu halten und notfalls „Märtyrer zu werden für die heilige Sache“.[194] Dem brüderlichen *ite missa est* folgt ein Akt der Überwältigung. Im Vorfeld der Wartburgfeier hatten Anhänger des für seine Radikalität bekannten Gründervaters der Turnbewegung, Friedrich Ludwig Jahn, vorgeschlagen, den patriotischen Bruderbund durch die Verbrennung undeutscher und reaktionärer Schriften zu krönen, waren mit der Idee aber im Festausschuss abgeblitzt. Nun ergreift der Student Hans Ferdinand Maßmann, ein Vertrauter Jahns, das Wort. Wie Luther es weiland mit der Bulle des Papstes getan habe, müsse man das gedruckte Böse öffentlich vernichten, erklärt Maßmann. Der Funke springt über. „Ins Feuer“, skandieren die Studenten und befördern mit Heugabeln nacheinander 25 Bücher in die Flammen. Neben Werken des Modeschriftstellers Kotzebue und des Staatswissenschaftlers Haller trifft es ein Exemplar des *Code Civil*, den man als Symbol welscher Unterdrückung betrachtet, und Saul Aschers Germanomanie. Der jüdische Autor hatte sich darin u. a. über Jahn und seine Aktivitäten lustig gemacht.

Dank des schrillen Schlussaktes erfährt das Wartburgfest eine Resonanz, die kaum größer hätte ausfallen können, allerdings auch kaum frostiger. An den Höfen von Wien und Berlin ist man empört. Metternich findet es an der Zeit, mit aller Schärfe gegen den „Geist des Jakobinismus“ vorzugehen. Friedrich Wilhelm III. droht, jede Universität, die sich so „zügellos“ aufführe wie die Jenenser, werde geschlossen. Das Treiben der Turner wird überwacht, Professoren werden verwarnt. Aufgebracht ist nicht nur die Obrigkeit. Der Freiherr vom Stein erschauert angesichts der „Fratze auf der Wartburg“, und Goethe versichert, ganz Deutschland empfinde „den garstigen Wartburger Feuergestank“ übel.[195] Goethe übertreibt. Die Zeitungen berichten teils mit Sympathie, teils mit Nachsicht über das Treiben der Studenten. Im Lager der Patrioten werden die lauteren Motive der Burschen hervorgehoben; das hässliche Autodafé sei in jugendlichem Überschwang erfolgt. Und weil der Großherzog die Hand über seine Universität hält, sieht es eine Weile so aus, als werde der ganze Vorgang mitsamt dem garstigen Feuergestank bald vergessen sein.

Aber es kommt anders. Am 23. März 1819 wird in Mannheim August von Kotzebue ermordet. Täter ist der junge Theologiestudent Carl Ludwig Sand. Sand hat sich unter dem Vorwand, das Gespräch mit dem Lustspieldichter zu suchen, Zugang zu seinem Haus verschafft und den 18-fachen Vater durch Messerstiche getötet. In einem Bekennerschreiben, in dem sich Sand als Werkzeug Gottes darstellt, findet sich der Satz: „Die Reformation muß vollendet werden!“[196] Kotzebues literarisches Werk ist heute zu Recht vergessen. Zu Lebzeiten war der gebürtige Weimaraner jedoch eine Größe. Seine seichten Theaterstücke sind damals derart populär, dass Goethe nicht umhinkommt, sie auf der großherzoglichen Bühne aufzuführen. Bei den Burschen steht Kotzebue im Ruf eines Freiheitsverächters. Als publik wird, dass er für den Zarenhof gelegentlich Berichte über die politische Situation in Deutschland schreibt und dafür Geld bekommt, ist das Feindbild perfekt. Ein Agent Russlands, der Vormacht der Reaktion! Sand, der am Wartburgfest teilgenommen hat, gehört dem Kreis der „Unbedingten“ an, einem radikalen Teil der Studentenschaft, der stark vom Privatdozenten Karl Follen beeinflusst wird. Irgendwann beschließt Sand, Kotzebue zu töten. Hatten die Burschen nicht auf der Wartburg geschworen, mit ihrem Leben für die heilige Sache des Vaterlands einzustehen? Es ist an ihm, den Worten die Tat folgen zu lassen.

Als der Student Carl Ludwig Sand, einer der Teilnehmer am Wartburgfest, den erfolgreichen Theaterdichter August von Kotzebue ermordete, schlug die Staatsgewalt zurück. Unter dem Dirigat Metternichs entstanden die Karlsbader Beschlüsse, die die Universitäten unter Kuratel stellten und die Vorzensur für Zeitungen einführten.

Der Prozess gegen Sand zieht sich hin, auch mit Rücksicht darauf, dass der Angeklagte sich unmittelbar nach der Mordtat selbst verletzt hat und erst genesen muss. Je länger der Prozess dauert, desto mehr Fürsprecher findet Sand. Görres verurteilt den Mord, lässt die Motive jedoch gelten. Der Berliner Theologe de Wette bescheinigt Sand die „Lauterkeit der Überzeugung".[197] Obwohl kein Zweifel daran besteht, dass Sand seinen Plan kaltblütig ins Werk gesetzt hat, drückt die einflussreiche *Allgemeine Zeitung* auf die Tränendrüse: „Seine schöne Gestalt und Seelenruhe flößte allgemeine Teilnahme ein. Von nichts anderem als der Religion sprechend, ist er bei den größten Schmerzen sanft und geduldig …"[198] Am Hinrichtungstag wallen Scharen von Studenten von Heidelberg nach Mannheim herüber. Die letzten Stunden vor seinem Tod verbringt der Delinquent damit, Verse von Theodor Körner zu zitieren. Als der Kopf nach zwei Schwerthieben gefallen ist, tunken Anhänger Taschentücher ins „Märtyrerblut". Rasch ist ein Name gefunden für die Hinrichtungsstätte vor dem Heidelberger Tor: „Sands Himmelfahrtswiese".

Die Idolisierung Sands spornt die Fürsten an, noch härter gegen die „Demagogen" (die Bezeichnung stammt vom Berliner Polizeidirektor Kamptz) vorzugehen als sie sowieso vorhaben. Revolution liegt in der Luft. Die Ordnung droht zu zerfallen. Überall sprießen Geheimbünde. Kaum, dass der Mörder Sand hingerichtet ist, wird ein weiteres Attentat verübt. Anders als Kotzebue überlebt der Nassauische Regierungspräsident von Ibell den Anschlag, für den ein Apotheker verantwortlich ist. Gleichzeitig – wir befinden uns immer noch im Jahr 1819 – kommt es in zahlreichen Städten Europas zu antisemitischen Ausschreitungen. Juden werden bespuckt und beleidigt, Synagogen beschädigt. Hinter den „Hep-Hep-Krawallen", die wie eine Epidemie plötzlich da sind und ebenso plötzlich wieder verschwinden, steht keine Organisation, inhaltlich sind sie vage. Im Kern richten sie sich gegen die von der Französischen Revolution initiierte bürgerliche Gleichstellung der Juden. Führend sind meist Handwerker und Studenten. Obwohl die Krawalle mit den Ereignissen auf der Wartburg und den Mordanschlägen auf Kotzebue und von Ibell und die Ausschreitungen gegen Juden und jüdische Einrichtungen offensichtlich in keinem Zusammenhang stehen, nimmt die Obrigkeit die Vorlage dankend auf. Zielscheibe der ersten Repressionsmaßnahmen sind die Universitäten. Studenten werden relegiert, wenn sie in Verdacht stehen, etwas mit der Burschenschaft zu tun zu haben. Zahlreiche Professoren wie Karl Follen, der Spiritus Rector der „Unbedingten", setzen sich ins Ausland ab. Ernst Moritz Arndt, der inzwischen an der Universität Bonn lehrt, wird vom Dienst suspendiert. Politisch in Form gebracht wird die „Demagogenverfolgung" durch die Karlsbader Beschlüsse vom August 1819, die unter dem Dirigat Metternichs zustande kommen. In ungewohnter Zweisamkeit mit Preußen setzt der österreichische Minister ein Maßnahmenpaket durch, das die Vorzensur für Zeitungen, Zeitschriften und alle Druckwerke unter zwanzig Bogen anordnet. In Mainz wird eine „Zentral-Untersuchungskommission" eingerichtet mit der Aufgabe, alle „revolutionären Umtriebe und demagogischen Verbindungen" zu untersuchen. Deutschland tritt ein in eine bleierne Zeit.

Bei Friedrich Ludwig Jahn flossen nationalistische und demokratische Forderungen zusammen. Der „Turnvater" war für die studentische Jugend ein Idol, für die Obrigkeit ein Schreckgespenst.

20 Jahn und die gescheiterte Jugendrevolte

Liberalismus und Nationalismus in einem Atemzug zu nennen, würde heute kaum jemandem einfallen, es sei denn im Sinne von Dr. Jekyll und Mr. Hyde. Zu unterschiedlich waren die Karriereverläufe beider Strömungen in der jüngeren Geschichte. Im 19. Jahrhundert treten sie jedoch wie selbstverständlich als ideelles Zwillingspaar auf, gleichermaßen versehen mit dem Vorzeichen des Progressiven. Für die meisten Patrioten, die wir im Umfeld der Befreiungskriege kennengelernt haben, und die vielen Dichter, die in dieser Zeit zur Harfe greifen, sind der Kampf gegen den fürstlichen Absolutismus und die Forderung nach einem deutschen Nationalstaat die zwei Seiten einer Medaille. Beispielhaft für das liberal-nationalistische Doppelgängertum steht der „Turnvater" Jahn.

Johann Friedrich Ludwig Jahn wird 1778 als Sohn eines evangelischen Pfarrers geboren. Er nimmt ein theologisches Studium auf, bringt es aber nicht zu Ende und verdingt sich als Privatlehrer. Wie zahlreiche Altersgenossen entflammt er unter dem Eindruck der französischen Vorherrschaft für die Sache der Nation. Was ihn aus der Vielheit hervorhebt, ist seine ungehobelte Art, die er als Stilmittel einsetzt. 1802 trifft er Arndt. Wie dieser träumt er von einem Großdeutschland, das von Fiume bis Kopenhagen reichen soll. Wie Arndt sieht er in der militanten Abgrenzung gegen Frankreich („Haß alles Fremden ist des Deutschen Pflicht") das Verbindende, woraus die homogene Nation entstehen soll. In diesem Sinne fordert er nach Waterloo einen neuen Krieg gegen Frankreich, damit endgültig „Deutschland über Welschland" triumphiere.

Da niemand seinem Ruf nach einem abermaligen Waffengang mit

Frankreich folgen will, predigt er ersatzweise den Krieg gegen die französische Sprachdominanz. Im nationalen Erziehungssystem, das ihm vorschwebt, soll das Erlernen des Französischen verboten sein. „Unglückliches Deutschland!", schreibt er 1808 in seinem Buch *Deutsches Volksthum*, „diese Sprache hat deine Männer betört, deine Jünglinge verführt, deine Weiber entehrt … Deutsche, fühlt wieder mit männlichem Hochsinn den Wert eurer edlen lebendigen Sprache, schöpft aus ihrem nie versiegenden Urborn, grabet die alten Quellen auf, und lasset Lutetiens stehende Lache in Ruhe."[199] In bewusster oder unbewusster Anknüpfung an Tacitus macht Jahn Grobheit zum teutonischen Markenzeichen. 1815 ist er, angetan mit altdeutscher Tracht, auf den Straßen des besetzten Paris eine clowneske Erscheinung. Als die der Republik von Venedig geraubten Pferde des Lysippos vom Triumphbogen an der Place du Caroussel heruntergeholt werden, steht Jahn plötzlich oben auf dem Bogen, hämmert der Siegesgöttin mit den Fäusten auf den Mund und hält den deutschen Soldaten, die sich unter den Schaulustigen befinden, eine flammend Rede.[200]

Mit seinem provozierenden Auftreten stößt Jahn viele Bürger, denen seine Ideen eigentlich gefallen, vor den Kopf. Bei jungen Leuten kommt er umso besser an, vor allem durch die „Turnerei". 1811 initiiert er das erste öffentliche Turnen in der Hasenheide bei Berlin, und schon bald ist das Schwingen an Reck und Barren eine Mode. Das Turnen verbindet den Reiz des Männerbündischen mit Wehrertüchtigung, die auf den nationalen Befreiungskampf gegen Frankreich vorbereiten soll. 1818 existieren in 150 Städten Turnvereine mit insgesamt 12 000 Mitgliedern. Strikt ausgeschlossen von der Mitgliedschaft sind Juden, erstens, weil sie Juden sind, und zweitens, weil sie laut Jahn dem Charakter-Steckbrief der Deutschen nicht entsprechen. Zu diesem Steckbrief zählt der „Turnvater" Eigenschaften wie „Vollkraft, Biederkeit, Gradheit, Abscheu der Winkelzüge, Rechtlichkeit und das ernste Gutmeinen".[201]

Jahns sozialegalitäre Vorstellungen finden bei Turnern und Studenten Anklang. Der „Turnvater" setzt sich für gleiche Bürgerrechte ein. Er verlangt eine nationale Bildungsanstrengung, die auch und gerade Kindern der niederen Stände zugutekommen soll. Programmatisch heißt es im Turner-Lied: „An Rang und Stand sind alle gleich!" Den Cantus könnten auch die „Hosenlosen" der ersten Revolutionsjahre geschmettert haben. Bei näherem Hinsehen unterscheiden sich die Gleichheitsevangelien der Jakobiner und der Deutschnationalen jedoch gravierend: Die Ideen von 1789 waren universal. Sie wollten die ganze Menschheit beglücken. Dagegen ist der frühdemokratische Katechismus Jahns und seiner Gesinnungsgenossen exklusiv für die Angehörigen der deutschen Nation geschrieben. Dort, wo nicht mehr deutsch gesprochen wird, ist Schluss mit der Gleichheit, und es beginnt der Nationenkampf. Dem „System Metternich" ist einer wie Jahn doppelt verdächtig, weil er die bestehende Ordnung gleich zweimal herausfordert, einmal als Nationalist und dann als Demokrat. Niemand wird im Zuge der „Demagogenverfolgung" so unnachsichtig abgestraft wie der „Turnvater". 1819 erfolgt seine Verhaftung. Die nächsten fünf Jahre verbringt Jahn im Gefängnis. Danach steht er unter Polizeiaufsicht bis zu seiner Rehabilitierung 1840 durch Friedrich Wilhelm IV.

In ihrem Abwehrkampf gegen die revolutionäre Gefahr stünden die Regierungen besser da, hätten sie nicht ein massives Glaubwürdigkeitsproblem. Im Vorfeld der Befreiungskriege hatte vor allem Preußen den Bewegungskräften Avancen gemacht. Die Gründung der Landwehr, die Förderung der Freikorps und die Stiftung des Eisernen Kreuzes wurden so verstanden, dass der Volkskrieg nicht nur erwünscht sei, sondern nach dem Sieg entlohnt werde. Als der Krieg vorüber ist, erwarten die jungen Leute, die als Freiwillige ihr Leben riskiert haben, dass Preußen eine doppelte Vorreiterrolle übernehmen werde – bei der Gewährung demokratischer Rechte und bei der staatlichen Einigung Deutschlands. Kritische Köpfe warnen vor zu viel Optimismus. Am 30. Juni 1815, wenige Tage nach Waterloo, schreibt Varnhagen von Ense dem Verleger Cotta: „Da mir dieser Krieg aber niemals aus sich als Hauptsache erscheinen wollte, so möchte ich ihm auch keinen in dem Grade leichten und siegreichen Ausgang wünschen, daß der Übermut von oben die Kraft von unten übersehen und verleugnen könnte; ein bloß triumphierender, widerstandsloser, alles unterwerfender Zug nach Paris und Aufenthalt in Frankreich wäre nur allzu leicht ein lähmender Streich gegen die Konstitutionshoffnungen, zu denen die deutschen Völker berechtigt sind. Ich wünsche, daß ich mich irre."[202]

Varnhagen irrt sich nicht. Der Flirt der Fürsten mit dem Volk verröchelt in der Stunde des Sieges. Der vom Wiener Kongress installierte Deutsche Bund, ein Gebilde beinahe so unförmig und ungelenk wie das verblichene Heilige Römische Reich, ist das Gegenteil des starken Nationalstaats, von dem die Patrioten geträumt haben. Was die Verfassung angeht, wird Preußens König wortbrüchig. Er lässt zu, dass die von ihm versprochene „Repräsentation des Volkes" auf die lange Bank geschoben und vom ostelbischen Adel so heruntergemendelt wird, bis von der preußischen Verfassungspolitik nichts mehr übrig bleibt.

Das haben sich die Studenten, die singend in den Krieg gezogen sind, anders vorgestellt! Ihre Enttäuschung ist groß, noch größer ist ihre Wut. Sie bricht sich Bahn in einer Jugendrevolte. Die Studenten sind keineswegs unbescheiden. Sie betrachten sich als Avantgarde. Ihr Elite-Bewusstsein stellen sie zur Schau, gleich, ob es sich um einen „heiligen Zug" auf die Burg der Minnesänger handelt oder um Turnübungen, bei denen sie groteske Affensprünge vorführen und als Höhepunkt die Riesenwelle darbieten. Sie machen Spektakel, verbrennen Bücher und geben sich in Rede und Aussehen so andersartig wie möglich. Lange Haare und Rauschebärte sind Erkennungszeichen, vermieden werden Ausdrücke, die aus der französischen „Schmutz- und Giftsprache" stammen. Man kleidet sich „altdeutsch", worunter Arndt den Habit versteht, der angeblich zu Zeiten Luthers üblich war – das Barett auf dem Kopf, der Hals frei im offenen Kragen, darunter ein eng anliegender dunkler Rock oder eine schwarze Hose, weit geschnitten. Oft baumelt über dem Bauch an stählerner Kette ein Dolch. Die Frauen werden angehalten, nicht wie „Putzpüppchen" herumzulaufen und sich deutsch-bieder anzuziehen, aber hier stößt der kulturrevolutionäre Ehrgeiz an seine Grenzen. Auf bunte Farben, die als französisch verpönt sind, wollen die Frauen nicht verzichten.[203]

Die Studenten sehen sich selbst wie eine Ordensgemeinschaft: nach innen verschworen, nach außen hermetisch. „Die Volkstracht darf kein Fremder tragen, ohne eingebürgert zu sein", verlangt Jahn.[204] Untereinander duzt man sich. Alles Gebaren, Grobheit inbegriffen, ist auf Abgrenzung angelegt. Nicht bloß von den „Welschen" will man sich unterscheiden, auch von den langweiligen „Philistern", die sich im Privaten genug sind und denen der Sinn für das große Ganze abgeht. Eine Schlüsselrolle in der elitären Vorstellungswelt der Studenten spielt die „Überzeugung". Darunter versteht man ein subjektives Fürwahrhalten, das wasserdicht ist gegen Erfahrung und Verstandesgründe. Ist jemand überzeugt im Sinne einer sittlichen Notwendigkeit, dann heiligt der Zweck alle Mittel, selbst den Mord. Diesen Standpunkt vertritt z. B. Karl Follen, unter dessen Einfluss sich Sand auf sein „Martyrium" vorbereitet. „So entsteht", urteilt der Historiker Thomas Nipperdey, „knapp 25 Jahre nach der *terreur* des Robespierre aus dem ethischen Rigorismus der Subjektivität eine neue Philosophie, die auch Gewalt und Terror rechtfertigt".[205]

Das Unglück der Studenten ist ihre Selbstüberschätzung. Sie haben sich durch weltfremde Professoren – der 51-jährige Fichte wirkt im Porträt des Landsturm-Mannes mit gezücktem Säbel keineswegs als teutonischer Berserker, eher wie eine komische Figur – bei ihrem Idealismus packen lassen. Sie haben sich berauscht an patriotischen Heldengedichten, und wähnen sich als die eigentlichen Überwinder Napoleons. Dabei ist der militärische Beitrag der Freikorps in den Befreiungskriegen kaum messbar. Den Sieg erringen unzweifelhaft die regulären Armeen und mit ihnen die Fürsten. Folgerichtig machen die Fürsten die Nachkriegsordnung unter sich aus – eine Ordnung, in der es weder für die demokratischen noch für die nationalen Vorstellungen der Patrioten einen Platz gibt.

Metternich fällt es nicht schwer, die deutsche Staatenwelt auf Restaurationskurs zu bringen. Gewiss gibt es hier und da Widerstände. Sachsen-Weimar behält seine Konstitution. Bayern, Württemberg, Baden und Hessen-Darmstadt schmücken sich mit Verfassungen, die „von

Johann Gottlieb Fichte war ein Stichwortgeber für die Patrioten, die zum Befreiungskampf gegen Napoleon rüsteten. Als Krieger gab der Philosoph dagegen eine Karikatur ab. Das Bild zeigt Fichte als Mitglied des Berliner Landsturms 1813.

oben" gegeben sind. Aber das ist alles. Nirgendwo gibt es eine revolutionäre Situation. Die Mehrheit des Bürgertums hat keine Lust, sich durch präpotente Studenten in altertümlichen Trachten zu politischen Abenteuern verleiten zu lassen. Vielleicht wäre es anders, hätte die selbst ernannte Avantgarde zündende Ideen zu bieten. Aber das ist nicht der Fall. Die meisten Studenten und ihre Gönner wollen eine Verfassung, aber wie diese konstruiert sein und wie sie durchgesetzt werden soll, bleibt unklar. Die deutsche Staatsnation? Der Deutschnationalismus von Arndt und Jahn ist mit seiner protestantischen Akzentuierung alles andere als integrativ. Auf der Wartburg wird Martin Luther gefeiert, geladen sind nur Delegationen protestantischer Universitäten. Das ist spalterisch und rollt zusätzliche Wackersteine auf den schweren Anstieg zur Nationbildung. Viele Katholiken werden dem Nationalstaat noch jahrzehntelang distanziert gegenüberstehen, weil sie ihn als protestantisches Projekt betrachten.

Adelbert von Chamisso entstammte einer Adelsfamilie, die vor den Revolutionswirren aus Frankreich floh und in Preußen Aufnahme fand. Loyalitätskonflikte blieben dem französisch-deutschen Grenzgänger, der mit Peter Schlemihls wunderbarer Geschichte *literarischen Ruhm erlangte, nicht erspart.*

21 Grenzgänger und Vermittler

In den 23 Jahren des Revolutionskriegs erlebt Europa eine Phase beispielloser Mobilität. Gewaltige Heerhaufen durchziehen den Kontinent in alle Himmelsrichtungen. Westfälische Soldaten kämpfen in Spanien, italienische in Russland, polnische Lanzenreiter eskortieren den abgedankten Kaiser Napoleon nach Elba. Französische Bauernjungen, die noch nie über ihr bretonisches oder auvergnatisches Dorf hinausgekommen waren, werden zu Experten in europäischer Geografie. Nicht zu vergessen die Zehntausende zählenden Emigranten, Aristokraten zumeist, die vor den Sbirren der Revolutionstribunale geflohen sind und nun in Koblenz, Hamburg oder anderswo in der Fremde ein provisorisches Unterkommen suchen. Die unfreiwillige Völkerwanderung macht die massenhafte Begegnung von Angehörigen unterschiedlicher Völker möglich, vertieft Kenntnisse und befördert den Austausch. Die Nachbarn am Rhein rücken enger zusammen. Eine wichtige Rolle spielen dabei deutsch-französische Grenzgänger.

Unter den Franzosen, die Krieg und Revolution nach Deutschland verschlagen, befinden sich zahlreiche führende Köpfe. François-René de Chateaubriand, Wegbereiter der französischen Romantik, schließt sich in Trier der Emigrantenarmee an. Die lederne Patronentasche schützt das Manuskript des *Attala*, der den normannischen Vicomte berühmt machen wird, vor dem Dauerregen. Henry Bayle, Verfasser von *Rot und Schwarz* und der *Kartause von Parma*, besser bekannt unter dem Künstlernamen Stendhal, kommt als Kriegskommissar nach Deutschland und wird kaiserlicher Domänenverwalter in Braunschweig. *Die Zeugnisse aus und über Braunschweig* versammeln seine Erfahrungen mit den teutonischen Nachbarn in anekdotischer Form. Edgar Quinet, einer der bedeutendsten Historiker des 19. Jahrhunderts, lernt Deutschland in seinen Kindertagen kennen. Sein Vater ist Kriegskommissar im Rheinland. Einen nicht zu überschätzenden Beitrag nachbarlicher Kulturvermittlung leisten Emigranten. Charles de Villers nutzt das Exil und studiert in Göttingen die Philosophie Kants, für die er später sogar Napoleon zu begeistern versucht. Germaine de Staëls Interesse an Deutschland entspringt der erzwungenen Beschäftigungslosigkeit im schweizerischen Coppet. Ohne ihre Vertreibung wäre *De l'Allemagne* wohl kaum entstanden.

Adelbert von Chamisso ist elf Jahre alt, als seine Familie im Mai 1792 Hals über Kopf Schloss Boncourt, ihren Stammsitz in der nördlichen Champagne, verlässt.[206] Der Stammbaum der Chamissos reicht auf das beginnende 14. Jahrhundert zurück, vielleicht sogar bis in die Karolingerzeit. Was den Stolz der Familie ausmacht, wird ihr jetzt zum Problem. Für die neuen jakobinischen Herren sind die Adligen *ci-devants* und als solche des Lebens nicht mehr sicher. Schloss Boncourt wird geplündert und als „Nationaleigentum" auf den Markt geworfen. Die Familie flieht, zunächst in die österreichischen Niederlande. Weil die revolutionären Armeen unaufhaltsam vorrücken, wird der Fluchtweg immer länger. Nach Stationen in Düsseldorf und in Würzburg finden die Vertriebenen endlich in Bayreuth einen sicheren Hafen.

Die Chamissos entsprechen so gar nicht dem Bild, das man sich landläufig von den Emigranten macht. Sie sind nicht hochmütig, sie prassen nicht, stattdessen tun sie alles, sich mit Arbeit über Wasser zu halten. In Würzburg wird erwogen, den kleinen Adelbert in eine Schreinerlehre zu geben. In Bayreuth trägt der Junge als Blumenverkäufer zum Familieneinkommen bei. Bayreuth ist damals preußisch. Preußen hält sich seit dem Frieden von Basel 1795 aus den Kriegswirren heraus. Es ist neutral, und die preußische Diplomatie denkt, trotz aller Abneigung gegen das Pariser Revolutionsregime, traditionell profranzösisch. Hinzu kommt, dass der Hohenzollernstaat mit Schutzsuchenden aus Frankreich die allerbesten Erfahrungen gemacht hat. Als man vor mehr als hundert Jahren 20 000 vor den Dragonaden des „Sonnenkönigs" geflohene Protestanten aufnahm, war dies zu gleichen Teilen ein Akt religiöser Brüderlichkeit und staatspolitischer Weitsicht. Was wäre Preußen ohne den wirtschaftlichen und kulturellen Mehrwert, den die Hugenotten und ihre Nachfahren erbringen? Nachdem König Friedrich Wilhelm II. dem Gesuch der Familie Chamisso nach Übersiedlung in die Hauptstadt gnädig entsprochen hat, findet der mittlerweile fünfzehnjährige Adelbert zunächst Anstellung in der königlichen Porzellanmanufaktur, dann wird er Page der Königin Friederike Luise, die ihn fördert und ihm sogar den Besuch der ältesten öffentlichen Bildungseinrichtung Berlins ermöglicht, des Französischen Gymnasiums.

Nach zwei Jahren als Page tritt Chamisso als Fähnrich in das Infanterieregiment Götze ein. Er ist nicht der einzige französische Emigrant, der die preußische Uniform anzieht. Von irgendetwas muss der Mensch ja leben. Die Armee ist gesellschaftlich angesehen. Sie zehrt noch immer vom Ruhm aus fritzischer Zeit. In Berlin ist das Militär omnipräsent; jeder vierte Einwohner der Hauptstadt gehört zur Garnison. Allerdings gewinnt Chamisso dem Soldatenleben nicht viel ab. Der Kasernendrill ödet ihn an. Nach neun Jahren wird ihm die mehrfach erbetene Entlassung aus dem Dienst gewährt. Er folgt der schon lange gefühlten Berufung zum *homme de lettres*. Bis dahin hat er Gedichte in französischer Sprache verfasst. Nun tritt Chamisso ein in die Reihe jener auserlesenen Dichter, denen es gegeben ist, Meisterwerke auch in einer Sprache zu schaffen, die nicht ihre Muttersprache ist.

Die deutsche Literaturszene ist am Anfang des Jahrhunderts in Bewegung. Die Reibung zwischen Klassik und Romantik erzeugt viel produktive Energie. Chamisso verkehrt im Dichterkreis „Nordsternbund" und gibt mit anderen einen Musenalmanach heraus. Almanache sind eine Art Literaturzeitung und sehr beliebt. Sie bieten ambitionierten Musensöhnen eine Plattform, um sich durch Rezensionen und eigene Werke einem größeren Publikum bekannt zu machen. Chamisso erzielt seinen größten Erfolg mit einem Kunstmärchen. *Peter Schlemihls wunderbare Geschichte* entsteht 1813 und handelt von einem Mann, der seinen Schatten verliert. Der *Schlemihl* wird in zwölf Sprachen übersetzt, in Frankreich bringt er es auf 39 Ausgaben.

Das Dichtersein ist nur eine Leidenschaft Chamissos, die andere ist die Botanik. 1815 sticht er als wissenschaftliches Mitglied einer russischen Expedition auf der *Rurik* in See; Kapitän ist Otto von Kotzebue, dessen Vater August wenig später durch das Messer des Studenten Sand den Tod finden wird. Drei Jahre durchkreuzt die *Rurik* den Pazifischen Ozean, vom Kap Horn bis Alaska. Die Erlebnisse schildert Chamisso in dem Buch *Reise um die Welt*. Er erhält für seine botanischen Entdeckungen zahlreiche Ehrungen und das Amt eines Kustos am Königlichen Herbarium, das er bis kurz vor seinem Tod innehat.

Das Schicksal aller Entwurzelten bleibt Chamisso nicht erspart. Wo ist seine Heimat? Mehrfach reist er nach Frankreich. „Vieles im Mutterlande hat ein Recht auf meine Liebe", gesteht er Varnhagen von Ense. Aber jedes Mal kehrt er nach Deutschland zurück, hier hat er seine „festgetreuen und vielgeliebten Freunde".[207]

Die fragilen Zeitverhältnisse steigern Chamissos Zerrissenheit. Im Militärdienst findet er keinen Anschluss an die Kameraden. Mag sein, dass das Misstrauen, das er zu spüren glaubt, nur in seiner überempfindlichen Wahrnehmung existiert. Es kommt doch auf dasselbe hinaus. Er ist „der Ausländer, der Franzos, der Mischling von zwei Nationen, von denen die eine ihn der anderen zuschiebt".[208] Riskant wird es für den „Mischling", als die zwei Nationen plötzlich aneinandergeraten. Chamisso befindet sich mit seinem Regiment in Hameln. Hameln ist eine Festungsstadt im ehemaligen Kurfürstentum Hannover, das Napoleon soeben Preußen „geschenkt" hat, um den Hohenzollernstaat für ein Bündnis zu ködern. Das Götzesche Regiment hat vertragsgemäß die französische Garnison abgelöst, da ändert sich die Lage schlagartig. Plötzlich ist keine Rede mehr von Bündnis und Freundschaft. Preußen erklärt Frankreich den Krieg. Napoleon reagiert darauf, indem er u. a. allen Franzosen, die in des Feindes Armee kämpfen, das Kriegsgericht androht. Chamisso ist wie vor den Kopf geschlagen. „Ich liebe mein Volk und mein Land, und bin ein Verwiesener, bin in die Acht erklärt", klagt er einer Freundin.[209] Siegt Napoleon wie zu erwarten, droht ihm das Erschießungspeloton. Er reicht den Abschied ein, aber sein Gesuch wird abgelehnt. Für Preußen mündet der töricht vom Zaun gebrochene Krieg bekanntermaßen in der Katastrophe von Jena und Auerstedt. Chamisso hat indessen Glück. Die Garnison von Hameln kapituliert widerstandslos, Chamisso wird wie die übrigen preußischen Soldaten auf Ehrenwort freigelassen und bekommt einen Pass für die Einreise nach Frankreich – vom Kriegsgericht ist keine Rede mehr. Ein rätselhafter Vorgang. Lassen die Sieger Gnade vor Recht ergehen? Schauen die französischen Kommissare nicht genau hin? Oder liegt die Erklärung darin, dass die Kriegführung damals noch einen Rest an Ritterlichkeit bewahrt hat?

In Frankreich, wohin er im Dezember 1806 reist, kann er sich ungehindert bewegen, obwohl er der Form nach noch preußischer Leutnant ist und der Kriegszustand offiziell andauert. In der alten Heimat fühlt er sich anfänglich wohl. „Ich werde hier frei und freier, und mir bleibet fast nichts übrig, als die Tränen des Scheidens zu vergießen; denn vieles im Mutterlande hat ein Recht auf meine Liebe“, schreibt er dem Freund Varnhagen von Ense.[210] Aber dann ist er doch bald wieder in Deutschland. Es bleibt das Gefühl der Zerrissenheit. 1810 macht er sich abermals auf den Weg nach Frankreich. Durch Vermittlung ist ihm eine Lehrerstelle in der Bretagne angeboten worden. Aus der Stelle wird nichts. Ein Jahr später ist er zurück in Berlin, wo er seine geliebten Freunde umarmen kann.

Die Reisewege sind Male am Körper des Heimatlosen. Deutschland ist Chamisso zum geistigen Vaterland geworden, Frankreich bleibt das Mutterland, das er nicht verleugnen kann und will. Als er sich zum preußischen Militär meldete, schob er den Gedanken an Loyalitätskonflikte weit von sich. Inzwischen weiß er es besser. 1808 darf er endlich den Dienst quittieren. Dabei würde er gern kämpfen; für eine große Idee würde er sein Leben opfern. Aber als Franzose kann er in Preußen nicht den Feind erkennen, als Preuße nicht in Frankreich. „Nein, die Zeit hat kein Schwert für mich“, bemerkt er.[211] Es ist eine ratlose, resignierte Selbstauskunft. In Berlin bekommt er den wachsenden Hass auf alles Französische mit. Den Patrioten kann er nichts abgewinnen. Der Spott, der nach der Katastrophe in Russland über Napoleon ausgegossen wird, und zwar von denen, die bis dahin vor ihm gekatzbuckelt haben, erfüllt ihn mit Widerwillen. Als der Korse 1814 abdanken muss und die Bourbonen wieder auf den Thron Frankreichs zurückkehren, kann er, der von der Revolution ins Exil Vertriebene, keine Genugtuung empfinden. „Nie habe ich", vertraut er einem Freund an, „mehr Unlust an dem Politischen und mehr Ekel gegen Frankreich empfunden, als eben jetzt. Dieser Ausgang [Napoleons Abgang, GM] kommt mir wie die Neige vom schalen Bier vor."[212] Wenig später geht er an Bord der *Rurik* und macht sich frei von den europäischen Sorgen.

Von der Heimat Frankreich kommt Chamisso, der zum bewunderten deutschen Dichter gewordene Grenzgänger, niemals los. Eines seiner schönsten Gedichte ist *Schloß Boncourt* überschrieben. Er verfasst es als reifer Mann; Generationen deutscher Schüler lernen es auswendig.

Ich träum' als Kind mich zurücke
Und schüttle mein greises Haupt;
Wie sucht ihr mich heim, ihr Bilder,
Die lang' ich vergessen geglaubt ...[213]

Wie Chamisso ist auch Karl Friedrich Reinhard ein Grenzgänger, wenn auch in umgekehrter Richtung. Seine Lebensbahn verläuft noch erstaunlicher als die Chamissos. „Mein Geschick ist seltsam gewesen, zuweilen bizarr", bilanziert er als 68-Jähriger, was man getrost eine Untertreibung nennen darf. Denn der Sohn eines schwäbischen Predigers bringt es bis zum Amt des Außenministers der französischen Republik.

Reinhard kommt 1761 im beschaulichen Schorndorf zur Welt, als ältestes von vierzehn Kindern einer Pfarrersfamilie.[214] Sein Weg scheint vorgezeichnet. Dem hochbegabten Jungen winkt eine Karriere als Prediger oder als Lehrer. Entsprechend besucht er die Klosterschule Maulbronn und nimmt dann in Tübingen am berühmten Stift das Theologiestudium auf. Im Promotionsverfahren beschäftigt er sich mit der Bibelstelle „Seid untertan aller menschlichen Ordnung um des Herren willen." Man würde gern wissen, wie der junge Mann, der schon bald freundschaftlichen Umgang mit Revolutionären haben wird, den Satz traktiert hat. Erhebt er Einwände gegen den lutherischen Fürstengehorsam? Fest steht, dass er von einer Zukunft als Pfarrer Abstand nimmt. Mit Genehmigung seines Landesherrn zieht er ins „welsche" Ausland. Bald trifft man ihn in Bordeaux als Privatlehrer, der den Sprössling eines reichen Kaufmanns in Mathematik und alten Sprachen unterrichtet. Das ist 1787. Zwei Jahre später schießt in Paris der Korken aus der Flasche. Reinhard ist elektrisiert und schickt Berichte nach daheim, die im *Schwäbischen Archiv* gedruckt werden. Die Leser lernen den Landsmann, den es aus der Abgeschiedenheit Schorndorfs ins Zentrum eines Vulkans katapultiert hat, als gemäßigten Revolutionsfreund kennen, dem die „Unbeständigkeiten des (französischen) Nationalcharakters" Sorgen bereiten und der im Übrigen sein Publikum beruhigt: In Deutschland sei mit einem Umsturz nicht zu rechnen, „weil die Zahl guter und aufgeklärter Fürsten die Zahl der schlimmen … merklich übersteigt".[215] In Bordeaux schließt sich Reinhard der *société des amis de la constitution* an. Unter den „Verfassungsfreunden" befinden sich führende Girondisten wie Vergniaud und Ducos, die in die Konstituante gewählt werden und mit denen zusammen er im September in einem Fuhrwerk zur Eröffnung der Versammlung in die Hauptstadt reist. Das Netzwerk der „Verfassungsfreunde" funktioniert. Der Schwabe bekommt Arbeit im Außenministerium und wird wenig später nach London entsandt. Sein Vorgesetzter an der dortigen Botschaft ist kein anderer als Talleyrand. Zunächst schlägt seine Herkunft ihm zum Vorteil aus; als Deutscher ist er nicht verdächtig, in den revolutionären Fraktionskämpfen mitzumischen. Aber mit Kriegsbeginn sind seine Personalia auf einmal belastend. Ausländer müssen jetzt als Sündenböcke für alles herhalten, für Niederlagen wie für Versorgungsengpässe. Nichtfranzosen werden aus allen öffentlichen Ämtern entfernt. Um größeres Unheil abzuwenden, erstattet Reinhard beim Wohlfahrtsausschuss Selbstanzeige. Brieflich fragt er, ob er „auf den geheiligten Titel des französischen Bürgers verzichten soll oder nicht, ob ich, in einem mit der Republik im Krieg befindlichen Lande geboren, wert bin, in ihrem Dienste verwendet zu werden".[216] Reinhard hat Glück, er darf bleiben, aber die Gefahr, in den tödlichen Sturz seiner girondistischen Freunde hineingezogen zu werden, besteht fort. Letztlich rettet ihn der Thermidor-Aufstand gegen Robespierres Terrorregime. In den Folgejahren kann er sich durch mehrere Auslandsmissionen vom gefährlichen Pflaster Paris fernhalten. Als Gesandter in Hamburg lernt er seine Frau Christine Reimarus kennen, eine hochgebildete, im Patriziat der Hansestadt verankerte junge Dame, deren Erinnerungen von historischem Wert sind.[217]

Am 20. Juli 1799 wird Reinhard zum Außenminister der Republik ernannt. Der Brief der Direktoratsregierung überrascht ihn in der Schweiz. Ohne es zu wissen, ist er Teil eines Manövers geworden, das der gerissene Amtsinhaber eingefädelt hat. Das Regime des *Directoire* befindet sich in den letzten Zuckungen. Talleyrand möchte sich aus dem Todeskampf heraushalten und verzichtet auf das Außenministerium. Der Deutschstämmige scheint ihm ein geeigneter Platzhalter zu sein, bis sich die Verhältnisse neu sortiert haben. Talleyrands Kalkül geht auf. Am 9. November wird das Direktorium gestürzt und durch drei Konsuln ersetzt, an der Spitze Bonaparte. Zuvor hat der junge General Reinhard unter die Lupe genommen. Drei Tage vor dem Brumaire-Putsch, bei einem Empfang des Außenministers, befragt ihn Napoleon über die Wahrscheinlichkeit eines bevorstehenden Regimewechsels. Reinhard tut unwissend und ist damit durchgefallen. Die aufmerksame Madame de Staël verfolgt die Szene amüsiert. „Madame Reinhard macht ja ganz artig die Honneurs und gibt sich Mühe. Das hilft ihr aber nichts, ihr Mann fliegt trotzdem."[218]

Tatsächlich ist Talleyrand Ende November wieder Chef der französischen Diplomatie. Reinhards Amtszeit hat nur zwei Monate gedauert. Von nun an ist sein Handlungsraum abgesteckt. Eine Auslandsverwendung löst die andere ab. Die Schweiz, Hamburg, Moldawien, Kassel, Frankfurt, Dresden – der Schorndorfer ist eine diplomatische Allzweckwaffe im Dienste Frankreichs. Seine Karriere währt vierzig Jahre, vier Jahrzehnte, die es in sich haben. Frankreich erprobt in diesem Zeitraum nicht weniger als sechs Regierungssysteme: Wohlfahrtsausschuss, Direktorium, Konsulat, Kaiserreich, restaurierte Monarchie und Bürgerkönigtum. Wer diesen Parcours unverletzt übersteht, muss loyal, sachorientiert und für den Fall des Falles mit dem Chrisam des Opportunismus gesalbt sein. Auf Reinhard trifft das zu; er ist der Prototyp eines Beamten. Einst protegiert von den Girondisten und Befürworter der Revolution, hängt ihm die Regierung des reaktionären Karl X. das Großkreuz der Ehrenlegion um. Der „Bürgerkönig" Louis Philippe, seinerseits durch Revolution an die Macht gekommen, ernennt ihn zum Pair von Frankreich. Reinhards Einstellung zu Napoleon ist ambivalent. Dem Alleinherrscher, der den Spielraum des Parlaments miniaturisiert, kann der Liberale nichts abgewinnen. Andererseits weiß er als Verwaltungsmann die enorme Leistung des Korsen als Reformator und Administrator zu schätzen. Den Aufgalopp zum russischen Krieg verfolgt er zutiefst resigniert. Goethe, mit dem ihn eine lebenslange Brieffreundschaft verbindet, schreibt er: „Es gibt gar keine Politik mehr. Selbst für diejenige, die alles leitet, ist es Maxime, sich von den Umständen leiten zu lassen."[219]

Obwohl er sich als Franzose fühlt, verfolgt er das Geschehen in Deutschland mit Anteilnahme. Als ihn der Empereur 1808 nach Kassel entsendet, um Jérôme auf die Finger zu sehen,[220] ist er mit ganzem Herzen dabei. Ihn fasziniert das Experiment mit dem Modellstaat Westphalen. „Westphahlen möge bestimmt sein, Bindeglied zwischen Frankreich und Deutschland zu werden", schreibt er hoffnungsvoll. Gleiche Gesetze und gleiche Verwaltungsvorschriften würden diesen Teil Deutschlands auf das Niveau Frankreichs heben, „ja, der ganze Volkscharakter wird ihren Einfluß erfahren".[221] Bekanntlich rollt der Strom der Zeit allzu bald über das Experiment hinweg. Reinhards schöne Utopie von Westphalen als deutsch-französischem Bindeglied findet im Untergangsstrudel des Empire ein frühes Ende.

1837 stirbt Reinhard. Talleyrand hält in der *Académie des Sciences morales et politiques*, deren Mitglied Reinhard war, eine Lobrede auf den langjährigen Mitarbeiter. Es lohnt sich, die Rede nachzulesen. Talleyrand hebt die „Religion des Pflichtbewußtseins" hervor, der Reinhard sein Leben lang gefolgt sei, auch „seine unbedingte Unterordnung unter die Instruktionen seiner Vorgesetzten". Reinhards Formulierungsgabe sei ausgezeichnet gewesen. Nur, fügt Talleyrand hinzu: „Derselbe Mann, der so wunderbar schrieb, drückte sich im Gespräch mühevoll aus. Seine Intelligenz brauchte zur Entfaltung mehr Zeit, als ihm die Konversation bieten konnte." Pflichttreue als Religion, Schwerfälligkeit im Dialog – pointierter hätte man, was man in Frankreich für die Nationaleigenschaften der Deutschen hält, kaum zum Ausdruck bringen können.[222]

Im Linksrheinischen entstehen durch die Franzosenzeit erratische Lebensläufe. Johann Friedrich Praetorius (geb. 1777) und sein um ein Jahr jüngerer Bruder Ludwig Franz stammen aus Simmern im Hunsrück. Der Hunsrück ist pfälzisch, und die Pfalz ist zu dieser Zeit wittelsbachisch. Dann kommen die Franzosen. Sie kommen zum zweiten Mal. An das erste Mal möchte man sich nur ungern erinnern. Im Pfälzischen Erbfolgekrieg wurde der Ort ähnlich heimgesucht wie Heidelberg, das Stadtschloss zur Ruine gemacht. Diesmal zeigen sich die Franzosen von ihrer besseren Seite. Sie bringen Religionsfreiheit mit und ein fortschrittliches Bürgerliches Gesetzbuch. Simmern gehört zum Rhein-Mosel-Departement. Die Simmerner sind Franzosen.

Schon Vater und Großvater der Praetorius-Brüder waren Chirurgen.[223] Die Söhne bleiben der Familientradition treu. Johann Friedrich beginnt seine berufliche Laufbahn als Schiffsarzt unter preußischer Flagge (1804–1806). Anschließend geht er für zwei Jahre nach Paris, um seine Studien zu vollenden. 1808 tritt er den Streitkräften des kurz zuvor von Napoleon gezimmerten Großherzogtums Berg bei, als Regimentsarzt.

Das Sanitätswesen befindet sich damals in allen Armeen auf vormodernem Stand. Die Gefahr, von Seuchen dahingerafft zu werden, ist für die Soldaten größer als die, im Kampf zu sterben. Es fehlt an Hygiene, an Medikamenten, an allem. Napoleon bemerkt einmal sarkastisch, unter dem Messer der Chirurgen stürben mehr seiner Leute als durch Feindeinwirkung. Energisch lässt der Kaiser die *Service de santé* ausbauen. Tun 1802 noch 1085 Sanitätsoffiziere in der französischen Armee Dienst, sind es zehn Jahre später 5112. Im selben Zeitraum klettert die Zahl der Chirurgen von 515 auf 2058.

Wie sein jüngerer Bruder nimmt Johann Friedrich an den Kämpfen Frankreichs auf der Iberischen Halbinsel teil, wo er mit der Ehrenlegion ausgezeichnet wird. 1812, inzwischen zum Chefchirurgen der „Bergischen Brigade" avanciert, zieht er mit der Großen Armee nach Russland. Johann Friedrich und Ludwig Franz haben Glück. Sie gehören zu den wenigen, die heil über die Beresina kommen und den Rückzug überleben. Für Johann Friedrich endet der Russlandfeldzug im rheinischen Bensberg. Im dortigen Lazarett kuriert er seine Frostwunden aus. 1814 verlagert sich der Krieg nach Frankreich, das Großherzogtum Berg hört auf zu bestehen, trotzdem bleibt Johann Friedrich den französischen Farben treu. Er nimmt an der Schlacht bei Fère-Champenoise teil. Mit der Verbannung Napoleons nach Elba beginnt für ihn eine schwierige Zeit. Im Pariser Tuilerien-Schloss sitzt jetzt Ludwig XVIII. Der Bourbone verringert die Truppenstärke, was zur Folge hat, dass viele Offiziere auf Halbsold gesetzt werden. Dieses Los trifft Ludwig Franz und wahrscheinlich auch Johann Friedrich. Halbsold bedeutet: Die Betroffenen bekommen nur die Hälfte ihrer Bezüge, müssen sich aber an ihrem Heimatort zur Verfügung des Kriegsministers halten. Ludwig XVIII. macht sich mit dieser Politik die Armee zum Feind. Die Halbsold-Offiziere fühlen sich gedemütigt. Sie gehören zu denjenigen, die die Rückkehr Napoleons von Elba mit besonderer Begeisterung begrüßen. Johann Friedrich nimmt an der blutigen Schlacht von Waterloo teil, die Napoleons Ende als Kaiser besiegelt.

In den Friedensverträgen von Paris verliert Frankreich die vier ehemals deutschen linksrheinischen Departements. Der Hunsrück fällt an den Hohenzollernstaat. Die Brüder Praetorius – als Bayern geboren, als Franzosen aufgewachsen – werden zu Preußen. Johann Friedrich wechselt die Uniform. Als verdienter Sanitätsoffizier in der Armee des preußischen Königs wird er mit dem Adlerorden der Klasse IV ausgezeichnet. Ob Ludwig Franz seinem Bruder folgt, ist nicht dokumentiert. Sicher dagegen ist, dass er seine Zeit in der *Grande Armée* nicht verleugnet. Noch viele Jahre später bemüht er sich hartnäckig um Anerkennung seiner Dienste und wird belohnt. Er erhält die sogenannte *Médaille de*

Sainte-Hélène, eine Auszeichnung, die Napoleon III. 1853 stiftet und die den Überlebenden des Revolutionskrieges gewidmet ist.

Soldat sein für Frankreichs *gloire* wollen nicht alle, sterben schon gar nicht. Wie im französischen Kernland ist die Konskription – Musterung mit anschließendem Losentscheid – auch im Linksrheinischen und in den Rheinbundstaaten gefürchtet. Nicht wenige suchen sich der Wehrpflicht durch Flucht oder Selbstverstümmelung zu entziehen. Andererseits ist der Reiz, den das Soldatenhandwerk auf junge Männer ausübt, nicht zu unterschätzen. Die Aussicht, fremde Länder kennenzulernen und später vor den Daheimgebliebenen mit Heldentaten zu glänzen, hatte schon die Landsknechte zum Handschlag bewogen. Wie viele Deutsche für Napoleon und das französische Kaiserreich durch Europa marschieren, lässt sich nicht genau beziffern. 1812 steuern die Rheinbundstaaten 130 000 Soldaten für den Russlandfeldzug bei.

Nach 1815 stellen die Rheinländer ihre zwanzigjährige Franzosenzeit nicht unter den Scheffel. Selbstbewusst verteidigen sie ihre „französischen Freiheiten" wie den *Code Civil.* Die Veteranen pflegen offen die Erinnerung an die bewegten Zeiten, in denen sie in französischen Stiefeln von Sieg zu Sieg eilten. Auf dem Kölner Melatenfriedhof entsteht noch 1853 ein Denkmal für die Toten der Großen Armee, „errichtet von ihren heimgekehrten Cameraden". An die zwanzig Denkmäler dieser Art finden sich im Rheinland. Nach eigenen Liederbüchern besingen die alten Männer Napoleon, der auch ihr Empereur gewesen ist: „Das Lied, es sei dem Feldherrn gebracht,/Dem wir einst zu der Fahne geschworen,/Den im Kampfe mit halb Europens Macht/Der Sieg sich zum Liebling erkoren."[224] In der Regel halten sich die Veteranenvereine, bis der letzte *grognard* unter der Erde ist.

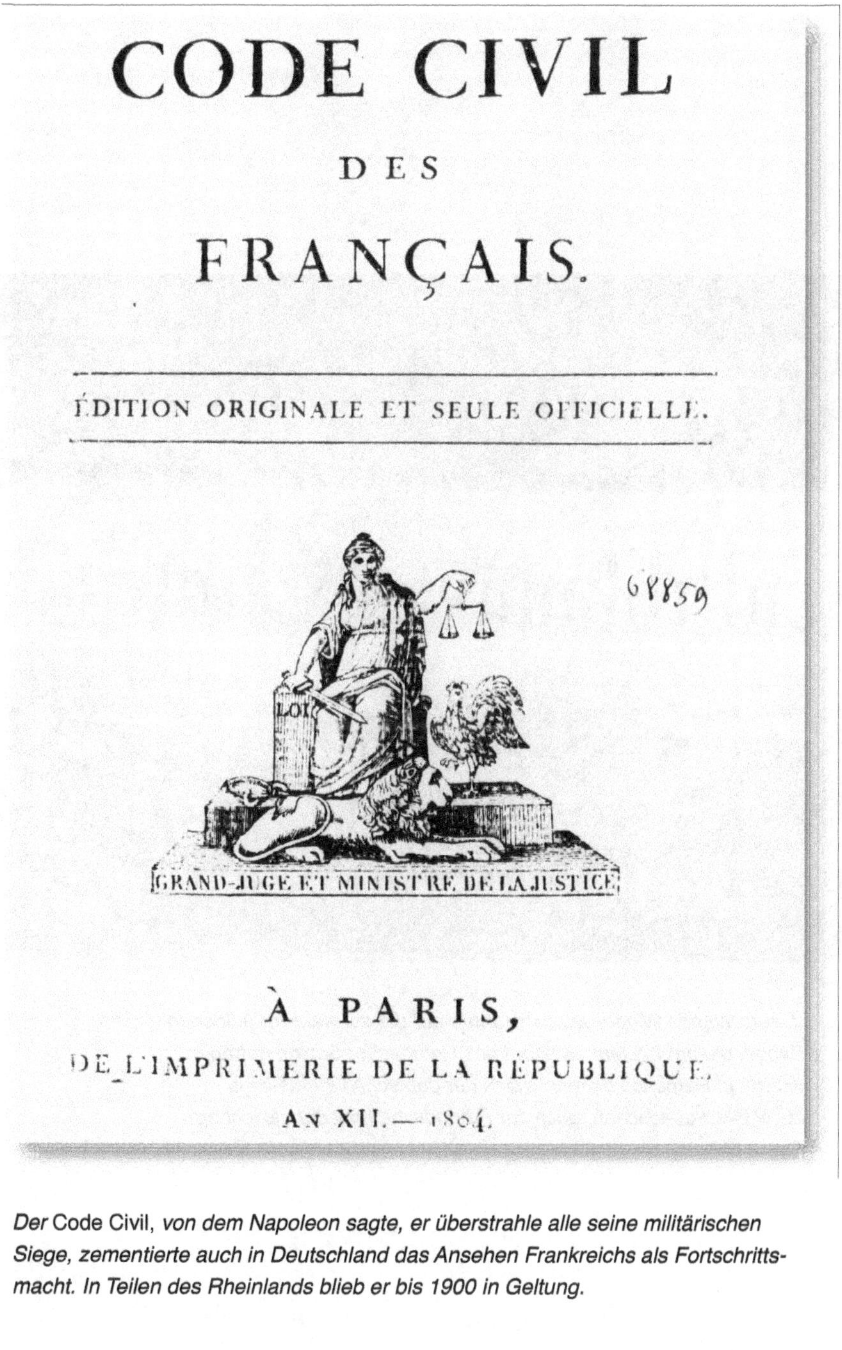

CODE CIVIL

DES

FRANÇAIS.

ÉDITION ORIGINALE ET SEULE OFFICIELLE.

À PARIS,

DE L'IMPRIMERIE DE LA RÉPUBLIQUE.

AN XII. — 1804.

Der Code Civil, *von dem Napoleon sagte, er überstrahle alle seine militärischen Siege, zementierte auch in Deutschland das Ansehen Frankreichs als Fortschrittsmacht. In Teilen des Rheinlands blieb er bis 1900 in Geltung.*

„Deutschlands Wiedergeburt" prangte auf der schwarz-rot-goldenen Fahne, die am 27. Mai 1832 auf das Hambacher Schloß getragen wurde. In Hambach bekannte sich der deutsche Liberalismus zur Völkerfreundschaft, auch zur Freundschaft mit dem Nachbarn Frankreich.

22 „Hinauf, Patrioten, zum Schloß!"

Was, wenn das Fest nicht in der Provinz stattgefunden hätte, sondern in der deutschen Hauptstadt? Wäre eine Revolution daraus geworden wie in Paris 1830? Die Überlegung ist hypothetisch. Deutschland besitzt keine Hauptstadt, es kennt keinen Zentralort, in dem die politischen und geistigen Kräfte der Nation zusammenfließen. Deshalb rollt die Manifestation auf einem Hügel in der Pfalz ab, wo es keine Pflastersteine gibt, die man für die Errichtung von Barrikaden braucht, und vor einem Schloss, in dem schon lange kein Fürst mehr wohnt, den man vertreiben könnte.

Man schreibt den 27. März 1832. Im beschaulichen pfälzischen Weinort Neustadt läuten die Glocken, Böller krachen, Freudenfeuer brennen. Von überall her sind Gäste mit dem Zug angereist. Sie kaufen Büchlein mit Freiheitsliedern und heften sich schwarz-rot-goldene Kokarden an, die geschäftstüchtige Neustädter auf dem Marktplatz feilbieten. Die Menschen, die anschließend in langen Kolonnen Richtung Haardter Berge ziehen, sind in Festtagsstimmung. Sie singen Arndts *Was ist des Deutschen Vaterland?* oder *Hinauf Patrioten! Zum Schloß, zum Schloß!* Ein richtiger Gassenhauer ist der vierstrophige Rundgesang *Fürsten zum Land hinaus, nun kommt der Völkerschmaus.* Auf mitgeführten Fahnen sind vaterländische Parolen zu lesen wie „Deutschlands Wiedergeburt", auf anderen beklagen Winzer den schlechten Absatz ihrer Produkte: „Die Weinbauren müssen trauren."[225]

Eigentlich ist das Fest verboten. Von den Ankündigungen alarmiert, hat der Regierungspräsident des bayerischen Rheinkreises, Ferdinand von Andrian-Werburg, den Ausnahmezustand verhängt mit der Begründung, die Versammlung bezwecke die „Auflösung der bestehenden Ordnung". Dagegen haben nicht nur die Neustädter protestiert, die nicht dulden wollen, dass dem lokalen Gastgewerbe unverhoffte Einnahmen entgehen. Auch Zeitungen haben sich für die Versammlung ins Zeug gelegt, sodass der Freiherr sich endlich genötigt sah, sein Verbot halb und halb aufzuheben. Die Initiatoren können sich beglückwünschen. Durch seine Ängstlichkeit hat der Regierungspräsident ihrem Vorhaben eine Publizität verschafft, die es sonst nie erreicht haben würde.

So strömen schließlich 20 bis 30 000 Menschen vor dem Schloss zusammen, das salische Ursprünge hat und 1689 im Pfälzischen Erbfolgekrieg zerstört wurde. Abordnungen aus allen Teilen Deutschlands sind vertreten; überwiegend Männer mit bildungsbürgerlichem Hintergrund, aber auch viele Handwerker. Wer patriotisch gesinnt ist, aber nicht kommen kann, hat eine Grußadresse geschickt. Am auffälligsten ist die Anwesenheit von Gästen aus Frankreich, Polen und England. Die breite Mobilisierung unterstreicht die wachsende Bedeutung der Presse. Es sind die Redakteure Johann Georg August Wirth und Philipp Jakob Siebenpfeiffer, die im Vorfeld des Festes Regie führen. Eine wichtige Rolle spielen auch die Mitglieder der örtlichen Lesegesellschaft und der „Preßverein", eine liberale Plattform, die von der Zensur verfolgte Journalisten und ihre Familien unterstützt.

Das Hambacher Fest ist ein Nachhall der französischen Juli-Ereignisse, durch die der reaktionäre Karl X. vom Thron gefegt wurde. Die *trois glorieux* haben nachhaltig unterstrichen, dass der Sieg des Legitimismus von 1815 nicht das letzte Wort der Geschichte gewesen ist. In Belgien und in Polen brechen Unruhen aus, in Deutschland kommt es zu regional begrenzten Erdstößen. Dem Kurfürsten von Kurhessen wird eine Verfassung abgetrotzt, in Braunschweig muss der besonders unzeitgemäße Herzog seinem Bruder Platz machen. Die Ambivalenz des Systems Metternich tritt offen zutage. Es sichert den Frieden zwischen den Staaten durch kluge Konferenzdiplomatie, verschärft aber den Krieg der Ideen durch strenge Friedhofsruhe.

In der nach dem Wiener Kongress bayerisch gewordenen linksrheinischen Pfalz herrscht ein Klima, das für freiheitliche Ideen besonders empfänglich ist. Bayern gehört zu den wenigen Verfassungsstaaten in Deutschland. Zwar sind die Zuständigkeiten des Parlaments eng begrenzt; doch immerhin kann sich das liberale Bürgertum in den Kammerdebatten Gehör verschaffen. Die Pfalz genießt als Neuerwerbung einen Sonderstatus. Klugerweise hat die Zentralregierung in München fortschrittliche Hinterlassenschaften der Franzosenzeit wie die Geschworenengerichte nicht angetastet. Als König Ludwig I. dann nach dem Schreckmoment der Pariser Juli-Revolution auf Repressionskurs geht, kommt das in der Pfalz, deren Bevölkerung ausgerechnet zu diesem Zeitpunkt von einer Serie von Missernten gebeutelt ist, äußerst schlecht an.

Wie das Wartburgfest von 1817 steht das Hambacher Fest in der Tradition des berühmten Föderationsfestes von 1790, das zur Feier des ersten Jahrestags der Revolution auf dem Pariser Marsfeld ausgerichtet wurde. Vom Geist des Wartburgfestes ist es jedoch meilenweit entfernt. Wohl ging es auch in Eisenach um Freiheit. Frei sollten die Deutschen leben können in einem geeinten Deutschland. Aber der Blick der Burschenschaftler war nach innen gerichtet und verfiel schon beim Gedanken an die katholischen Landsleute in ein zweifelndes Flackern. Überhaupt nicht infrage kam für die Burschen ein grenzüberschreitender Händedruck. Sie sangen *Ein feste Burg ist unser Gott*. Ein Cantus wie *Alle Menschen werden Brüder* wäre ihnen nicht im Traum eingefallen.

„Deutschlands Wiedergeburt" ist in Hambach ein Leitmotiv. Flaggen in schwarz-rot-gold dominieren bei der Prozession hinauf zur Burg und künden von der Überzeugung der Demonstranten, dass dem Partikularismus die letzte Stunde geschlagen hat. Eine vereinzelte bayerische Fahne wird hastig eingerollt. In den mehr als dreißig Reden, die im Vorhof der bemoosten Salierfeste geschwungen werden, sind Hermann der Cherusker, die altgermanischen Tugenden nebst anderen Versatzstücken der patriotischen Rhetorik allgegenwärtig. Aber dieser Patriotismus hat nichts Ausschließendes. Davon zeugt allein die Tatsache, dass auf der Ruine neben der deutschen die polnische Flagge mit dem weißen Adler auf rotem Grund flattert.

Polen ist in Hambach nicht zufällig Thema. Seit den Karlsbader Beschlüssen hat es der politische Liberalismus in Deutschland schwer, sich zu formieren. Die Hinwendung zu ausländischen Freiheitsbewegungen ist daher zum Teil eine Ersatzhandlung. In den Zwanzigerjahren begeistern sich die Liberalen zuerst für den Freiheitskampf der Griechen. Danach rückt Polen in den Blickpunkt. Der Wiener Kongress hat die Dreiteilung Polens in einen russischen, einen österreichischen und einen preußischen Teil wiederhergestellt, das Streben der Polen nach nationaler Unabhängigkeit aber nicht ersticken können. Die Juli-Revolution in Frankreich ist das Signal zum Aufstand, der sich an erster Stelle gegen Russland richtet. Nach anfänglichen Erfolgen müssen sich die polnischen Armeen der Überlegenheit beugen. Tausende polnische Soldaten fliehen auf dem Landweg nach Frankreich, das den Unterlegenen Asyl angeboten hat. Eine Welle des Mitgefühls rollt über Deutschland. In den Städten und Dörfern, die die Flüchtlinge berühren, werden sie wie Helden gefeiert. Für die Kranken und Verwundeten werden Spenden gesammelt. Polen-Vereine schießen aus dem Boden, auch in Neustadt gibt es einen. Die Vereine organisieren die Hilfe für die Migranten und dienen gleichzeitig den Liberalen als Stützpunkte der Agitation.

Vor der Ruine ergreifen mehrere Polen das Wort. Als auf dem Festplatz das Lied *Noch ist Polen nicht verloren* erschallt, ist die Rührung allgemein. Neben den Polen gilt das Angebot der Völkerfreundschaft auch den Franzosen, die in Hambach durch eine vom Straßburger Lucien Rey angeführte Abordnung der *Société des amis du peuple* vertreten sind. Bei den deutschen Liberalen existieren zwei gegensätzliche Frankreichbilder nebeneinander. Für den konservativen Flügel ist Frankreich der Erbfeind, der der „deutschen Wiedergeburt" im Wege steht. Hass-Parolen Arndts und Jahns sind hier salonfähig. Hingegen schauen die Linksliberalen bewundernd auf das Nachbarland, das es geschafft hat, wie Phoenix aus der Asche der historischen Niederlage von 1814/15 emporzusteigen und wieder zur Großmacht zu werden. Und haben die *trois glorieux* nicht bewiesen, dass Frankreich noch immer der Born der Bürgerfreiheit ist?

Der Binnenkonflikt im deutschen Liberalismus, der um die Frage „Freiheit vor Einheit“ oder „Einheit vor Freiheit“ kreist, verdirbt in Hambach um ein Haar die Feststimmung. Wirth wirft der Regierung in Paris ein falsches Spiel vor. Sie unterstütze die Freiheitsbewegung in Deutschland nur deshalb, um so besser ihren Appetit auf das Rheinland stillen zu können. Als der französische Abgesandte und mehrere andere Redner Wirth entgegentreten, muss dieser sich entschuldigen.

Die Obrigkeit schert sich nicht um die Dissonanzen im liberalen Lager. Für Metternich steht fest: In der Pfalz hat die Revolution ihr Haupt erhoben. Im Zusammenspiel mit dem bayerischen König Ludwig I. holt er zum Gegenschlag aus. Wirth und Siebenpfeiffer werden wegen „Aufreizung zum Umsturz der Regierung“ angeklagt, zur allgemeinen Überraschung aber von einem Geschworenengericht freigesprochen. Es ist ein Pyrrhussieg. Wenig später verurteilt ein Polizeigericht die beiden, die Anklage lautet jetzt Beamtenbeleidigung, zu jeweils zwei Jahren Haft. Wirth sitzt die Gefängnisstrafe ab, Siebenpfeiffer flieht in die Schweiz. Am Sturm auf die Frankfurter Hauptwache ein Jahr nach dem Hambacher Fest sind die beiden unbeteiligt. Studenten wollen am Sitz des Deutschen Bundestags ein Fanal setzen. Sie haben ihren Putschversuch schlecht vorbereitet und liefern Metternich den willkommenen Vorwand, die Knebelung von Presse und Universitäten zu verschärfen. Die Friedhofsruhe, die sich jetzt endgültig über Deutschland senkt, wird erst 1848 enden.

Im Jahr 1840 bereiste Victor Hugo den Rhein, den europäischen Fluss. Er schrieb: „Die gesamte europäische Geschichte in ihren zwei großen Aspekten betrachtet, liegt in diesem Fluss der Krieger und der Denker, in dieser phantastischen Woge, die Frankreich zur Tat anregt, in diesem tiefgründigen Rauschen, das Deutschland träumen lässt". Die Zeichnung Hugos zeigt das Rheinufer bei Andernach.

23 Victor Hugo am Schicksalsfluss

Der Reiseplan geht Victor Hugo schon eine Weile im Kopf herum. Der 38-Jährige durchlebt gerade eine schwierige Schaffensperiode. 1830 hat er mit *Hernani* für einen veritablen Skandal gesorgt. Bei der Uraufführung im berühmten *Théâtre Français* hätten sich seine Anhänger mit denen des klassischen Dramas beinahe eine Saalschlacht geliefert. Kurz darauf konnte er mit *Notre Dame de Paris* (deutsch: *Der Glöckner von Notre Dame*) seinen Ruf als Häuptling der romantischen Schule verteidigen. Seither sind fast zehn Jahre vergangen, und es ist ihm nicht mehr viel gelungen. Ein Erfolg muss her! Nirgendwo verweht der Ruhm so schnell wie im Literaturbetrieb. Warum nicht zu einem Stoff greifen, der im Trend der Zeit liegt? Anfang September 1840 macht sich Victor Hugo auf den Weg zum Rhein. Sein Reisetagebuch *Le Rhin* erscheint 1842, ausgestattet mit eigenen Zeichnungen, die die schriftstellerische Prosa kongenial ergänzen.

Jahrhundertelang ist der Rhein ein Fluss gewesen wie alle anderen, ein Verkehrsweg für die Schiffer, ein Verkehrshindernis für die Anrainer. In den letzten Dezennien dann hat er eine Karriere hingelegt, mit der nicht zu rechnen war. Er ist nun das Mekka für Bildungsreisende, Sehnsuchtsort für die Romantiker und ihre neue Art, auf die Welt zu schauen. Athen und Rom stehen noch immer hoch im Kurs. Aber wer sich auf die *Grand Tour* begibt, will nun zuerst den Rhein sehen. Besonders der Mittelrhein, jenes Stück zwischen Köln und Mainz, hat es den Romantikern angetan. Hier, zwischen bizarren Burgruinen und malerischen Weindörfern, spricht das von ihnen idealisierte Mittelalter in reiner Form. Jeder Ort raunt Geschichten, Legenden von kühnen oder verschlagenen Rittern, verderbten Bischöfen, versunkenen Schätzen, von Ehrgeiz und Scheitern, von Liebe und Liebesverrat. All diese Legenden atmen die Melancholie, die der rheinischen Landschaft zu eigen ist und die den Romantikern so viel bedeutet.

Von den Franzosen sind Chateaubriand, Nerval, Quinet und Montalembert unter den Ersten, die sich vom „Schicksalsfluss", wie Madame de Staël den Rhein genannt hat, gefangen nehmen lassen. Den Engländern erzählen Ann Radcliff, Wortsworth und Lord Byron vom großen Strom im Herzen des Kontinents. Turner kann sich vom Rhein gar nicht losreißen. Elfmal pilgert der „Meister des Lichts" durchs Rheintal, jedes Mal nimmt er prall gefüllte Skizzenbücher mit nach Hause.

Die Rheinländer genießen die Wertschätzung. 1815 sind sie ohne Begeisterung Preußen geworden. Der Liberale Johann Friedrich Benzenberg urteilt 1816: „Die Regierung steht in diesen Landen so lose und isoliert gerade wie eine chinesische. Die französische war viel mehr im Volke und in der Zeit befestigt."[226] Dies im Sinn, ist man in Berlin bemüht, der neuen Provinz ein freundliches Gesicht zu zeigen. Drei Söhne des Königs reisen den Rhein hinauf; vom Kronprinzen wird man später sagen, er habe den Entschluss, eines Tages den gotischen Dom Kölns zu vollenden, während dieser Reise gefasst. Die Rheinländer verbuchen die allerhöchste Sympathiewerbung mit Genugtuung, doch ohne Überschwang. Noch lieber als die Preußen sehen sie die Engländer, die Geld ins Land bringen. Das Rheingold der Nibelungen mag versunken sein. Das neue Rheingold ist der Tourismus. 1832 startet der Verleger Karl Baedeker mit der *Rheinreise von Mainz bis Köln* ein neues Buchsegment, den Reiseführer. Zu diesem Zeitpunkt hat die Dampfschifffahrt auf dem Mittelrhein bereits den Regelbetrieb aufgenommen. In den Vierzigerjahren befördert die Rheinschifffahrt eine Million Passagiere pro anno.

Hugos Rheinreise dauert zwei Monate, in denen der Dichter ein Mammutprogramm absolviert. Erste Station ist Aachen; es folgen Köln, St. Goar, Bingen, Bacharach und Mainz. Dann biegt er ab nach Heidelberg. Die Reise endet in Schaffhausen. In Köln („ich habe Köln wie ein Barbar durchstreift") verweilt er 48 Stunden. In der Abenddämmerung taucht der riesige Domkran vor ihm auf, der die Unvollendetheit der Kathedrale und zugleich den Verfall von Kölns einstiger Größe dokumentiert. Dem Dichter erscheint die Geschichte des Torsos wie eine *Ilias*, die „noch ihrer Homere harrt". Einmal zu Ende geführt, werde der Dom alles in den Schatten stellen. Selbst das Straßburger Münster werde daneben nichts mehr sein. Hugo spricht nicht deutsch, aber er kann deutsche Bücher lesen. In der Tasche hat er Schreibers *Handbuch für Reisende am Rhein*. Es enthält neben einer Menge statistischen Materials eine Sammlung von Volkssagen, die ihm erzählerisch von Nutzen sind.

Hugo ist ein aktiver Tourist, der beschwerliche Pfade nicht scheut. In Köln klettert er auf den Dom-Turm. Bei St. Goar gerät er beim Aufstieg zur Ruine von Burg Maus außer Atem. An der Loreley erprobt er das versprochene siebenfache Echo, doch antwortet ihm die blonde Schöne nur fünfmal. Der Mäuseturm versetzt ihn ins Träumen. Als Kind hing ein Bild über seinem Bett, das wohl das deutsche Kindermädchen dort hingehängt hatte. Als er die junge Frau einmal nach dem Namen des Turms fragte, antwortete sie, dies sei der Mäuseturm und bekreuzigte sich dabei. Dann erzählte sie ihm die gräuliche Geschichte vom bösen Erzbischof Hatto. Jetzt sieht der Dichter von der Anhöhe herab auf den Turm, der die kindliche Fantasie so lange beschäftigt hat: „Genauso erschreckend hatte ich ihn mir immer vorgestellt. Alles war vorhanden: Die Nacht, die Wolken, die Berge, das bewegte Schilfrohr, das Flußgeräusch, das voll von geheimem Schrecken war, als ob man das Pfeifen im Wasser verborgener Hydren hörte, der traurige, schwache Windhauch, die Schatten, die Verlassenheit, die Einsamkeit, bis zu dem Rauch des Schmelzofens über dem Turm, bis hin zu Hattos Seele!"[227]

Verzaubert von der romantischen Landschaft und versunken in die Sagenwelt entgeht dem Dichter vollkommen, dass die gegenwärtige Welt gerade gefährlich in den Fugen ächzt. Krieg liegt in der Luft, und es geht um den Rhein! 1840 entflammt die Rheinkrise, mutwillig herbeigeführt von der Regierung in Paris, die eine diplomatische Demütigung im Nahen Osten dadurch zu überspielen sucht, dass sie die Wiedergewinnung der Rheingrenze zum nationalen Ziel erklärt. So sonderbar es ist, auf seiner Reise hat Hugo keine Ahnung von alledem, er bekommt auch nichts mit von den aufgebrachten deutschen Reaktionen. Als er Ende Oktober nach Paris zurückkehrt, ist die Krise vorbei; nicht verebbt sind die politischen Leidenschaften.

Wem gehört der Rhein? Das Rheinland ist gepflastert mit Stolpersteinen, die an die wechselvolle Vergangenheit erinnern. Einer ist der von Hugo so bestaunte Dom zu Köln; französische Revolutionstruppen verwandelten ihn 1794 in ihrem kirchenfeindlichen Furor in einen Pferdestall. Ein anderer Stolperstein ist Heidelberg. Erschüttert steht der Dichter vor der Schlossruine. „Sie können sich nicht vorstellen", notiert er in seinem in Briefform abgefassten Reisetagebuch, „mit welcher Wut die Franzosen besonders dieses Schloß zwischen 1689 und 1693 verwüstet haben." In Weißenthurm bei Koblenz verweilt Hugo in stiller Andacht am Grabmal Hoches. Auf der Höhe des Orts hatte Hoche mit seiner Sambre- und Maas-Armee den Rhein überschritten. Er war das Idol seiner Soldaten, der jugendliche Held der Revolution, der wie Johannes der Täufer dem Stern eines noch Größeren voranging, Bonaparte. Hoche ist früh gestorben. Die Offiziere der Armee haben das Geld für den Bau des Grabmals aufgebracht. Gibt es ein Vermächtnis Hoches? „Es schien mir", schreibt der Wanderer Victor Hugo, „als hörte ich eine Stimme aus diesem Steinhaufen steigen, die sagte: Frankreich muß sich den Rhein zurückholen."

Der romantische Zauber des Rheins ist Ansichtssache. Im Schicksalsfluss schlummern tausend Gefahren. Loreleys Gesang betört die Schiffer und zieht sie in die Tiefe. Blinde Leidenschaft kann Germanen und Gallier, die Nachbarn am Rhein, in den Abgrund reißen. Hugo bringt seinen französischen Lesern beruhigende Kunde. In einer engen Gasse von Köln habe ihn ein Greis, berichtet er, freudig auf Französisch begrüßt. „Oh, die Franzosen, mutig sind sie. Das Bajonett für alle Preußen! Wie in Jena!" Hugos Kommentar: „Ich gestehe, daß die Rede mir gefallen hat. Frankreich ist groß in der Erinnerung und der Hoffnung dieser edlen Nationen. Das gesamte Rheinufer dort liebt uns – fast hätte ich gesagt, es erwartet uns." Ein paar Tage später, unter der Rubrik Sankt Goar, geht er, wie um ein Missverständnis auszuräumen, einen Schritt zurück: „Ja, mein Freund, der Rhein ist ein edler Fluß: aristokratisch, republikanisch, kaiserlich, würdig, sowohl Frankreich als auch Deutschland anzugehören. Die gesamte europäische Geschichte, in ihren zwei großen Aspekten betrachtet, liegt in diesem Fluß der Krieger und der Denker, in dieser phantastischen Woge, die Frankreich zur Tat anregt, in diesem tiefgründigen Rauschen, das Deutschland träumen läßt."

Hugo sieht ein, dass sein Vorhaben, ein unpolitisches Buch zu schreiben, durch die Ereignisse des Jahres 1840 beschädigt ist. Eine friedvolle Idylle bleibt der Rhein nur, solange die Völker sich seinetwegen nicht an die Gurgel gehen. Im Vorwort zur 2. Auflage reflektiert er den Konflikt. Dieser habe zweierlei gelehrt, schreibt er. Erstens sei der Rhein „französischer, als die Deutschen denken". Was Frankreich betreffe, gebühre den Anhängern der Friedenspartei genauso viel Respekt wie denen der Kriegspartei. „Die ersteren opferten den Rhein dem Frieden, die anderen den Frieden dem Rhein." Frankreich solle seinen Anspruch aufrechterhalten, ohne die nationalen Gefühle der Deutschen zu verletzen. Ist das schon europäisch gedacht? Franzosen und Deutsche, die er prototypisch als Krieger und Denker kennzeichnet, sind nach Hugos Ansicht gerade durch ihre Unterschiedlichkeit für das Gemeinsame geschaffen. Sie ergänzen sich, und deshalb können und sollen die Franzosen in Deutschland den „natürlichen Partner" erkennen. „Die Vergangenheit ist den Ruinen gegenwärtig, die Zukunft existiert nur als Samenkorn. Man muß nur sein Fenster auf den Rhein öffnen, dann sieht man die Vergangenheit. Um die Zukunft zu sehen, muß man (…) ein Fenster im eigenen Inneren öffnen." Dann legt er ein Bekenntnis ab, das vielleicht nicht allen Landsleuten gefallen wird: „Deutschland, er [er meint sich selbst, GM] will es nicht leugnen, ist eines der Länder, die er liebt, und eine der Nationen, die er bewundert. Er hat fast ein Sohnesgefühl für diese edle und heilige Heimat aller Denker. Wenn ich nicht Franzose wäre, so wollte ich Deutscher sein."[228]

Kraftstrotzend präsentierte sich Deutschland nach dem Sieg über Frankreich. Das Niederwalddenkmal (Gesamthöhe 38 Meter, Gesamtgewicht 75 Tonnen) oberhalb von Rüdesheim verbindet den Rheinmythos mit dem Stolz auf das den „Welschen" abgetrotzte neue deutsche Reich.

24 „Die Wacht am Rhein“

Ein Vierteljahrhundert hat Europa keinen Großkrieg erlebt. 1840 klopft er plötzlich an die Tür. Frankreich will die Rheingrenze zurück. Der verletzte Stolz drängt auf eine Revision des als schmachvoll empfundenen Friedens von 1815. Die Krise ist rasch vorüber, weil der König in Paris am Ende das Kriegsabenteuer scheut. Übrig bleibt eine beunruhigende Erkenntnis. Es ist leicht, Völker gegeneinander aufzubringen! Ein Funke genügt, und der Flächenbrand ist da! Weder in Frankreich noch in Deutschland wird die Krise um den Rhein so schnell vergessen. Sie ist eine Flammenschrift an der Wand, darin die Ziffern 1870/71.

Was die Zeitgenossen unmöglich auf Anhieb erkennen können, ist im Rückblick eindeutig: Die Rheinkrise ist ein klassisches Ablenkungsmanöver. Metternichs System der Konfliktvorbeugung hat dem Kontinent eine Friedensperiode beschert, aber das bedeutet nicht, dass sich die Interessengegensätze zwischen den Großmächten verflüchtigt hätten. Sie verlagern sich auf andere Räume, z. B. auf das östliche Mittelmeer. Dort ist das Osmanische Reich ein taumelnder Riese. Dass es eine Zeit gegeben hat, in der das Abendland vor dem „Erbfeind der Christenheit“ erzitterte, ist kaum zu glauben. Zuletzt musste die Pforte die Autonomie Griechenlands hinnehmen; seither wird das muslimische Reich als Beutetier angesehen. Der hungrigste Wolf im Rudel ist der ägyptische Vizekönig Mehmet Ali. Eigentlich ein Beamter des Sultans in Istanbul, hat er sich Syrien einverleibt und dringt nach Anatolien vor. Nun kommt Frankreich ins Spiel. Paris unterstützt Mehmet Ali, während England, das den wachsenden Einfluss Frankreichs in der Region beargwöhnt, gegen den Pascha Front bezieht. England gelingt es, im Juli 1840 ein Bündnis mit Russland, Österreich und Preußen zu schließen, ein Warnschuss an die Adresse Frankreichs, das zum ersten Mal seit 1815 wieder isoliert dasteht. Unter Druck versucht die Regierung Thiers, die Nation hinter sich zu scharen, indem sie die Aufmerksamkeit vom Mittelmeer auf die Mitte Europas lenkt. Paris wird befestigt und die Bevölkerung auf die Rückgewinnung von Frankreichs „natürlichen Grenzen" eingestimmt.

Die Juli-Monarchie – das durch die Revolution von 1830 an die Macht gekommene Regime Louis Philippes von Orléans – ist weniger stabil, als es den Anschein hat. Der „Bürgerkönig" stützt sich innenpolitisch auf das juste milieu, das reiche Bürgertum. Das Oppositionslager ist weitläufig, aber zersplittert. Linksdemokratische Kräfte machen Front gegen die Plutokratie. Die Anhänger des gestürzten Bourbonen betrachten den Orleanisten Louis Philippe als Thronräuber. Damit nicht genug, erstarken die Bonapartisten. Der tote Napoleon ist ein tätiger Geist. Durch Nostalgie von allen Sünden gereinigt, quält er seine Nachfolger, indem er ihnen den Spiegel ihrer Mittelmäßigkeit vorhält. Nicht alles war gut unter Napoleon, sagen die Unzufriedenen, aber es war eine heroische Zeit. „Frankreich langweilt sich", seufzt der Dichter Lamartine. Als die Regierung im Mittelmeer von England diplomatisch ausmanövriert wird, ist es für das Regime des Bürgerkönigs fünf vor zwölf. Einen Ausweg finden der König und sein Minister in der Idee, die Fantasie des Volkes anzustacheln, und zwar dort, wo sie am leichtesten entflammbar ist: Sie versprechen, die sterblichen Überreste Napoleons von Sankt Helena heimzuholen. Außerdem soll der Rhein wieder französisch werden.

Die Rheinkrise reißt das mittlerweile friedensverwöhnte Europa empfindlich aus der Sorglosigkeit heraus, richtet aber keinen unmittelbaren Schaden an. Das Militär bleibt in den Kasernen. Louis Philippe lenkt ein und wechselt den Regierungschef aus. Auf Thiers folgt Guizot. Verdorben ist allerdings die romantische Stimmung. In Deutschland schlägt eine Woge der Empörung hoch. Womöglich war das Land in der Mitte niemals so eins wie in der Ablehnung dessen, was man als unerhörte französische Anmaßung empfindet. Und wieder – wie im Befreiungskrieg – sind es die Dichter, die das Kriegsbeil ausgraben.

Die Angriffe der aus allen Rohren schießenden Pariser Presse werden mit einer Flut deutsch-patriotischer Gedichte beantwortet. Aus der Vers-Kanonade ragt August Heinrich Hoffmann von Fallerslebens *Deutschlandlied* hervor, das sich an Arndts Vaterlands-Verständnis („So weit die deutsche Zunge klingt") hält und deshalb den Rhein zugunsten von Maas und Memel, Etsch und Belt überspringt. Ein Riesenerfolg wird Max Schneckenburgers *Die Wacht am Rhein:*

Es braust ein Ruf wie Donnerhall,
wie Schwertgeklirr und Wogenprall:
Zum Rhein, zum Rhein, zum deutschen Rhein!
Wer will des Stromes Hüter sein?
Lieb Vaterland, magst ruhig sein:
Fest steht und treu die Wacht am Rhein!

Die Sprache, die der gelernte Hütteningenieur Schneckenburger verwendet, ist wuchtig, die Bilder sind eingängig, sodass *Die Wacht am Rhein* bald von jeder Liedertafel landauf landab gesungen wird und die Stellung einer inoffiziellen Nationalhymne einnimmt, die sie bis 1918 behält.[229]

Fast noch populärer wird ein Gedicht Nicolaus Beckers: *Der deutsche Rhein.* Es wird an die hundertmal vertont. Die Anfangszeilen bauen sich vor den Franzosen auf wie die Cherusker vor Varus' Legionen:

Sie sollen ihn nicht haben,
Den freien deutschen Rhein.
Ob sie wie gier'ge Raben,
sich heiser danach schrein.

Das Echo kommt postwendend über den Fluss zurück. Alfred de Musset verhöhnt Beckers Gelöbnis als Prahlerei:

Wir haben ihn gehabt, den deutschen Rhein.
In unserm Glas sahn wir ihn funkeln.

Mit eures Schlagers Prahlerein
Wollt ihr die stolze Spur verdunkeln,
Die unsrer Rosse Huf grub euch ins Blut hinein?

Nur allmählich verebbt das Kriegsgeschrei. Die Dichter-Soldaten rüsten ab. Einen versöhnlichen Schlusspunkt setzt Alphonse de Lamartine. In seiner an Nicolaus Becker gerichteten *Friedensmarseillaise* von 1841 stellt er der Selbstsucht der Nationen die grenzüberschreitende Bruderliebe entgegen (Übersetzung von Ferdinand Freiligrath):

O rolle stolz und frei, zieh deines Weges gelassen,
du Nil des Okzidents, Nationenbecher Rhein,
und schwemme mit dir fort den Ehrgeiz und das Hassen
der Völker, die geschart sich deiner Woge freun!
…
Und warum Hassen uns? Warum ein Band gezogen,
das Gott ein Greuel ist, weil es die Stämme trennt?
O hebt den Blick empor! Schaut auf zum Himmelsbogen,
Nationen! (stolzes Wort für eine schlechte Sache!)
ist euch die Liebe nur im eignen Hause Pflicht?
Zerreißt die Fahnen doch! Was soll am Strom die Wache!
Wer hat ein Vaterland? Die Selbstsucht nur, die Rache!
Die Bruderliebe wahrlich nicht!

Weil weder ein Krieg noch eine Revolution ausbricht, gehört das Jahr 1840 nicht zu den Eckdaten, die man im Schulunterricht lernt. Es ist weniger ein Ereignis- als ein Ankündigungsjahr. In der Rheinkrise erbringt der Nationalismus, dieser noch relativ neue geistige Unterstrom, den Debütbeweis seiner urwüchsigen und potenziell zerstörerischen Kraft. Zugleich wird offenbar, dass sich Wesentliches an der Beschaffenheit der Politik verändert hat. Im Ancien Regime war es so, dass Entscheidungen in der Arkansphäre der Kabinettsberatung zustande kamen. Inzwischen ist die öffentliche Meinung ein eigenständiger Faktor.

Wer einen Krieg erwägt, muss nicht mehr nur das Militär mobilisieren, mobilisiert werden muss auch die Stimmung im Land. Die Emotion tritt in die Sphäre des Politischen ein – als Beipack des Nationalismus. Kabinette hassen nicht. Völker lassen sich dagegen leicht in Rage versetzen. Das verlängert die Bremsspur von Konflikten. Die Rheinkrise hat starke Gefühle geweckt. Sie lassen sich nicht mit einem Federstrich demobilisieren wie eine Armee, die man zurück in die Kasernen schickt.

Durch die Rheinkrise habe die deutsche Frankophilie der Zwanziger- und Dreißigerjahre „einen tödlichen Stoß erhalten", urteilt der Historiker Heinz-Otto Sieburg.[230] Tatsächlich wird Frankreich erstmals seit dem Ende der Napoleon-Zeit wieder als aggressive Macht wahrgenommen. Radikale Nationalisten wie Arndt oder Jahn bekommen Oberwasser. Zugleich erfährt das Einheitsstreben einen Schub. Wenn die Franzosen ihn nicht haben sollen, „den freien deutschen Rhein", wie es in Beckers Lied heißt, erfordert das den Einheitsstaat. Nur eine starke Macht muss Feinde nicht fürchten.

Auch in Frankreich setzt ein Umdenken ein. Deutschland erscheint in einem neuen Licht. Lange hatte man der Weichzeichnung Germaine de Staëls vertraut. Noch in den Dreißigerjahren erklärte der Historiker Jules Michelet seinen Studenten, Deutschland bestehe „nur aus Naivität, Poesie unbd Metaphysik".[231] Vergeblich bemühte sich Michelets Kollege Edgar Quinet, gegen die Idylle von *De l'Allemagne* anzuschreiben und den Franzosen zu vermitteln, dass die „Teutomanie" Deutschland verändert habe. Fast verzweifelt fragte Quinet: „Wie lange wird es dauern, bis Frankreich aufhört, Deutschland als das Land der inneren Beschaulichkeit und der Begeisterung zu sehen!"[232] Der Zeitpunkt ist 1840 gekommen. In der Rheinkrise machen die Franzosen die Entdeckung, dass die Deutschen durchaus zu nationaler Leidenschaft fähig sind.

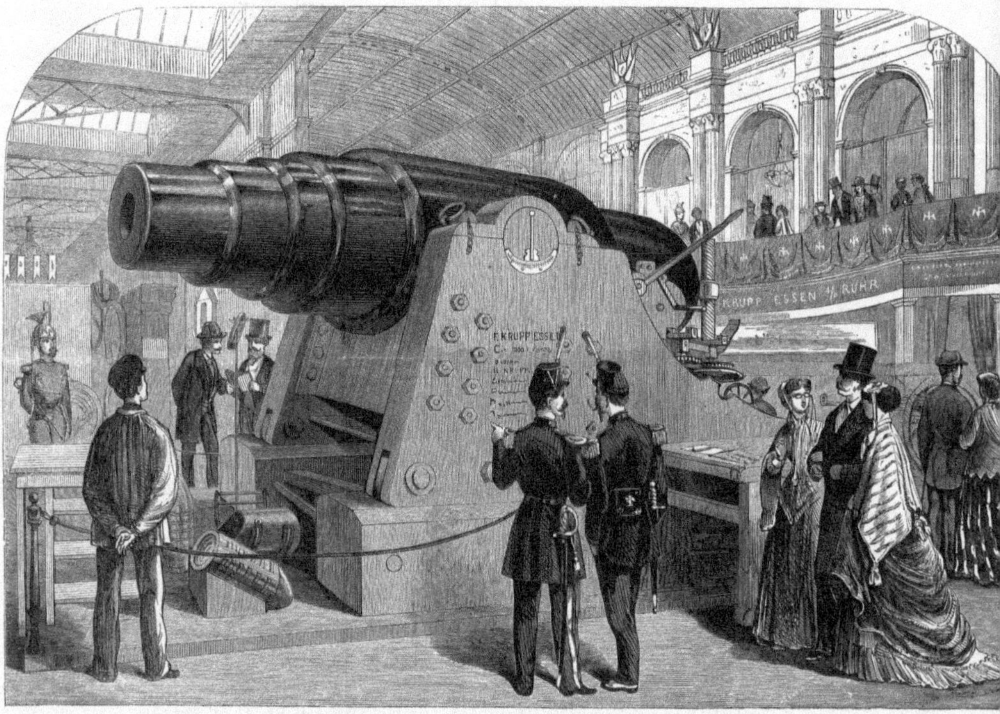

KRUPP'S GREAT GUN, PRESENTED TO THE KING OF PRUSSIA BY THE MANUFACTURER, M. KRUPP, OF ESSEN.—SEE PAGE 239.

Krupps Riesenkanonen gehörten 1867 auf der Weltausstellung in Paris zu den am meisten bestaunten Ausstellungsstücken. Der Industrielle bot die furchterregende Waffe auch Frankreich zum Kauf an, doch Napoleon III. lehnte ab. Drei Jahre später schossen Krupps Kanonen Deutschland zum Sieg über Frankreich.

25 Frankreich entdeckt den Erbfeind

1867 stellt sich das Zweite Empire noch einmal in aller Pracht und Herrlichkeit zur Schau. Neun Millionen Schaulustige besuchen die Weltausstellung auf dem Pariser Marsfeld. Unter den zahlreichen prominenten Gästen befindet sich auch König Wilhelm von Preußen. Das erste Mal hatte er Paris als 17-Jähriger gesehen. Im Rausch des Triumphs über Napoleon I. war er 1814 an der Seite seines Vaters durch die Porte Saint-Denis in die Stadt eingezogen. Inzwischen ist Napoleons Neffe Kaiser der Franzosen. Bei einer Visite in Versailles macht Wilhelm ihm ein artiges Kompliment: „Wie viele schöne Sachen ihr gemacht habt, seit ich hier war." Höflich gibt der Kaiser zurück: „Die Umstände, die Eure Majestät heute hierher führen, sind viel glücklichere für die beiden Völker."

Auf der Expo zählt neben dem gerade erfundenen hydraulischen Fahrstuhl eine Riesenkanone der Firma Krupp zu den am meisten bewunderten Ausstellungsstücken. Sie wiegt fünfzig Tonnen und kann tausend Pfund schwere Kugeln abfeuern. Émile Zola schildert den Eindruck, den das Stahl-Ungetüm auf die technikbegeisterten Franzosen macht: „Unablässig dröhnten Freudenschüsse am Invalidendom, während die gaffende Menge in der Ausstellung die von Deutschland ausgestellten düsteren Riesengeschütze Krupps umdrängte, welche hier einen volkstümlichen Erfolg errangen." Übrigens bietet Krupp seine Errungenschaft auch Napoleon III. zum Kauf an, allerdings ohne Erfolg. Drei Jahre nach der Expo schießen Krupps Kanonen Deutschland zum Sieg über Frankreich.

Der Krieg von 1870/71 wird in seiner Bedeutung vom längeren, umfassenderen und verlustreicheren Ersten Weltkrieg überlagert. Für das deutsch-französische Verhältnis markiert er jedoch den Wendepunkt. Die Deutschen überwinden mit dem Sieg ihren alten Inferioritätskomplex. An seine Stelle tritt ein Chauvinismus der Überheblichkeit. Dem französischen Selbstbewusstsein versetzt die Niederlage einen schweren Schlag. Der Blick Frankreichs auf Deutschland ändert sich radikal. Aus Dichtern und Denkern werden die *boches*, Quadratköpfe, die verächtlich sind und zugleich furchterregend. Erst mit dem Donnerschlag von 1870/71 entdeckt Frankreich die Erbfeindschaft. Sie war bis dahin eine einseitig deutsche Angelegenheit. Nun wird sie, wenn man so will, gleichschenklig.

Der Krieg dauert siebeneinhalb Monate, ist aber militärisch praktisch nach sechs Wochen entschieden. Er gliedert sich in zwei Phasen. Die erste beginnt mit der französischen Kriegserklärung am 19. Juli 1870 und endet mit dem deutschen Sieg von Sedan am 2. September. In der zweiten Phase führt Deutschland nicht mehr Krieg gegen das Kaiserreich, sondern gegen die Republik Frankreich. Die Kampfhandlungen konzentrieren sich auf Paris. Am 26. Februar 1871 schließen die Kontrahenten den Vorfrieden von Versailles. Deutschland beklagt rund 45 000 Tote und ebenso viele Verwundete. Die französischen Verluste liegen mit 280 000 Toten und Verwundeten deutlich höher. Das Ergebnis des Krieges stellt die Machtverhältnisse in Europa auf den Kopf. Deutschland in der neuen Form des Reiches hat Frankreich den Rang als Führungsmacht auf dem Kontinent abgelaufen. Frankreich ist ein zerrissenes Land. Nach dem Ende des Empire streiten Monarchisten unterschiedlicher Couleur und Republikaner um die Nachfolge. Verarbeitet werden muss zudem der Horror des innerfranzösischen Bruderkriegs, der dem eigentlichen Krieg auf dem Fuß gefolgt ist. Die Deutschen haben als Zuschauer mit angesehen, wie der sozialistisch-kommunistische Aufstand in Paris (die Commune) im Mai von französischen Regierungstruppen blutig niedergeschlagen wurde.

Die Initiative im Kriegsgeschehen liegt vom ersten Augenblick an bei den Deutschen, deren Aufmarsch schneller vonstattengeht. Die Franzosen müssen ihr Ziel, über den Rhein zu setzen und den Gegner in seinem

Land zu attackieren, schon nach wenigen Tagen abschreiben. Bei Weißenburg im Elsass, unmittelbar hinter der Grenze, ereilt sie die erste Niederlage, kurz darauf verlieren sie bei Wörth erneut. Die Deutschen erzielen ihre Siege nach einem Rezept, mit dem schon Napoleon I. erfolgreich gewesen war. Es gelingt ihnen, am richtigen Ort und im entscheidenden Moment eine Zwei-zu-eins-Überlegenheit herzustellen. Nach Wörth sind die Vogesenpässe frei und die beiden gegnerischen Hauptarmeen durch einen Keil getrennt. Der Grundstein für das Finale ist damit gelegt. Die Armee des Marschalls Bazaine wird in Metz eingeschlossen und kapituliert Ende Oktober. Die eigentliche Katastrophe hat Frankreich schon vorher ereilt. In der Kesselschlacht von Sedan wird am 2. September die zweite französische Hauptarmee unter Marschall Mac Mahon nach einem zermürbenden Artilleriebeschuss vernichtend geschlagen. Bei der Armee befindet sich auch Napoleon III. Am Abend um 18 Uhr schickt der kranke und deprimierte Kaiser König Wilhelm eine persönliche Botschaft: „Mein Herr Bruder, nachdem es mir nicht vergönnt war, inmitten meiner Truppen zu sterben, bleibt mir nur übrig, meinen Degen in die Hände Eurer Majestät zu legen." Der preußische König geht auf das ritterliche Ritual ein. Er lässt den Gefangenen nach Kassel überführen und stellt ihm Schloss Wilhelmshöhe für die Dauer des Arrests zur Verfügung. Bittere Ironie: Schloss Wilhelmshöhe hieß einmal Schloss Napoleonshöhe und diente Jérôme Bonaparte, dem König des Modellstaates Westphalen, als Residenz. Das war vor sechzig Jahren, auf dem Höhepunkt des ersten Empire. Nun gehört auch das zweite Empire der Vergangenheit an. In Paris wird die Republik ausgerufen. Napoleon III. erhält nach kurzem Aufenthalt in Kassel in England Asyl und stirbt dort 1873.

Paris ist seit dem 19. September eingekesselt. Die von Widersachern des gestürzten bonapartistischen Regimes gebildete „Vorläufige Regierung der nationalen Verteidigung" hat den Vormarsch der feindlichen Truppen auf die Hauptstadt nicht stoppen können. Innenminister Gambetta flieht mit einem Fesselballon und versucht, den Widerstand in der Provinz zu organisieren, mit dem Ziel, die hungernde und unter Artilleriebeschuss stehende Hauptstadt zu entlasten. Das misslingt trotz einiger Teilerfolge. Nach mehr als vier Monaten Belagerung kapituliert Paris am 28. Januar.

Schlechtes Ende, schlechte Nachrede: Die Geschichte ist mit Napoleon III. ungnädig verfahren. Die Niederlage, die unglücklichen persönlichen Umstände während der Kampagne – der blasenkranke Kaiser kann sich kaum auf dem Pferd halten –, dazu der Ruf, unter der Fuchtel seiner ehrgeizigen Gattin zu stehen: All das trägt dazu bei, dass der Neffe des ersten Napoleon das Etikett *Napoléon le petit* (Victor Hugo) nie mehr loswird. Dabei war er, wie die meisten Sprosse der Bonaparte-Familie, hochbegabt. Kunstsinnig und dem Fortschritt aufgeschlossen, geht die moderne Metropole Paris (das „Haussmann-Paris") mit ihren breiten Boulevards, den typischen Mehrfamilienreihenhäusern, den Markthallen, den Bahnhöfen und einem unterirdischen Abwassersystem (600 Kilometer lang) auf seine Initiative zurück. Außenpolitisch befriedigte er lange Zeit das Ruhmbedürfnis der Nation. Nach den Erfolgen im Krimkrieg und im Italienischen Einigungskrieg, Letzterer wurde mit dem Erwerb von Savoyen und Nizza belohnt, war Frankreich wieder die erste Macht auf dem Kontinent.

Dann aber verlässt den Kaiser die Fortune. Wendepunkt ist das Jahr 1866. Preußens Sieg über Österreich fällt glatter aus, als es der Regierung in Paris lieb ist. Man kartet nach, hätte gern Luxemburg als Ausgleich, aber Ausgleich wofür? Frankreich hat am Krieg der beiden deutschen Hauptmächte nicht teilgenommen. Die Forderung nach Kompensation fällt dementsprechend international durch. Es kommt noch schlimmer: Bismarck stampft den Norddeutschen Bund aus dem Boden und verbreitert die preußische Machtbasis erheblich. Damit nicht genug, schließt die neue Föderation Schutz- und Trutzbündnisse mit den süddeutschen Staaten. Ernüchtert muss man in Paris feststellen, dass das Dritte Deutschland, das Napoleon I. stark gemacht hatte, um es als langen Arm Frankreichs in Deutschland zu nutzen, in Richtung Preußen-Deutschland abdriftet. Die Entwicklung ist sicherheitspolitisch alarmierend, zudem trifft sie Frankreich an einem verletzlichen Punkt des Selbstverständnisses. Die Revolution von 1789 hatte die Nation zur Quelle der Souveränität erhoben. In der Folge stellte sich Frankreich gern als Schutzmacht aller nach Unabhängigkeit strebenden Völker dar. Noch 1859 rechtfertigt Napoleon III. die Parteinahme im Italienischen Einigungskrieg mit dem Argument, Piemont-Sardinien wolle die Halbinsel vom Joch der habsburgischen Fremdherrschaft befreien und verdiene deshalb Unterstützung. Jetzt steckt das Mutterland der Nation in einem Dilemma. Einerseits müsste man die Bildung eines deutschen Nationalstaats begrüßen. Andererseits fragt man sich, ob man es mit der Grundsatztreue nicht übertreibt, wenn man der Entstehung einer rivalisierenden Macht tatenlos zuschaut.

Die Unschlüssigkeit Frankreichs wird schon im Begrifflichen deutlich. Die Zeitungen sprechen nicht von einem Krieg gegen Deutschland, sondern von *la guerre franco-prussienne.* Die Blätter schießen auf Bismarck, verspotten die preußischen Pickelhauben, preußische „Barbaren" sind schuld an allen Gräueltaten. Die verkrümmte Zielansprache entspricht der offiziellen Lesart. Frankreich hat dem König von Preußen den Krieg erklärt. In Paris tut man so, als gäbe es den Norddeutschen Bund nicht, der weit mehr ist als Preußen. Genauso wird mit Stillschweigen übergangen, dass die süddeutschen Staaten den *casus foederis* anerkannt haben und nun gleichfalls Kriegsgegner sind. Dabei stellen die Süddeutschen beträchtliche zwanzig Prozent des feindlichen Truppenaufkommens und schlagen sich – wie man bei Weißenburg und Wörth erleben muss – mit Bravour. Man kann es drehen und wenden, wie man will. Der Krieg ist ein Krieg gegen Deutschland, der erste in der Nachbarschaftsgeschichte.

Unvermeidlich ist dieser Krieg nicht. In Frankreich gibt es durchaus Stimmen, die dem von offizieller Seite genährten Optimismus („*à Berlin, à Berlin!*") widersprechen. Prominentester Warner ist der frühere Ministerpräsident Thiers, den wir von der Rheinkrise von 1840 kennen. Auch auf deutscher Seite ist die Kriegsbegeisterung keineswegs einhellig. Preußen hat 1866 Hannover, Schleswig, Holstein, Kurhessen, Nassau und Frankfurt einkassiert und dadurch im Handstreich seine Bevölkerung von 19 auf 23 Millionen hochgeschraubt. Die Hannoveraner und die übrigen Betroffenen haben Bismarcks rücksichtsloses Vorgehen nicht vergessen. Beträchtlich sind die Vorbehalte unter den Katholiken, für die es keine leichte Sache ist, gegen die katholischen Franzosen das Schwert zu ziehen. Dass die Aversion gegen Preußen im Süddeutschen mehr als Folklore ist, illustriert ein Bericht aus Bayern aus den ersten Kriegswochen: „Unsere Bauern hier haben die Ernte grün geschnitten, um sie heim zu bringen, ehe der Feind sie zerstampft. Unter Feind verstehen sie aber nicht die Franzosen, sondern die Preußen. Lieber hundert Jahre französisch als ein Jahr preußisch, sagen die Bauern hier, und wenn man widerspricht, riskiert man totgeschlagen zu werden. Die Pfaffen wagen zwar nicht, von der Kanzel für die Franzosen zu predigen, aber im Wirtshaus tun sie's umso lauter."[233]

Bismarck hat den Waffengang gegen Frankreich nicht als unbedingtes Muss geplant. Von der nationalen Welle lässt er sich nicht treiben, er versucht, sie zu kontrollieren. Er weiß, dass erzkonservative Preußen wie die Gebrüder Gerlach in der deutsch-patriotischen Aufwallung die Revolution am Werk sehen, also den Teufel. Noch mitten in der Kampagne von 1866 weist Bismarck Vorstellungen von einem deutschen Einheitsstaat als „nationalen Schwindel" zurück.[234] Erst als die Zündschnur kürzer wird, ist er bereit, Kräfte, derer er nicht Herr werden kann, zu instrumentalisieren. Er glaube, schreibt er Ende 1867 dem Grafen Goltz, der den Norddeutschen Bund in Paris als Gesandter vertritt, dass ein Konflikt mit Frankreich „durch die Anregung des Nationalgefühls die rasche Konsolidierung unserer Verhältnisse in Deutschland" erleichtern werde.[235] Mit anderen Worten: Der Konflikt mit Frankreich und die Einheitseuphorie sind für Bismarck Mittel, die helfen können, Deutschland, wie er sagt, „in den Sattel" zu setzen.

Der Krieg ist nicht von Anfang an ein Nationalkrieg. Am Drücker sind zunächst Politiker und Diplomaten, die aus einer Zufallskonstellation den größten Vorteil herausschlagen wollen und dabei den militärischen Konflikt als eine Möglichkeit in ihre Rechnungen einstellen. Die spanische Thronkandidatur eines Hohenzollernprinzen (Nebenlinie) ist an sich wenig geeignet, die Völker in Wallung zu bringen. Erst im Verlauf des Konflikts wachsen die nationalen Leidenschaften. Auf deutscher Seite schweißen die frühen Erfolge im Elsass zusammen. Den Sieg im Blick, gerät das Trennende (immerhin haben die Süddeutschen 1866 mit Österreich gegen Preußen gefochten) in den Hintergrund und wechselt den Platz mit einem unbekannten, euphorisierenden Gefühl. Gemeinsam ist man stark, stark genug, es den überheblichen Franzosen endlich einmal zu zeigen!

Bei den Franzosen hält der Nationalkrieg Einzug, als Napoleon von der Bühne abtritt. Man hatte von einem Spaziergang nach Berlin geträumt. Stattdessen rücken die Preußen auf Paris vor. Die Verbitterung richtet sich gegen die politische und gegen die militärische Führung. Die Skala der Vorwürfe reicht von Unfähigkeit bis Verrat. In seinem Bestseller *La débacle* beschreibt Émile Zola mit der Figur des Infanteristen Maurice, wie sich die Schlinge um Sedan zuzieht: „Er spürte die Konfusion und die tiefe Verunsicherung der Armee, die weder Chef hatte noch Plan und in alle Richtungen auseinandergezogen war – während die Deutschen schnurgerade auf ihr Ziel zusteuerten, mit ihrer Gradlinigkeit und der Präzision einer Maschine."[236] Die Provisorische Regierung schiebt die Schuld dem gestürzten Regime in die Schuhe. Versagt hat das Kaiserreich, hat die Monarchie. Die Republik, das richtige Frankreich, wird es besser machen. Die Regierung erklärt den „Kampf bis zum Äußersten" (*la lutte à l'outrance*). In der Wiederaufnahme von Carnots *levée en masse* werden Volksheere auf die Beine gestellt. Allein, für den „Geist von 1793" ist es zu spät.

In der zweiten Kriegsphase kommt in Frankreich das Bild des hässlichen Deutschen auf. Vom Volk der Dichter und Denker ist nicht mehr die Rede. Madame de Staëls *De l'Allemagne* oder wohlwollende Beschreibungen, die die literarischen Touristen vom Rhein mitbrachten, wirken wie Flaschenpost aus einer vergangenen Zeit. Victor Hugo, der vor dreißig Jahren Deutschland zu seinem zweiten Vaterland erhoben hatte, drückt den Belagerern von Paris das Kainsmal von *brutes* („Rohlingen") auf. Die Schriftstellerin George Sand urteilt, das „gemeine Unteroffiziersideal" des preußischen Militärstaates habe über das Deutschland

Goethes und Beethovens triumphiert. „Welch tiefer Fall! Welche Schande!“[237] Zeitungen kolportieren Berichte deutscher Gräueltaten und empfehlen im gleichen Atemzug barbarische Gegenmaßnahmen: „Wir müssen alles töten, wir müssen morden, würgen, aus den Fenstern und Kellerlöchern schießen … Auch die Weiber müssen Krieg führen; ihre Scheren müssen zu Mordwerkzeugen dienen.“ Ein Minister fordert Partisanen auf, „gefangene deutsche Soldaten aufzuhängen und sie vorher zu verstümmeln“.[238] Ähnlich dem russischen Winter, der 1812 die prächtige Große Armee dahinraffte, wird die preußische Invasion zur Naturkatastrophe erklärt, der ein zivilisiertes Land wie Frankreich habe unterliegen müssen. Tacitus hatte Recht, Barbaren sind sie, die Germanen, sie sind es noch immer, nur dass sie nicht mehr in Schafsfelle gehüllt sind, sondern Ulanen-Uniform tragen. In der Flut der um Erklärungen ringenden Nachkriegsliteratur wird die preußische Armee mit einem Ameisen-Schwarm verglichen (Zola). Die Soldaten haben alle einen Bart, sie sind groß, blond und dick. Die Offiziere sind, obschon gebildet, eiskalt. Sie schreien ihre Befehle in einer einschüchternden, gutturalen Sprache heraus.

Die eigenen Leute kommen in der Literatur nicht gut weg. Die Soldaten tun ihre Pflicht. Leider werden sie durch unfähige Generäle um den Lohn ihrer Tapferkeit gebracht. In den Erzählungen sind oft Außenseiter die wahren Helden. In Zolas *L'attaque du moulin* ist es ein Belgier, der seine Braut mit Löwenmut verteidigt. In Maupassants Meisternovelle *Boule de Suif* hält „Fettklößchen“, eine mollige Prostituierte, die Fahne der patriotischen Moral gegen ihre heuchlerischen bürgerlichen Reisegefährten hoch. Diese drängen sie, mit einem preußischen Offizier zu schlafen, damit er die Reisegesellschaft nicht länger festhält. Ja, gibt sie zu, für Geld nimmt sie jeden Freier, das ist ihr Geschäft. Aber einen Preußen? Da hört der Erwerbstrieb auf. „Fettklößchen“ redet sich in Rage. „Als ich sie gesehen habe, diese Preußen, war das stärker als ich. Mein Blut fing an zu kochen vor Zorn und ich habe vor Scham den ganzen Tag geweint. Wenn ich ein Mann gewesen wäre! Ich habe sie von meinem Fenster aus beobachtet, diese fetten Schweine mit ihren Pickelhauben. Wenn mich mein Dienstmädchen nicht festgehalten hätte, hätte ich ihnen meine Möbel ins Kreuz geschmissen."[239]

Auch die Deutschen pflegen Feindbilder. Ihre „Barbaren" sind die Zuaven und Turcos, algerische Schützeneinheiten, die auf französischer Seite kämpfen und die wegen ihres fremden Äußeren von der Propaganda aufgespießt werden, um zu zeigen, mit welchen Unholden es die deutschen Soldaten zu tun haben. Ein ernsthaftes Problem stellen die etwa 50 000 *franc-tireurs* dar. Die Freischärler tragen keine Uniformen und bedrohen durch Sabotageakte vor allem den deutschen Nachschub. Ein Ukas des preußisch-deutschen Generalstabschefs von Moltke spricht den *franc-tireurs* den Kombattanten-Status ab und ordnet bei Ergreifen eines Partisanen die standrechtliche Erschießung an. Das hochkomplexe Thema wird der deutschen Kriegführung später in den Weltkriegen wie ein Fluch anhaften. Symbolkraft gewinnt der kleine Ort Bazeilles, ein paar Kilometer südöstlich von Sedan. Dort greifen bayerische Einheiten am frühen Morgen des 1. September an. Zu ihrer Überraschung werden sie in einen blutigen Häuserkampf verwickelt, an dem wohl auch Zivilpersonen beteiligt sind. Die Erbitterung der Angreifer ist so groß, dass die Bayern schließlich das ganze Dorf in Schutt und Asche legen. Unter den zahlreichen Opfern befinden sich auch Zivilisten. Die französischen Zeitungen greifen den Fall breit auf. Bazeilles wird zum Hauptbeweisstück der Anklage gegen das „preußische Barbarentum".

Am 16. Juni 1871 findet in Berlin die Siegesparade statt. Es ist die dritte nach 1864 und 1866 und die mit Abstand prächtigste. Zehntausende Soldaten marschieren über die *Via Triumphalis*, die am Tempelhofer Feld beginnt. Vorneweg reitet Wilhelm I., der sich jetzt Deutscher Kaiser nennt. Die ganze Stadt ist auf den Beinen, dazu Hunderttausende, die in die neue Hauptstadt des Reichs gekommen sind. Jubelnde Menschen bilden Spalier, bevölkern die Tribünen oder stehen auf den Dächern. Das Brandenburger Tor ist mit Eichenlaub und Lorbeerkränzen geschmückt. Nahe am Tor haben sich Turnvereine aufgebaut. Man singt die *Wacht am Rhein* und *Heil Dir im Siegerkranz*. Auf dem Potsdamer Platz hat man einen „Kanonenberg" aus Beutewaffen errichtet. Vor dem

Stadtschloss thront eine zwölf Meter hohe „Germania", eingerahmt von zwei kleiner geratenen Figuren. Sie symbolisieren Elsass und Lothringen, die „wiedergewonnenen Töchter". Die Nähe zu Kleists hasstriefender Ode *Germania an ihre Kinder* („schäumt, ein uferloses Meer/über diese Franken her") ist gewollt. Der Zug passiert auch das Rauch'sche Reiterdenkmal Friedrichs des Großen Unter den Linden. Theodor Fontane, der einen Teil des Feldzugs als Kriegsberichterstatter mitgemacht hat, fasst die Szene in ein nachdenkliches Gedicht:

> Bei dem Fritzen-Denkmal stehen sie wieder,
> Sie blicken hinauf, der Alte blickt nieder;
> Er neigt sich leise über den Bug:
> „Bon soir, Messieurs, nun ist es genug."

Das Einigungswerk ist vollbracht. Die Zustimmung ist groß, auch wenn, vor allem in Süddeutschland, der Verlust der Souveränität noch schmerzt. Wie alle Sieger legen auch die von 1870/71 Wert darauf, ihrem Kampf einen höheren geschichtlichen Sinn beizumischen. Überall im Land werden Siegesdenkmäler errichtet. Am 2. September wird mit dem „Sedanstag" das Gedenken an die Entscheidungsschlacht gefeiert. 1875 wird im Teutoburgerwald das Hermannsdenkmal eingeweiht. Kleists teutomanische Vision eines zweiten Sieges über den romanischen Erbfeind ist in Eisen und Kupfer gehauen. Die Figur misst kolossale 26 Meter. Der Reichstag hat 10 000 Mark bewilligt, noch einmal dieselbe Summe kommt aus Kaiser Wilhelms Privatschatulle. Hermanns Schwertarm (7 Meter, 550 Kilo) hat Krupp spendiert. Er weist nach Westen, eine Mahnung an die Adresse des „Erbfeinds". Auf einer Inschrift ist zu lesen: „Nur weil deutsches Volk verwelscht und durch Uneinigkeit machtlos geworden, konnte Napoleon Bonaparte Deutschland unterjochen."

Symbolpolitik hat Konjunktur. Die Kaiserproklamation findet bezeichnenderweise am 18. Januar 1871 statt, am Geburtstag der preußischen Monarchie. Am 18. Januar 1701 hatte sich der damalige Hohenzollernchef, Kurfürst Friedrich, eigenmächtig zum „König in Preußen" erklärt. Beziehungsvoll ist auch der Schauplatz der Proklamation. Das Schloss von Versailles steht für Ludwig XIV., viel bewundert von deutschen Fürsten wegen seiner keine Nebengötter kennenden Herrschaftsdoktrin, heiß gehasst in Deutschland, aber auch als skrupelloser Vergewaltiger der Pfalz.

Von einer weiteren historischen Klammer lassen die Sieger wohlweißlich die Finger. 1848 war der erste Versuch, ein (klein-)deutsches Kaisertum zu schaffen, kläglich gescheitert. Der damalige preußische König schickte die Abgeordneten des Paulskirchenparlaments wieder nach Hause. Er wollte keine Krone von Volkes Gnaden. Nun ist im zweiten Anlauf die Einheit gelungen, keineswegs gegen das Volk, aber ohne seine Mitwirkung. Diesmal sind es die Fürsten, die König Wilhelm die Kaiserkrone antragen, die Krone ist also nicht revolutionär kontaminiert. Oder doch? Wilhelm, das wissen wir, ist nicht wohl bei dem Gedanken, dass sein ererbtes Preußen in einem anderen aufgehen soll. Dieses Reich, dessen Oberhaupt er nun ist, hat mit dem heilig-römischen Namensvorgänger rein gar nichts zu tun. Es ist das Produkt einer Revolution, allerdings einer von oben. „Revolutionen machen in Preußen nur Könige", lautete Bismarcks trockene Antwort, als ihn Napoleon III. einmal vor Umsturztendenzen in Preußen warnte.[240] Hatte er nicht Recht? Es waren Bürgerlich-Liberale, die das Panier von Einheit und Freiheit als Erste aufpflanzten; Unangepasste, die 1815 in den Freikorps fochten und fielen; die 1817 auf der Wartburg Korporalsstock und *Code Civil* verbrannten; die weinselig 1832 den Hambacher Schlossberg hochzogen; die 1848 in Frankfurt das erste gesamtdeutsche Parlament zustande brachten – jedes Mal gingen sie letztlich vor den Fürsten in die Knie. Um jetzt mit anzusehen, wie der ersehnte Nationalstaat von denen „in den Sattel" gehoben wird, die ihn fünfzig Jahre verhindert haben. Auf Anton von Werners berühmtem Historiengemälde der Kaiserproklamation sind nur diejenigen vertreten, die zählen: der neue Kaiser, umgeben von seinen sämtlich militärisch gewandeten fürstlichen Vettern, dazu der „Schöpfer" Bismarck, auch er in Uniform. Selbst den Divisionsprediger

Rogge hat der Maler nicht vergessen. Dagegen taucht die Reichstagsdelegation, die man der Höflichkeit halber eingeladen hatte, auf der Leinwand erst gar nicht auf.

Der englische Kriegsreporter Russell ist am 18. Januar Augenzeuge. Er sieht den deutschen Kaiser, wie dieser im Spiegelsaal steht unter den Deckenfresken mit Schlachtenszenen aus der Herrschaftszeit Ludwigs XIV., und sinniert: „Wie viel Humor auf Seiten Fortunas …“[241] Die Franzosen haben für diese Art von Humor keinen Sinn. Sie sehen in der Zeremonie eine gewollte Demütigung – was so nicht stimmt. Bismarck wählt Versailles aus pragmatischen Erwägungen für die Proklamation. Hier befindet sich schon seit Oktober das deutsche militärische Hauptquartier. Von hier aus sind es nur ein paar Kilometer zur umzingelten Hauptstadt. In Versailles führt er die Einigungsverhandlungen mit den süddeutschen Fürsten und empfängt die Abgesandten der Republik zu präliminaren Friedensgesprächen. Übrigens wohnt Bismarck nicht im Schloss, sondern in der Villa eines verstorbenen Textilindustriellen, Hausnummer 12 Rue de Provence. König Wilhelm ist in einem Flügel der Departementspräfektur untergebracht. Das Schloss selbst wird für praktische Zwecke genutzt. Der Spiegelsaal ist Lazarett; er muss für den Festakt eilig freigeräumt werden. Mit einem Wort: Versailles ist für den Augenblick tatsächlich die politische und militärische Zentrale Deutschlands. Und trotzdem: Wenn die Entscheidung, an diesem Ort die Kaiserproklamation aufzuführen, auch keine absichtsvolle Demütigung ist, so ist sie zweifelsfrei ein Akt der Überheblichkeit. Die Gefühle der Besiegten sind den Siegern gleichgültig.

Das „Nun ist genug“, welches Fontane in seiner Beschreibung der Siegesparade dem Alten Fritzen in den Mund legt, nimmt Bismarck nach dem Krieg in seiner Weise auf. Er wird nicht müde zu betonen, das Reich sei „saturiert“. Subjektiv ist sein Friedensmantra mehr als eine Beruhigungspille, in Frankreich kommt es aber wie Hohn an. Schuld ist die Annexion Elsass-Lothringens. Mit französischen Augen betrachtet, besitzen Bismarck und Deutschland die Glaubwürdigkeit von Räubern, die Besserung geloben, nachdem sie ihre Beute eingestrichen haben.

Dass das deutsche Kaiserreich ausgerechnet in Versailles ausgerufen wurde, betrachteten viele Franzosen als Demütigung. Das Gemälde Anton von Werners zeigt die Kaiserproklamation im Spiegelsaal von Versailles und lässt Einblicke in den Charakter des neues Reiches zu: Uniformierte Fürsten überall; dagegen ist von der Reichstagsdelegation, die auch an der Zeremonie teilnahm, nichts zu sehen.

Freilich, beim Auswiegen der Schuld wird unterschlagen, dass auch Frankreich auf Beute aus war, auf den Rhein. Im Sommer 1870, als man sich in Paris noch der Hoffnung auf einen raschen Sieg hingab, stapelten sich im Innenministerium 150 Bewerbungen um den Posten eines zukünftigen Präfekten von Mainz.[242]

Elsass-Lothringen: Weshalb belastet Bismarck das junge und noch ungefestigte Reich mit einer derartigen Hypothek? Schon die Forderung ist riskant. Sie verlängert die Kampfhandlungen, weil die Unterhändler der Republik sich natürlich querstellen. Damit droht die Intervention Dritter, eine Gefahr, der sich Bismarck durchaus bewusst ist. In der Sache selbst hat er sich früh und aus freien Stücken festgelegt. Anders als 1866 im Konflikt mit Österreich zieht er diesmal einen Verständigungsfrieden gar nicht erst in Erwägung. Dafür gibt es mehrere Gründe. Zum einen weiß Bismarck, dass die „Heimholung" des Elsass und Lothringens in Deutschland populär ist, speziell bei den Nationalliberalen, die im Augenblick seine wichtigsten innenpolitischen Bundesgenossen sind. Im Reichstag bleiben die beiden Sozialisten August Bebel und Wilhelm Liebknecht mit ihrem Nein zur Annexion unter sich.

Wichtiger noch als die Rücksicht auf die nationale Stimmungslage ist für Bismarck, dass er an einen Ausgleich mit Frankreich nicht glaubt. Frankreich werde die Niederlage auf die Dauer nicht hinnehmen, meint er. Deshalb sei es geraten, mit Blick auf einen neuen Krieg die strategische Ausgangsstellung zu verbessern, d.h. Frankreich Straßburg und Metz zu nehmen. „Nicht um Elsaß und Lothringen wieder an Deutschland zu bringen, sondern nur um den Franzosen einen neuen Angriffskrieg zu erschweren, müssen wir die beiden Festungen besitzen."[243] Damit stellt sich Bismarck unausgesprochen auf die Seite derer, die die deutsch-französische Erbfeindschaft für ein Fatum halten. Wo der Konflikt unvermeidlich ist, ist die Vorsorge für den Ernstfall gerechtfertigt, ja ein Imperativ. Man kann die Sache freilich auch so sehen: Die Annexion Elsass-Lothringens, aus welchen Motiven heraus sie auch erfolgt, macht die Erbfeindschaft zur Selffulfilling Prophecy.

Deutschland mag saturiert sein, Frankreich ist es nicht. Die verletzte

Nation rückt zusammen. Symbole des Widerstands werden aus dem Fundus der Geschichte geklaubt, wobei man nicht wählerisch ist. Nach 1870 erblüht der Jeanne-d'Arc-Kult. Den Katholiken gilt die *Pucelle* als Märtyrerin, die Liberalen verehren sie als Freiheitskämpferin und Opfer monarchistischer Willkür.[244] Beschworen wird auch das revolutionäre Erbe. 1879 wird die *Marseillaise* Nationalhymne, ein Jahr später der 14. Juli Nationalfeiertag. Die *Tricolore* wird zur Nationalflagge. Historienmaler entdecken Vercingetorix. Hat der heldenhafte Avernerfürst nicht vorgemacht, wie man in der Niederlage den Kopf hochhält? Ironischerweise sind die Vercingetorix-Statuen in ihrer Bildsprache den deutschen Herrmanns-Denkmälern zum Verwechseln ähnlich.[245]

Durch die Fehlstelle Elsass-Lothringen hat Frankreich eine Irredenta. Am 1. März 1871 hält Victor Hugo seine letzte Parlamentsrede. Es ist der Tag, an dem die Nationalversammlung dem deutschen Diktatfrieden zustimmt. „Von morgen an", ruft der Schriftsteller-König, „wird Frankreich nur einen Gedanken haben; seine Kräfte zu sammeln, seine Kinder einen heiligen Zorn zu lehren; Kanonen zu gießen und Bürger zu formen – bis Volk und Armee eins sind."[246] Gambetta, der bei der Abstimmung in der Nationalversammlung mit Nein gestimmt hat, erhebt die Rückgewinnung der beiden Ostprovinzen zur nationalen Hauptaufgabe: *Pensez-y toujours, n'en parlez jamais!* („Nie davon sprechen, immer daran denken!").

Immer wieder geriet das Elsass zwischen die Mühlsteine der zerstrittenen Nachbarn. Die Annexion 1871 durch das Deutsche Reich war Treibstoff für das französische Streben nach Revanche. Am 22. November 1918 defilierten französische Armeeeinheiten vor der Straßburger Kathedrale. Nach dem Sieg über Deutschland gehörte das Elsass wieder zu Frankreich.

26 Zwischen Mühlsteinen: Das Elsass

Im Oktober 1914 verfasst René Schickele das Drama *Hans im Schnakenloch*. Es beschreibt den Riss, der durch eine elsässische Familie geht, weil der eine Teil der Familie für Deutschland kämpft und zittert, der andere für Frankreich. Ein solches Stück kann im chauvinistischen Schwarz-Weiß des Krieges nicht bestehen. In Deutschland erlebt es eine Reihe von Aufführungen, bis es, weil nicht patriotisch genug, von der Obersten Heeresleitung verboten wird. In Frankreich denunziert die Kritik den Vier-Akter als angebliche Auftragsarbeit im Dienst der deutschen Propaganda. Schickele beschreibt die unbequeme Mittellage der Elsässer ohne Selbstmitleid. Man muss nach vorn blicken. Eines Tages wird die Erbfeindschaft überwunden werden - und zwar vom Elsass aus. Daran glaubt er fest. In Badenweiler, wo Schickele sich nach dem Ersten Weltkrieg niederlässt, erinnert an den heute kaum noch gelesenen Autor ein Gedenkstein, darauf die Worte: „Sein Herz trug die Liebe und Weisheit zweier Völker."

Schickele wird 1883 in Oberehnheim (Obernai) an der elsässischen Weinstraße geboren. Der Vater ist deutschstämmig, die Mutter Französin. Zuhause wird französisch gesprochen, deutsch lernt der Junge erst in der Schule. Er ist ein Feuerkopf. Politisch links, literarisch den Expressionisten nahestehend, verdient er sich sein Leben als Journalist, Übersetzer, Essayist und Romanautor. Der Dreiteiler *Nachbarn am Rhein* ist Schickeles wichtigster Roman. Als das Elsass 1919 an Frankreich fällt und er nun Franzose ist, stört ihn das nicht weiter. Allerdings nimmt er es der neuen *patrie* übel, dass sie sich über die Prinzipien des amerikanischen Präsidenten Wilson hinwegsetzt und eine Volksabstimmung im Elsass unter dem Vorwand zurückweist, die Elsässer seien auch 1871 nicht gefragt worden. Er publiziert weiter auf Deutsch.

„Ich bin ein deutscher Dichter, gallisch-germanischen Geblüts … Gestern deutscher, heute französischer Staatsbürger: ich pfeife darauf … Ich glaube, daß ein elsässiches Elsaß, nämlich eins, das aus deutschem und französischem Wesen gemischt ist, und unmißverständlich und unbestritten französischer Boden ist, tatsächlich zur Erhaltung des Friedens nicht wenig beitragen kann", schreibt er 1920.[247]

Dialektisch münzt Schickele das Los der Elsässer, Amboss zweier verfeindeter Völker zu sein, in eine Mission um. Weil es für die linken Anrainer des „Schicksalsflusses" (Madame de Staël) geistig kein Entweder-oder geben könne, sondern nur ein Sowohl-als-auch, sei das Elsass über alle anderen Provinzen erhoben. „Die Blüte zweier Traditionen, für die unser Land und Boden die verheißungsvollste Bindung in einer unverbrauchten Kraftfülle birgt … Bruderherzen, eines Tages werden auch wir eine Nation sein, diesseits – jenseits des Rheins, im Norden, im Süden, eine Nation, die ein Wille auf den zerstreuten Pfaden des einen Weges vielartig lenkt, und das Elsaß wird der symbolische Garten unserer Temperamente sein. Wie Goethe, Wagner, Nitzsche, Rodin uns gehören. Viele andere noch. ‚Elsässer' wird ein Charakteristikum, ein psychologischer Begriff für die Wesensart aller geistigen Kinder werden, die gallisches und deutsches Blut nährt."[248]

Früh erahnt Schickele das Heraufziehen des Nationalsozialismus. 1932 siedelt er um nach Sanary-sur-Mer, den nahe Toulon gelegenen Zufluchtsort so vieler deutscher Intellektueller. Seine Bücher werden in Deutschland verboten. Er stirbt im Januar 1940. Den „Blitzkrieg" des einen Vaterlandes gegen das andere erlebt er nicht mehr.

Das Elsass: Um sich an friedvolle Tage zu erinnern, müssen die Elsässer im Geschichtsbuch weit zurückblättern. In der frühen Neuzeit ist das Elsass eine in zahlreiche kleine Herrschaften zergliederte Landschaft wie viele. Die politischen, kulturellen und kirchlichen Bindungen an das Reich, dessen westliche Grenzregion das Elsass bildet, sind eng. Die Menschen sprechen einen deutschen Dialekt. Das Bistum Straßburg ist kirchenrechtlich dem Erzbistum Mainz unterstellt. Germanisch oder gallisch? Niemanden kümmert's. Das ändert sich erst nach 1789 und dem Kometeneinschlag der Nation. Nun werden Grenzen auf einmal zu etwas Trennendem, Schlagbäume entstehen, auch in den Köpfen. Besitzansprüche werden angemeldet, vermeintliche Erblasten liefern Munition für den Tageskampf. Bismarck rechtfertigt den Griff nach dem Elsass und nach Lothringen mit der Reunionspolitik Ludwigs XIV. „Wir stehen heute im Felde gegen den 12. oder 15. Ueberfall u(nd) Eroberungskrieg, den Frankreich seit 200 Jahren gegen Deutschland ausführt … Die Gefahr liegt aber in der unheilbaren Herrschsucht u(nd) Anmaßung, welche dem französischen Volkscharakter eigen ist."[249]

Gneisenau und Boyen, preußische Militärreformer und führende Generäle während der Befreiungskriege, fordern schon 1814 und 1815 die Annexion Elsass-Lothringens. Neben nationalen spielen strategische Überlegungen für sie eine Rolle. Straßburg ist eine starke Festung, lange Zeit galt sie als uneinnehmbar. Allerdings weisen die Verbündeten der antinapoleonischen Koalition das Annexions-Verlangen zurück, und Preußen macht nicht wirklich Druck. Man müsse das Ende bedenken, macht Außenminister Ancillon geltend. Wolle man Frankreich zwingen, das Elsass abzugeben, wäre „der Same zu neuen fortwährenden Kriegen ausgestreut".[250]

1871 ist der Wechsel der Staatsangehörigkeit für die Elsässer und einen Teil der Lothringer ein Muss. Ihre Meinung ist nicht gefragt. „Wir Deutschen … wissen besser, was den Elsässern frommt als jene Unglücklichen selber … Wir wollen ihnen wider ihren Willen ihr eigenes Selbst zurückgeben", belehrt der Historiker Heinrich von Treitschke von oben herab.[251] Tatsächlich liegen Volksabstimmungen nicht im Zug der Zeit. Es reicht, wenn die Monarchen behaupten, sie handelten im Interesse der Völker. Wer hat 1795 die Polen gefragt, ob sie Preußen werden wollen? Über die Reichsgründung 1871 entscheiden allein die Fürsten. Dabei wäre die Zustimmung der Deutschen bei einem Plebiszit nicht zweifelhaft gewesen, die der Elsässer schon. Mehrheitlich hätten sie wohl vorgezogen, Bürger der (französischen) Republik als Untertanen der (deutschen) Monarchie zu sein, glauben Historiker. Übrigens räumt Artikel 2 des Friedensvertrags den Elsässern das Recht ein, für Frankreich zu optieren. Tun sie es, müssen sie jedoch stehenden Fußes Haus und Hof verlassen, und dieses Opfer zu bringen, sind nur die wenigsten bereit. Am Ende emigrieren 128 000 Personen, meist junge Leute, 8,5 Prozent der Bevölkerung.

Rechtlich sind die annektierten Gebiete Reichsland, d. h. sie unterstehen direkt dem Kaiser. 1874 werden dem Reichsland fünfzehn Abgeordnetenmandate im Reichstag zugesprochen. Mehrfach beantragen die Abgeordneten ein Referendum über die Staatszugehörigkeit – vergeblich. Die oberste Autorität liegt bei einem Statthalter des Kaisers. In der Praxis ist die Verwaltung schwankend, mal autoritär, mal fürsorglich. In jedem Fall ist sie bevormundend. Allmählich finden sich die Neubürger mit dem Zustand ab. Man ist nicht mehr unbedingt profranzösisch. Es wächst ein Regionalbewusstsein, und die politischen Ambitionen bleiben darauf beschränkt, im Reichsverband so viel Autonomie wie möglich zu erlangen. Dem Klima zuträglich ist der Umstand, dass Berlin die Germanisierungspolitik nicht auf die Spitze treibt. In den eindeutig „welschen" Bezirken Lothringens dürfen die Volksschulkinder weiter auf Französisch unterrichtet werden. Überdies bemüht sich die kaiserliche Regierung, die Reichsland-Deutschen durch gute Werke zu gewinnen. Als kulturelles Leuchtturmprojekt gedacht ist die 1872 eröffnete Straßburger Kaiser-Wilhelm-Universität.

Der Stammbaum der Universität ist lang und ein perfektes Spiegelbild der wechselvollen Geschichte des Elsass. Am Anfang steht ein Gymnasium, gegründet 1538. Straßburg ist die Stadt des Buchdrucks, sie bekennt sich früh zum Luthertum, und weil nach Ansicht des Reformators möglichst jedermann die Bibel studieren können sollte, findet der Bildungsehrgeiz in Straßburg einen gut gedüngten Boden. 1621 erhält das Gymnasium – es ist inzwischen zur Akademie avanciert, und die Schüler dürfen sich Studenten nennen – den Status einer Volluniversität mit Promotionsrecht. Die Hochschule ist deutsch geprägt, und dabei bleibt es auch nach der Inbesitznahme Straßburgs durch den „Sonnenkönig"

1681. Ludwig XIV. behandelt das Elsass tolerant und feinfühlig, was sonst nicht seine Art ist. Die Elsässer dürfen ihre Sprache behalten und auch ihre protestantische Religion. Mit der Kontinuität ist es dann 1789 vorbei. Die Straßburger Alma Mater, die immerhin einst der junge Johann Wolfgang Goethe besucht hatte (weil sein Vater fürchtete, der Filius werde in Leipzig zu viel Bier trinken), wird in das französische Bildungssystem eingegliedert. Allerdings bleibt die Verbindung Straßburgs mit dem deutschen Kulturraum erhalten. Im Vormärz suchen und finden viele deutsche Oppositionelle, darunter Georg Büchner, in der freiheitlichen Stadt Straßburg einen Zufluchtsort.

Die Gründung der Kaiser-Wilhelm-Universität 1872 bedeutet eine abermalige Zäsur, bekommt dem Hochschulort aber nicht schlecht. Wohl gehört die Kaiser-Wilhelm-Universität zu den kleineren Bildungsschmieden im Reich, dafür profitiert sie von politisch motivierter Zugewandtheit. Im Krieg hat Straßburg seine wertvolle städtische Bibliothek verloren. Durch Privatspenden aus dem Reich können die Verluste wenigstens teilweise wettgemacht werden. Allein das Preußische Staatsarchiv Königsberg stiftet 70 000 Bände.[252]

Die Kaiser-Wilhelm-Universität erreicht, dem Lauf der Politik folgend, noch nicht einmal das Alter von fünfzig Jahren. Entstanden aus dem Sieg über Frankreich, ist ihre Zeit mit der Niederlage Deutschlands 1918 abgelaufen. Die deutschen Professoren müssen Straßburg verlassen; viele wechseln nach Frankfurt. Aus der Kaiser-Wilhelm-Universität wird die Université de Strasbourg. Zur Ruhe kommt die Stätte der Wissenschaften damit nicht. 1941 sind wieder die Deutschen am Zug. Die Universität wird neu eröffnet, diesmal unter dem Hakenkreuz und firmierend als Reichsuniversität. Ein kurzes Zwischenspiel: Am 23. November 1944 rücken französische und amerikanische Truppen in Straßburg ein und beenden die dreijährige Episode der Reichsuniversität.

Zurück zum Ausgangspunkt: Vermutlich erleben das Elsass und Lothringen in den Jahren nach 1871 so viel Aufmerksamkeit wie nie zuvor in der Geschichte. In Berlin weiß man, dass die neue Provinz ein prekärer Besitz ist und dass man etwas tun muss, um die Bevölkerung zu gewinnen. Frankreich wird keine Ruhe geben. Bismarck beurteilt den „Erbfeind" – der so richtig dazu erst durch die Abtrennung von Elsass-Lothringen geworden ist – illusionslos. Sein komplexes Bündnissystem enthält keine Option für einen Ausgleich mit Frankreich. Es ist vielmehr darauf gepolt, Frankreich zu isolieren. Aufschlussreich ist das sogenannte „Kissinger Diktat", in welchem der Reichskanzler 1877 den großen Rahmen seiner Außenpolitik skizziert. Sein Ziel sei „nicht das irgendeines Ländererwerbs, sondern das einer politischen Gesamtsituation, in welcher alle Mächte außer Frankreich unser bedürfen, und von Koalitionen gegen uns durch ihre Beziehungen zueinander nach Möglichkeit abgehalten werden".[253] Bismarcks fatalistische Frankreich-Sicht wird wohl von den meisten Deutschen geteilt. Irgendwann wird es wieder Krieg geben; Erbfeindschaft ist Erbfeindschaft. Und weil das so ist, darf man sie sogar feiern, wie das mit dem „Sedantag" jedes Jahr am 2. September auch geschieht.

In der französischen Nachbearbeitung der Niederlage fällt Elsass-Lothringen die Aufgabe zu, die Nation hinter einem großen Ziel zu versammeln. Überall im Land erhalten Straßen und Plätze die Namen „Alsace-Lorraine" oder „Strasbourg". Der Jeanne-d'Arc-Kult findet auch deshalb eine so große Verbreitung, weil Domrémy, der Geburtsort der „Jungfrau von Orleans", in Lothringen liegt. 1874 wird Emmanuel Frémiets vergoldetes Reiterstandbild Jeannes in Paris an der Rue de Rivoli nahe dem Louvre aufgestellt.

Aus Lothringen stammen auch André und Julien, Hauptfiguren des Erfolgsromans *Le tour de France par deux enfants*. André und Julien sind Waisenjungen. Ihr Vater ist einer Verletzung erlegen, die er sich in der Schlacht von Phalsbourg (Pfalzburg) zugezogen hatte. Sein letztes, auf dem Sterbebett ausgehauchtes Wort lautet „France" und ist für die Jungen ein Auftrag. Sie verlassen den von den *boches* entweihten Heimatboden und machen sich auf den Weg zu ihrem Onkel nach Marseille. Als sie die Grenze überschreiten, knien sie nieder und schwören: „Geliebtes Frankreich, wir sind Deine Söhne; Deiner wollen wir unser ganzes Leben lang würdig sein."[254] Der rührselige Roman, verfasst von Augustine

Fouillée unter dem Pseudonym G. Bruno, wird zum Schulbuch und bis 1914 nicht weniger als sieben Millionen Mal verkauft.

Als Kinder werden in der nationalen Aufarbeitung auch die *provinces perdues* stilisiert, geraubte Kinder, die Frankreich nicht im Stich lassen darf. Das Gelöbnis verliert allerdings mit der Zeit an Gewicht. Junge Leute fangen an, den Verlust als endgültig anzusehen, und fragen sich, ob es lohnt, für Elsass-Lothringen Kopf und Wohlstand zu riskieren.[255] Und überhaupt: Kann man den deutsch-kontaminierten Elsässern vertrauen? Die Angst vor Spionen nimmt bisweilen paranoide Formen an. In der Dreyfus-Affäre, dem Justizskandal, der Frankreich spaltet, dringt sie an die Oberfläche. Der Artillerie-Hauptmann Alfred Dreyfus, dem Landesverrat für den deutschen „Erbfeind“ vorgeworfen wird, ist nicht nur Jude, sondern obendrein Elsässer und als solcher für Verschwörungstheoretiker ein ideales Opfer. Dreyfus' späte Rehabilitierung bedeutet weder das Ende des Antisemitismus in Frankreich, noch löscht sie das Misstrauen gegenüber der elsässischen Bevölkerung aus.

Misstrauen schlägt den Elsässern auch von deutscher Seite entgegen. Sie gelten als unsichere Kantonisten, denen man nicht über den Weg trauen kann. Auf welche Seite werden sie sich schlagen, wenn es ernst wird? Für René Schickele ist die Existenz zwischen zwei Mühlsteinen ein Schicksal, dem die Elsässer nicht entkommen können. Auf die Kritik, die sein *Hans im Schnakenloch* erfährt, reagiert er mit der Gelassenheit eines Mannes, der weiß, dass zwei Kulturen besser sind als eine: „Was den Autor anlangt, so war von jeher alles, was er gegen Deutschland, was er gegen Frankreich vorbrachte, gegen sich selbst – niemals Feindschaft wider die eine oder die andere Nation. Kasernenhofmenschen hatten darum den Eindruck, er schiele. Nein, er blickt gerade mit den zwei ihm angeborenen Augen.“[256]

Der Friedensvertrag von Versailles war ungerecht und schlimmer noch: Er war kurzsichtig. Eines Tages erkannte man das auch in Paris – mit der paradoxen Folge, dass Hitler in den Schoß fiel, was den Demokraten versagt wurde. Im Bild die deutschen Vertreter bei der Vertragsunterzeichnung im Spiegelsaal von Versailles.

27 Kultur contra Zivilisation: Der Erste Weltkrieg

Wenn der Erbfeindschaft eine Ortsbezeichnung zukommt, dann ist es Versailles. Von Versailles nimmt seinen Ausgang, hier fließt viel zusammen, was die Beziehungen zwischen den Nachbarn über Jahrhunderte bestimmt und vergiftet. Am Anfang steht das Versailles Ludwigs XIV. Deutschen Fürsten gefällt das absolutistische Herrschaftsverständnis des Sonnenkönigs. Selbst nur Zaunkönige, wollen sie in Schlössern wie Versailles wohnen. Sie parlieren französisch und kleiden sich französisch, und wer als Bürger etwas Besseres sein will, tut es ihnen nach. Aber in jeder Mode steckt der Keim ihrer Negation. Und so erwächst aus den Fantasien vom elegant-frivolen Treiben am Versailler Hof das Klischee französischer Sittenlosigkeit, dem das Klischee deutscher Tugendhaftigkeit gegenübergestellt wird. Politisch fühlen sich die Deutschen dem ludovicischen Frankreich unterlegen, moralisch überlegen. Ludwigs Raubzüge in der Pfalz wecken den Wunsch nach Rache, der zweihundert Jahre später mit der Annexion Elsass-Lothringens seine Erfüllung findet. Dass das neue Deutsche Reich ausgerechnet in Versailles gegründet wird, empfinden die Franzosen als perfide und demütigend. Die Retourkutsche erfolgt 1919. In Versailles wird Deutschland ein Frieden diktiert, der den Keim neuer Gewalt in sich trägt.

Im Gespräch für die Friedensverhandlungen waren diverse Orte. Aber die französische Regierung besteht auf Versailles und setzt sich durch. Frankreich hat im Krieg mehr als andere gelitten und leitet daraus einen moralischen Führungsanspruch ab. Wie der Konferenzort spiegelt auch das Datum des Konferenzbeginns Frankreichs Verlangen nach historischer Wiedergutmachung. Staatspräsident Raymond Poincaré, Lothringer von Geburt, bringt das in seiner Eröffnungsansprache im Hotel Trianon-Palais klar zum Ausdruck:

„Vor 48 Jahren, genau auf den Tag, am 18. Januar 1872, wurde das Deutsche Reich von einer Invasionsarmee im Schloß von Versailles ausgerufen. Es empfing seine erste Weihe durch den Raub zweier französischer Provinzen. Es war somit befleckt schon in seinem Ursprung, und durch den Fehler seiner Gründung trug es in sich den Todeskeim. In Ungerechtigkeit geboren, hat es in Schmach geendet. Sie sind versammelt, um das Übel gutzumachen, das es angerichtet hat, und seine Wiederkehr zu verhüten."[257]

Dass die Vertreter des Reichs in Versailles nichts zu melden haben werden, ist schon bei den Waffenstillstandsverhandlungen im November deutlich geworden. Sie finden auf einer Lichtung im Wald von Compiègne statt, genauer gesagt im Salon-Eisenbahnwagen des alliierten Oberkommandierenden an der Westfront, Marschall Foch. Die Bedingungen der Verbündeten sind kategorisch. Räumung Elsass-Lothringens innerhalb von fünfzehn Tagen, Räumung des linken Rheinufers mit den Brückenköpfen Köln, Koblenz und Mainz, Auslieferung von jeder Menge Kriegsmaterial, darunter alle U-Boote, Internierung der Hochseeflotte etc. Nolens volens erklärt sich die deutsche Delegation einverstanden. Matthias Erzberger, Reichstagsabgeordneter der katholischen Zentrumspartei und Delegationsleiter, leistet am 11. November „die Unterschrift, die ihn sein Leben kosten sollte".[258]

Die deutsche militärische Führung unter Paul von Hindenburg und Erich Ludendorff spielt ein perfides Spiel. Unter dem Eindruck der gescheiterten Frühjahrsoffensive hat Ludendorff im September die Reichsregierung zur Aufnahme von Waffenstillstandsverhandlungen gedrängt. Hindenburg legt Erzberger die Annahme der Waffenstillstandsbedingungen nahe. Aber dann schleichen sich die Militärs aus der Verantwortung. Mehr noch: Sie lassen zu, dass das Desaster der Niederlage und die tonnenschwere Bürde der Friedensbedingungen den Parlamentariern angelastet werden. Erzberger wird wegen seiner Unterschrift in Com-

Im Salonwagen des Marschalls Foch, im Wald von Compiègne, setzte Matthias Erzberger im Auftrag der Reichsregierung seine Unterschrift unter die Waffenstillstandsbedingungen. Erzberger bezahlte die Unterschrift mit seinem Leben. 1921 wurde er von Angehörigen der Terrororganisation „Consul" ermordet.

piègne von der rechtsextremen Presse als führender „Novemberverbrecher" gebrandmarkt und 1921 von Angehörigen der Terrororganisation „Consul" ermordet.

In den ersten Monaten nach Eröffnung der Friedenskonferenz am 18. Januar bleiben die Sieger im Hotel Trianon-Palais unter sich. Erst im April werden Vertreter der Reichsregierung nach Versailles eingeladen – nicht, um mitzureden, sondern, wie es im Einladungsschreiben heißt, um dort den „von den alliierten und assoziierten Mächten festgesetzten Text der Friedenspräliminarien in Empfang zu nehmen".[259] Tatsächlich ist der Spielraum der deutschen Delegation gleich null und die Stimmung entsprechend. Schon die Anreise nach Versailles ist aufs Gemüt geschlagen. Sie führte durch ein Totenreich. Rechts und links der Eisenbahnstrecke zertrümmerte Dörfer, fruchtbare Felder verwandelt in Trichterlandschaften, an den Bahnhöfen Klumpen deutscher Kriegsgefangener mit hängenden Köpfen und in zerfetzten Uniformen. Vier Jahre lang hat hier der Krieg gewütet, in Frankreich, nicht in Deutschland! Kann man von Siegern, die derart geschunden sind, Milde und Weitsicht erwarten?

Die Deutschen sind im „Hôtel des Réservois" einquartiert, in einem Viertel, das von hohen Zäunen umgeben ist, sodass sich die Delegierten eingesperrt fühlen. Ein Grund der Abschottung ist, dass man die Deutschen vor dem Volkszorn schützen will, ein anderer die Sorge, sie könnten sich Informationen über die Verhandlungen im Kreis der Alliierten verschaffen, die keineswegs harmonisch verlaufen. Umgekehrt sind auch die Deutschen auf der Hut. Sie ahnen, dass sie abgehört werden, und schützen sich bei wichtigen Gesprächen durch lautes Klavierspielen. Dabei können sie besprechen, was sie wollen. Am 7. Mai werden ihnen die Friedensbedingungen ausgehändigt, und die sind ultimativ: Abtretung von Elsass-Lothringen, von Posen und Westpreußen, Unterstellung des Saarlandes unter den Völkerbund, Volksabstimmung in Oberschlesien, Besetzung des linken Rheinufers, Vereinigungsverbot mit Österreich, Verlust der Kolonien, Herabsetzung der Heeresstärke auf 100 000 Mann, Reparationen in noch nicht endgültig festgelegter Höhe usw. Am meisten schockiert Artikel 231 der Bestimmungen, der Deutschland die Alleinschuld am Krieg zuweist. In Weimar tritt die Regierung des Reichskanzlers Philipp Scheidemann zurück. „Welche Hand müßte nicht verdorren, die sich und uns in diese Fessel legt?" Der Verzweiflungsschrei des Sozialdemokraten ist vergebens. Vor dem „Hexenhammer", wie Scheidemann die Bedingungen der Alliierten nennt, gibt es kein Ausweichen. Am 22. Juni beugt sich die Nationalversammlung, die neue Reichsregierung kabelt nach Versailles, man nehme die Forderungen an, allerdings nur „der übermächtigen Gewalt weichend und ohne damit ihre Auffassung über die unerhörte Ungerechtigkeit der Friedensbedingungen aufzugeben".

Die Unterzeichnung findet am 28. Juni statt. Es ist ein Sommertag mit makellos blauem Himmel. Allerdings passt die Kleidung der fünf Männer, die um 15.15 Uhr in den Spiegelsaal des Schlosses geführt werden, eher zu einer Beerdigung: schwarzer Anzug, steifer Stehkragen. Angeführt wird der kleine Zug von einem großen, knochigen Mann, dem neuen Reichsaußenminister Hermann Müller, ihm folgen Justizminister Johannes Bell sowie drei Beamte. Die Sieger haben darauf verzichtet, den Saal auszuschmücken. Schließlich geht es um die förmliche Beendigung eines Krieges, der an die zehn Millionen Tote gefordert hat. Ministerpräsident Georges Clémenceau, der in Frankreich als Vater des Sieges gefeiert wird, hat sich eine schaurige Inszenierung einfallen lassen. Eine Reihe von *gueules cassées*, Veteranen mit schlimmen Gesichtsverletzungen, ist angetreten. Ihnen präsentiert der „Tiger", wie man Clémenceau nennt, ein Exemplar des Friedensvertrages: „Jetzt erhaltet Ihr Eure Belohnung."[260] Die Gruppe mit Hermann Müller schiebt sich an den *gueules cassées* vorbei. Ihr Blick fällt auf einen enorm großen Tisch in Hufeisenform, an dem die Vertreter der Siegermächte sitzen, platziert nach Wichtigkeit, in der Mitte Clémenceau, eingerahmt vom US-amerikanischen Präsidenten Woodrow Wilson und dem britischen Premier David Lloyd George. In der Öffnung des Hufeisens steht ein Katzentisch Louis-quinze. An diesem Tisch setzt Hermann Müller seine Unterschrift unter das Vertragsdokument. Den bereitliegenden goldenen Füllfederhalter ignoriert er, er benutzt den eigenen. Eine Ohnmachtsgeste, mehr Protest gibt die bedrückende Situation nicht her.

Der Friede von Versailles ist ungerecht und, was noch schlimmer ist, kurzsichtig. Eines Tages wird man das auch in Paris erkennen, mit der paradoxen Folge, dass Hitler in den Schoß fällt, was den Demokraten versagt wurde. In Versailles verfolgt Frankreich das Ziel, den gefährlichen Nachbarn militärisch und wirtschaftlich so zu schwächen, dass er für die nächsten Jahrzehnte als ernsthafter Gegner ausfällt. Am liebsten würde man das Reich in sechs oder mehr Teile zerlegen, wie im Umkreis des Staatspräsidenten Poincaré erwogen wird.[261] Aber das ist mit Amerikanern und Engländern nicht zu machen, und so bleibt in Frankreich das ungute Gefühl zurück, nicht genug für die eigene Sicherheit erreicht zu haben. In Deutschland behindert der „Schandfrieden" von Versailles die Stabilisierung der Republik. Für die Feinde der Demokratie stellt er ein Arsenal dar, aus dem sie sich nach Belieben bedienen können.

Der Weltkrieg ist nicht das reinigende Gewitter gewesen, das die gereizten Nerven beruhigt. Er fügt älteren Verwundungen neue hinzu und treibt die Erbfeindschaft auf den Höhepunkt. Dabei war er keineswegs unausweichlich, welcher Krieg wäre das schon. Die Generation, die auf 1870/71 folgt, wächst nicht in einer Eiszeit auf. Die Brücken über den Rhein sind noch begehbar. Handel und Wandel erreichen bald wieder das frühere Niveau. Der kulturelle Austausch kommt wieder in Gang. Selbst der diplomatische Verkehr kennt Momente der Hoffnung. Bismarck unterstützt Frankreichs Anstrengungen, den Verlust der Suprematie auf dem alten Kontinent Europa durch den Aufbau eines neuen Kolonialreiches wettzumachen. Für einen kurzen Augenblick kommt sogar in die Elsass-Lothringen-Frage Bewegung. Der französische Außenminister Théophile Delcassé schlägt ein Tauschgeschäft vor. Das Reich könne Madagaskar für Lothringen bekommen, das Elsass bei Deutschland bleiben.[262] Doch die Idee ist zu abenteuerlich. Das Misstrauen bleibt konstitutiv für die Beziehungen. Frankreich nimmt dankbar Fehlpässe der Berliner Außenpolitik auf. Es nutzt den freien Raum, den die Nichtverlängerung des von Bismarck eingefädelten Rückversicherungsvertrags mit Russland eröffnet, und schließt eine Militärkonvention mit dem Zarenreich ab. Die Öffentlichkeit bejubelt die Liaison der Republik mit der autoritären Ostmacht. Der Pont Alexandre III, eine der schönsten Seine-Brücken, dokumentiert die Begeisterung über den politischen Schachzug. Den größten Erfolg landet die Pariser Diplomatie 1904 mit der französisch-britischen Entente cordiale. In Deutschland dominiert jetzt das Gefühl, eingekreist zu sein. Bei Kriegsausbruch ist der Großteil der Bevölkerung davon überzeugt, das Reich müsse sich gegen eine Welt von Feinden verteidigen. Thomas Mann erlebt die Augusttage 1914 als „heroische Festivität".[263]

Wir kennen Thomas Mann als Verteidiger der Republik von Weimar und entschiedenen Gegner des Nationalsozialismus. Der Thomas Mann der Weltkriegszeit hat ein anderes Gesicht. 1918 legt der Romancier, der mit den *Buddenbrooks* den Durchbruch zur Berühmtheit geschafft hat, einen 500-Seiten-Wälzer vor, die *Betrachtungen eines Unpolitischen.* Das Buch liest man heute kopfschüttelnd. Es handelt vom Krieg, aber dieser Krieg ist nicht jener der Schützengräben, Giftgasleichen und an Leib und Seele Verkrüppelten. Der *Unpolitische* imaginiert vielmehr ein Ringen ästhetisch-philosophischer Art. Kultur steht gegen Zivilisation. Kultur ist wesenhaft deutsch, Zivilisation französisch. Der Kampf ist endzeitlich.

Es ist ein wilder Ritt, den Thomas Mann unternimmt. Unausgesprochen setzt er sich mit seinem Bruder Heinrich Mann auseinander, in dem er den Typus des „Zivilisationsliteraten" verkörpert sieht. Der „Zivilisationsliterat" ist jemand, der französisch infiziert ist und an Freiheit, Gleichheit und Brüderlichkeit glaubt, mithin an die Überlegenheit der westlichen Demokratien. Die politische Demokratie, so Thomas Mann, sei dem deutschen Denken fremd und feindlich. „Zwischen dem, was wir Humanität nennen, und der Gassenmenschlichkeit der Romanen" bestehe keine Verständigungsmöglichkeit.[264] „Ich bekenne mich tief überzeugt", schreibt der Autor, „daß das deutsche Volk die politische Demokratie niemals wird lieben können, aus dem einfachen Grunde, weil es die Politik selbst nicht lieben kann, und daß der verschriene ‚Obrigkeitsstaat‘ die dem deutschen Volke angemessene, zukömmliche und von ihm im Grunde gewollte Staatsform ist und bleibt.“[265] Nur dann und wann betritt der „Unpolitische“ das Terrain der realen Politik. Den deutschen Einfall in Belgien und die Versenkung des Passagierschiffes „Louisitania“ rechtfertigt er ohne Abstriche. „Das Weltgericht fragt euch nach den Gründen nicht“, hatte Heinrich von Kleist hundert Jahre vorher gepredigt, als er zum Mord an Napoleon aufrief. Auch bei Thomas Mann ist es eine metaphysische Instanz, die den Freibrief ausstellt: „Der Wille eines aufsteigenden Volkes ist eins mit seinem Schicksal.“[266]

Thomas Mann ist nicht der einzige Streiter im Luftkampf zwischen Kultur und Zivilisation, zwischen den „Ideen von 1914“ und denen von 1789. Zahlreiche Intellektuelle beiderseits des Rheins lassen sich als Propagandisten einspannen und setzen eine unglückliche Tradition fort. Professoren und Poeten standen an allen deutsch-französischen Wegmarken des 19. Jahrhunderts und lieferten reichlich Beweismaterial dafür, dass die Zugehörigkeit zur geistigen Elite nicht für politische Klugheit bürgt. Die Teutomanie entsteht am Webstuhl von Männern wie Kleist und Jahn. In der Krise von 1840 werden zu beiden Seiten des Rheins Kanonenkugeln in Dichterstuben gegossen. Am nationalen Triumphalismus, der sich nach dem Sieg über Frankreich in Deutschland breitmacht, sind Geschichtsprofessoren wie Heinrich von Treitschke und Heinrich von Sybel hauptbeteiligt. Sie treiben es so weit, dass der Schweizer Jakob Burckhardt über die deutschen Zunftgenossen lästert, es werde wohl nicht mehr lange dauern, bis sie „die ganze Weltgeschichte von Adam an siegesdeutsch angestrichen“ hätten.[267] Jenseits des Rheins befeuern Schriftsteller wie Maurice Barrès und Charles Maurras die Germanophobie, die nach 1870/71 salonfähig wird. Der Philosoph und Literaturnobelpreisträger Henri Bergson erklärt 1914, der Kampf gegen Deutschland sei „ein Kampf der Zivilisation gegen die Barbarei“.[268]

Gegen den französischen Vorwurf der Barbarei legt eine breite Phalanx deutscher Kulturschaffender Protest ein. Heutzutage sind Unterschriftenaktionen eine eingeübte Nebenbeschäftigung von Intellektuellen. Der „Aufruf an die Kulturwelt“, den 93 deutsche Wissenschaftler,

Universitätslehrer, Künstler und Literaten 1914 an das neutrale Ausland richten, ist etwas Neues und macht Sensation. Das Reich befindet sich zu diesem frühen Zeitpunkt des Krieges durch den völkerrechtswidrigen Einmarsch in Belgien und vor allem durch die Zerstörung der Stadt Löwen publizistisch in der Defensive. Das *Manifest der 93* sieht darin eine große Ungerechtigkeit:

> „Wir als Vertreter deutscher Wissenschaft und Kunst erheben vor der ganzen Kulturwelt Protest gegen die Lügen und Verleumdungen, mit denen unsere Feinde Deutschlands reine Sache in dem ihm aufgezwungenen Daseinskampfe zu beschmutzen trachten … Es ist nicht wahr, daß wir freventlich die Neutralität Belgiens verletzt haben. Nachweislich waren Frankreich und England zu ihrer Verletzung entschlossen. Nachweislich war Belgien damit einverstanden. Selbstvernichtung wäre es gewesen, ihnen nicht zuvorzukommen … Es ist nicht wahr, daß der Kampf gegen unseren sogenannten Militarismus kein Kampf gegen unsere Kultur ist, wie unsere Feinde heuchlerisch vorgeben. Ohne den deutschen Militarismus wäre die deutsche Kultur schon längst vom Erdboden getilgt. Zu ihrem Schutz ist er aus ihr hervorgegangen in einem Lande, das jahrhundertelang von Raubzügen heimgesucht wurde wie kein zweites."

Die Liste der Unterzeichner liest sich wie der Gotha der deutschen Geistesaristokratie. Man findet die Physiker Max Planck und Wilhelm Conrad Röntgen, den Chemiker Fritz Haber, die Nationalökonomen Lujo Brentano und Gustav von Schmoller, die Schriftsteller Gerhard Hauptmann und Richard Dehmel, den Theaterregisseur Max Reinhardt, die Maler Max Liebermann und Friedrich von Stuck sowie den Komponisten Engelbert Humperdink. Die Botschaften sind unmissverständlich: Deutschland beansprucht in diesem Krieg Opferstatus, es führt eine „reine Sache", verteidigt seine Kultur (die seine Feinde am liebsten ausrotten würden) und befindet sich summa summarum in einem „Daseinskampf", der auch Übergriffe, z. B. die Verletzung der Neutralität Belgiens, rechtfertigt. Rechtfertigt er auch die Dispensierung der intellektuellen Redlichkeit? Die Unterzeichner haben ja keinen Schimmer, was in Belgien am 25. August in Löwen geschehen ist. Fragezeichen gibt es bis heute. War es die Angst vor *franc-tireurs*, war es Panik oder wollten die deutschen Militärs ein Signal der Abschreckung setzen? Oder tobte sich in Löwen, dem Mittelpunkt des belgischen Katholizismus, ein preußisch-protestantisches Ressentiment aus?[269] Fest steht, am Abend des 25. August fallen in der von deutschen Soldaten besetzten Stadt Schüsse. Daraufhin werden Zivilisten aus Häusern, aus denen womöglich geschossen wurde, in großer Zahl niedergemacht, 1000 Gebäude werden zerstört, zerstört wird – zweifellos in voller Absicht – die Universitätsbibliothek, 300 000 Bücher, darunter wertvolle Inkunabeln, finden den Flammentod.[270] Dazu erklärt das Manifest:

> „Sollten in diesem furchtbaren Kriege Kunstwerke zerstört worden sein oder noch zerstört werden, so würde jeder Deutsche es beklagen. Aber so wenig wir uns in der Liebe zur Kunst von irgend jemand übertreffen lassen, so entschieden lehnen wir es ab, die Erhaltung eines Kunstwerkes mit einer deutschen Niederlage zu erkaufen."

Wenig später, am 19. September, wird bei den Kämpfen in der Champagne die Kathedrale von Reims in Brand geschossen. Die deutsche Seite behauptet, französische Scharfschützen hätten sich in den 83 Meter hohen Türmen verschanzt und den Angriff provoziert. In Frankreich verfängt das nicht. Die Franzosen sehen in der Zerstörung der jahrhundertealten Krönungskirche einen weiteren Beweis für das rücksichtslose Wüten der deutschen „Hunnen". Französische Künstler, unter ihnen Claude Debussy, Henri Matisse und Auguste Rodin veröffentlichen eine Klageschrift, das Gegenstück zu dem *Manifest der 93*.

Versöhnende Stimmen haben es schwer, durchzudringen. Die Reihen sind fest geschlossen. In Deutschland herrscht „Burgfrieden", in Frankreich die *union sacrée.* „Die Kämpfer sind heute nur in einem einig: alle jene zu hassen, die sich weigern, mitzuhassen. Wer nicht delirieren will wie die andern, wird verdächtig."[271] Romain Rolland, der diese Sätze schreibt, macht ähnliche Erfahrungen wie René Schickele, der andere Brückenbauer. Sein Eintreten für einen Versöhnungsfrieden wird in Deutschland (so vom Schriftstellerkollegen Gerhard Hauptmann) als Einmischung unwirsch zurückgewiesen. In seiner französischen Heimat wirft man ihm mangelnden Patriotismus vor. Rollands Hauptwerk *Jean-Christophe* handelt von einem jungen deutschen Komponisten, der mithilfe eines Freundes in Frankreich heimisch wird. In dem Roman, für den Rolland 1916 den Literaturnobelpreis erhält (nachgereicht für das Jahr 1915), treten Franzosen und Deutsche nicht als geborene Feinde auf, sondern als ideale Ergänzung, die in den Nationaleigenschaften Esprit (französisch) und Musik (deutsch) ihren Ausdruck findet. Rolland, der mit Stefan Zweig freundschaftlich verbunden ist, wird vom Ausbruch des Krieges in der Schweiz überrascht und beschließt, dort zu bleiben. In Genf arbeitet er als Freiwilliger bei einer Einrichtung des Internationalen Roten Kreuzes, die sich um den Austausch von Kriegsgefangenen bemüht. Rolland erkennt, dass das alte Europa dem Untergang entgegengeht. Ein neues Europa zu bauen, ist eine Aufgabe, die man nach seiner Meinung nicht früh genug angehen kann. „Ist es wirklich nötig, wie die Volksweisheit sagt, den Krieg im Frieden vorzubereiten, so ist es nicht minder nötig, den Frieden im Krieg vorzubereiten."[272]

Der Versailler Friede enttäuscht Rolland, weil er neues Unheil verheißt. Es ist der Teufelskreis aus Unrecht und Vergeltung, der die Erbfeindschaft am Leben hält. Als wäre Octavio Piccolominis Warnung in Schillers *Wallenstein* für die Nachbarn am Rhein gesprochen worden: „Das eben ist der Fluch der bösen Tat,/Daß sie, fortzeugend, immer Böses muß gebären."

„Erzengel in der Hölle": Der deutsche Wehrmachtspfarrer Franz Stock begleitete Hunderte verurteilte Résistance-Kämpfer auf ihrem letzten Weg. Der Platz vor dem „Monument de la France combattante", dem zentralen Widerstandsdenkmal auf dem Mont Valérien im Pariser Vorort Surresnes, trägt ihm zu Ehren den Namen „Place de l'Abbé Franz Stock".

28 Vercors, Camus und der „Erzengel in der Hölle“

Anfang 1942 erscheint im besetzten Paris *Le silence de la mer*. Mit der Novelle eröffnet der Widerstandsverlag *Éditions de Minuit* sein Programm. Autor des schmalen Bändchens ist Jean Marcel Bruller. Im Mittelpunkt der Drei-Personen-Geschichte steht ein deutscher Wehrmachtsoffizier, der in einem Haus einquartiert wird, das ein Schreiner und seine Nichte bewohnen. Das *Schweigen des Meeres* wird zum Kultbuch der Résistance. Zur selben Zeit arbeitet der katholische Priester Franz Stock aus Neheim im Sauerland als Gefängnisseelsorger in Paris. Zu seinen Aufgaben gehört es, zum Tode verurteilte Résistance-Kämpfer auf ihrem Weg zur Hinrichtung am Mont Valérien im Vorort Suresnes zu begleiten. Albert Camus ist Angehöriger der Widerstandsgruppe *Combat*. Seine *Briefe an einen deutschen Freund* markieren das Unvereinbare und lassen doch der Hoffnung einen Türspalt offen.

Bruller, 1902 geboren, macht eine Ausbildung als Elektroingenieur, betätigt sich dann aber als Karikaturist und Schriftsteller. Politisch sympathisiert er mit Aristide Briand, der als Außenminister einen Kurs des Ausgleichs mit Deutschland verfolgt. Unter dem Eindruck der Entwicklung jenseits des Rheins verabschiedet sich Bruller nach und nach von seinen pazifistischen Überzeugungen. Die Appeasement-Politik von Ministerpräsident Daladier hält er für fatal. Nach der Besetzung durch die Wehrmacht zieht er die Konsequenz; er geht in den Untergrund. *Le silence de la mer* veröffentlicht er unter dem Pseudonym Vercors, dem Namen eines Gebirgsmassivs südlich von Grenoble, welches der Résistance als Rückzugsgebiet dient.

Der Offizier in Brullers Novelle heißt Werner von Ebrennac, was an eine hugenottische Abkunft denken lässt. Ebrennac entspricht so gar nicht dem Klischee des quadratschädligen, dickbäuchigen *sale boche*, wie es im Krieg von 1870/71 aufkommt. Bruller zeichnet den Offizier als „von hohem Wuchs und schlank ... Das Gesicht war schön, männlich und markant durch zwei Vertiefungen an den schmalen Wangen". Die Augen sind nicht klischeegerecht blau, sie sind goldbraun. Kurz gesagt, Ebrennac ist ein Mann, der der Nichte gefallen könnte. Aber die junge Frau und ihr Onkel entschließen sich, den ungebetenen Gast einfach nicht wahrzunehmen. Sie schweigen.

Der Offizier respektiert diese Form des Widerstands, lässt sich aber nicht abschrecken. Abend für Abend klopft er an die Wohnzimmertür. Erst erscheint er in Uniform, dann in Zivil. Während die Hausherren in ihrem Schweigen verharren, erzählt er unbeirrt von sich. Seine Liebe zu Frankreich ist ungekünstelt; er kennt sich aus in der französischen Literatur und bewundert Racine, Rabelais und Hugo. „Doch in der Musik", sagt er, der selbst komponiert, „liegen wir vorn: Bach, Händel, Beethoven, Wagner, Mozart ... mit wem beginnen?" Deutsche und Franzosen: Die einen glänzen auf diesem Gebiet, die anderen auf jenem. Wozu sich an die Kehle gehen, wo man doch zum beiderseitigen Vorteil geben und nehmen könnte? In Ebrennacs Vorstellung sind die Nachbarn Exzellenzpartner, berufen zur gemeinsamen Führung Europas. So, als wollte er einen lachhaften Irrtum auswischen, ruft er aus: „Und wir haben uns bekriegt! ... Aber dies ist das letztemal! Wir werden uns nicht mehr bekämpfen: Wir werden heiraten!" Ebrennac glaubt an Hitlers Genie. Er unterstellt ihm einen noch unsichtbaren Plan. Hitler werde Frankreich die Hand reichen – nach dem Endsieg. Eines Tages reist Ebrennac nach Paris. Wieder zurück, ist er ein anderer. Erschüttert fordert er seine Gastgeber auf, alles zu vergessen, was er früher gesagt hat. In Paris hätten ihn die Kameraden ausgelacht ob seiner Träume. Nun sei er gewiss, Hitler wolle Frankreich zerstören. Ebrennac (er hat ein steifes Bein, weshalb er vom Frontdienst befreit ist) meldet sich freiwillig für den Einsatz an der Ostfront. Darin sieht er den einzigen ehrenhaften Ausweg für sich. Er scheidet als verlorener Mensch. Als er sich verabschiedet, durchbricht die Nichte den Ring des Schweigens mit einem einzigen Wort. Der Onkel: „Ich hörte: Adieu. Man mußte auf das Wort gelauert haben, um es zu hören. Doch immerhin, ich hörte es. Von Ebrennac hörte ich es ebenfalls, und er richtete sich auf. Sein Gesicht und sein ganzer Körper schienen sich zu entspannen wie nach einem erholsamen Bad."

Le silence de la mer überzeugt gerade deshalb, weil der Offizier nicht als kruder Barbar dargestellt, sondern von Bruller im besseren Deutschland angesiedelt wird, dem träumerischen Deutschland, dem Deutschland der Musik. Allein, viel ist von diesem besseren Teil nicht zu erwarten. Dieser bessere Teil begehrt nicht auf, er ist nicht kombattant. Ebrennac durchschaut Hitlers Skrupellosigkeit. Aber statt zu revoltieren, wählt er den Soldatentod. Der bessere Deutsche ist ein begrenzter Typ, erkennt der schweigende Hausherr. „Ich dachte: ‚Also unterwirft er sich. Das ist demnach alles, was sie können. Sie unterwerfen sich alle. Selbst dieser Mann hier.'" Der Schreiner und seine Nichte unterwerfen sich nicht. Mit ihrem Schweigen bewahren sie ihre Würde. In ihrer Ohnmacht ist es ein mächtiges Zeichen der Rebellion. Als de Gaulle in London ein Exemplar von Brullers Büchlein in die Hand bekommt, lässt er es in großer Auflage nachdrucken.

Beim Erscheinen von *Le silence de la mer* befindet sich Frankreich am Tiefpunkt seiner Geschichte (Deutschland auch, obschon aus anderen Gründen). Der vom 84-jährigen Marschall Pétain, dem Sieger von Verdun, geführte *État français* mit Sitz in der Bäderstadt Vichy ist auf den südlichen Teil des Hexagons beschränkt. Der nördliche Teil mit der Hauptstadt Paris und einem Streifen entlang der Atlantikküste ist deutsche Besatzungszone. Demoralisiert hat das Land vor allem die Art und Weise der Niederlage. Ganze sechs Wochen haben sich die französischen Streitkräfte gegen den *blitz allemand* gewehrt. Mit dem Waffenstillstand vom 22. Juni wiederholt sich das Muster Rache für Rache in seiner trüben Banalität. So, wie dem unterlegenen Deutschland 1919 der Friede unbedingt in Versailles diktiert werden musste, weil das Reich in Versailles gegründet worden war, so darf der Waffenstillstand 1940 nirgendwo anders geschlossen werden als im Wald von Compiègne, wo Erzberger 22 Jahre zuvor Deutschlands Niederlage beglaubigt hatte. Hitler lässt für die Zeremonie eigens den Salonwagen des Marschalls Foch aus dem Museum holen. Auf dem Platz Erzbergers sitzt der französische General Huntziger.

Der Vertrag kommt einer Kapitulation gleich. De jure bleibt Frankreich zwar (noch) territorial unangetastet. Aber sechzig Prozent des Landes stehen unter deutschem Besatzungsrecht. Für die Besatzung muss Frankreich „Unterhaltungskosten" von täglich 400 Millionen Francs zahlen. Elsass-Lothringen wird de facto vom Reich annektiert. Zwei Gauleiter sorgen für eine zügige Germanisierung. 150 000 angeblich franzosenfreundliche Bewohner werden ausgewiesen. Pétain ist bereit, den Preis zu zahlen. In seinen Augen sind die französischen Streitkräfte der Wehrmacht deshalb unterlegen, weil es sich nach der *Grande Guerre*, nach dem mit unendlichen Opfern errungen Sieg im Ersten Weltkrieg dem „Geist der Genußsucht" hingegeben hat. Eine „nationale Revolution" soll Frankreich von der Dekadenz heilen. Dem Reich gegenüber verfolgt der *État français* eine Politik der Kollaboration, deren innere Widersprüche bald deutlich werden. Einerseits soll durch pragmatische Zusammenarbeit mit den deutschen Behörden das Beste für das leidende Frankreich herausgeholt werden. Andererseits gibt es in Vichy einen Flügel, der die ideologische Nähe zum Naziregime nicht leugnen kann und zu jedem Handlangerdienst bereit ist. Teilweise in vorauseilendem Gehorsam liefert die französische Miliz Résistancekämpfer und Verweigerer des Zwangsarbeitsdienstes (STO) an Wehrmacht und Gestapo aus. 76 000 Juden werden während der Besatzungszeit in die Vernichtungslager deportiert. Die unbestreitbare Beteiligung der französischen Polizei lastet bis heute auf dem Gewissen der Nation. 1992, am Jahrestag der berüchtigten *Vel d'hiv-Razzia*, fällte der langjährige Justizminister Robert Badinter ein vernichtendes Urteil über das Regime von Vichy: „Es gibt etwas Schlimmeres als den Henker, und das ist sein Knecht."[273]

Pétains Kontrahent sitzt in London. Charles de Gaulle, ein bis dahin in der Öffentlichkeit unbekannter General, hat Frankreich rechtzeitig vor dem Waffenstillstand verlassen. Am 18. Juni 1940 ruft er die Franzosen in einer Radioansprache über die BBC auf, den Kampf fortzusetzen. Frankreich habe „eine Schlacht verloren, nicht aber den Krieg“. Zunächst nimmt die große Mehrheit seiner Landsleute de Gaulle nicht ernst. Pétain ist beliebt, Hitler-Deutschland scheinbar überall auf der Siegesstraße. Die Briten werden die germanische Flut nicht aufhalten, schon gar nicht wird es ein General, der keine Soldaten hat. Frankreich richtet sich ein. Es besteht „aus vierzig Millionen Piétainisten“ (Henri Amouroux).[274] Aber bald ändern sich die Koordinaten. Nach einem Treffen des „Siegers von Verdun“ mit dem deutschen Weltkriegsgefreiten in Montoire im Herbst 1940 ist die Zeit des Wunschdenkens vorüber. Hitler, das erkennt man jetzt auch in Vichy, hat mit Frankreich nichts im Sinn; er will es nur für seine Zwecke ausbeuten. Zulauf bekommt die Résistance nach dem Überfall der deutschen Wehrmacht auf die Sowjetunion im Juni 1941. Er befreit die französischen Kommunisten aus der Schockstarre, in die sie der Molotow-Ribbentrop-Pakt versetzt hatte. Ein weiterer Treiber des *maquis* ist die Einführung des Zwangsarbeitsdienstes (STO), dem sich zahlreiche junge Männer dadurch entziehen, dass sie in den Untergrund gehen. Entscheidend ist die Änderung der Kriegslage. Nach Stalingrad und der Landung der Westalliierten in der Normandie glaubt kaum noch jemand an einen deutschen Sieg. Damit verliert die Politik der Kollaboration den Rest ihrer Plausibilität. Zwar ist Frankreich keineswegs im Widerstand vereint, wie die spätere Mythologisierung glauben machen will. Aber die Résistance wird nun zu einer echten Kraft.

Das Bemerkenswerte der *Briefe an einen deutschen Freund* steckt im Titel. Als Camus die fiktive Korrespondenz verfasst, dauert der Krieg an. Die Wehrmacht hält noch immer Teile des französischen Bodens im Würgegriff. Stück für Stück kommen die unfassbaren Verbrechen des Naziregimes ans Licht. Vor diesem Hintergrund ist es keine Selbstverständlichkeit, ja es kommt einer Frivolität nahe, dass ein Franzose die Worte „deutsch“ und „Freund“ in einem Atemzug verwendet.

Albert Camus wird 1919 als Sohn einer Siedlerfamilie in Algerien geboren. Mit sechzehn tritt er, nach der Bildung der Volksfrontregierung, der Kommunistischen Partei Frankreichs (KPF) bei, was damals unter jungen Intellektuellen angesagt ist. Schon bald wird Camus jedoch wegen Unbotmäßigkeit aus der Partei ausgeschlossen. Sein literarischer Ruhm kündigt sich 1942 mit *Der Mythos des Sisyphus* und *Der Fremde* an. Den Lebensunterhalt verdient er sich als Journalist, u. a. als Reporter für den *Paris Soir*. Daneben engagiert er sich in der Résistance-Gruppe *Combat.* 1957 wird Camus für sein literarisches Lebenswerk mit dem Nobelpreis ausgezeichnet.

Es dauert bis zum vierten und letzten Brief, ehe Camus den gegen den Strich gebürsteten Titel erklärt. Es ist unendlich viel über die Welt gekommen, und wo das Böse momentan seinen Sitz hat, lässt sich unschwer erkennen. Aber wer an den Menschen glaubt, kann nicht ein ganzes Volk hassen, auch nicht das deutsche. „Darum", spricht Camus den „Freund" an, „kann ich Ihnen am Ende des Kampfes von der Stadt aus, die ein Höllengesicht bekommen hat, trotz aller den Unseren zugefügten Foltern, trotz unserer entstellten Toten und unserer Dörfer voll Waisen sagen, daß wir selbst im Augenblick, da wir euch mitleidlos vernichten werden, keinen Haß gegen Euch empfinden ... Wir wollen euch in Eurer Macht vernichten, ohne eure Seelen zu verstümmeln."[275]

Camus unterscheidet zwischen dem Nationalsozialismus und dem deutschen Volk, eine intellektuelle Anstrengung, die unter den obwaltenden Bedingungen nicht leichtfällt. Im ersten Brief legt er dem „Freund" auseinander, was fundamental trennend zwischen ihnen steht: das Verständnis des Patriotismus. Den „Freund" zitiert er mit dem Standpunkt, dass nur der sein Land wirklich liebe, wer es auch im Unrecht verteidige. Dagegen setzt Camus den Vorrang von Wahrheit und Gerechtigkeit: „Es gibt Mittel, die nichts heiligt. Und ich möchte mein Land lieben können, ohne aufzuhören, die Gerechtigkeit zu lieben. Ich kann nicht zu jeder Größe ja sagen, selbst zu einer, die in Blut und Lüge gründet."

Camus räumt ein, es sei schwer gewesen, sich zu diesem Standpunkt durchzuringen. Es gehe von einfachen Antworten ja eine große Versuchung aus. „Wir schämen uns unseres Geistes und träumen zuweilen von einem glückseligen Barbarentum, das uns eine mühelose Wahrheit schenkte. Aber in dieser Beziehung sind wir schnell geheilt: Ihr seid da, ihr zeigt uns, wie es mit diesem Traum bestellt ist, und wir kommen zur Besinnung." Viel Kraft habe auch die Loslösung vom Credo der Gewaltlosigkeit gekostet. Schmerzlich habe man erfahren, dass „entgegen unserem bisherigen Glauben der Geist nichts gegen das Schwert vermag, daß aber der mit dem Schwert vereinigte Geist stets Sieger bleibt über das um seiner selbst willen gezogene Schwert".

Auf Europa ruht Camus' Hoffnung. Es ist (noch) kein politisches Europa, sondern ein Bild, in dem sich Schönheit, Kultur und Herkommen vereinen. Im dritten Brief ruft er die „Pilgerfahrten" in Erinnerung, die er „mit allen abendländischen Menschen" unternommen habe: „Die Rosen in den Kreuzgängen von Florenz, die goldenen Zwiebeldächer von Krakau, der Hradschin mit seinen toten Palästen, die barocken Statuen auf der Karlsbrücke über der Moldau, die lieblichen Gärten von Salzburg. All die Blumen und die Steine, die Hügel und Landschaften, in denen die Zeit der Menschen und die Zeit der Welt die alten Bäume mit den Bauwerken haben verwachsen lassen! Mein Gedächtnis hat die übereinander gelagerten Bilder verschmolzen, um ein einziges Antlitz daraus zu machen, das meiner großen Heimat." Eine Aufforderung an den „deutschen Freund", ihm auf die Pilgerreise zu folgen, ist das nicht. Aber in Camus' europäischer Vision gibt es Platz für viele Möglichkeiten.

Wer das *Monument de la France combattante* auf dem Mont Valérien im Pariser Vorort Suresne aufsucht, erlebt eine Überraschung. Der Platz vor dem nationalen Widerstandsdenkmal ist nach einem Deutschen benannt, dem Priester Franz Stock. Stock kommt 1904 im westfälischen Neheim-Hüsten zur Welt.[276] In der Schulzeit tritt er dem „Quickborn" bei, einem katholischen Zweig der bündischen Jugend, und stellt damit, ohne es zu wissen, eine Weiche für sein Leben. Denn die „Quickborner" lieben nicht bloß das Wandern, Völkerverständigung gehört zu den Zielen der Vereinigung, deren Spiritus Rector der spätere Religionsphilosoph Romano Guardini ist. Aufgrund ihres katholischen Fundaments sind die „Quickborner“ weitgehend resistent gegen die Anfechtungen der aufkommenden Nazi-Bewegung. Über den „Quickborn“ nimmt Stock 1926, als er bereits Theologie studiert, am internationalen Friedenskongress von Bierville (Île de France) teil, den der Pazifist Marc Sangier organisiert hat. Der Kongress mit bemerkenswerten 10 000 Teilnehmern aus ganz Europa führt junge Leute aus Frankreich und Deutschland zusammen – ein Kontrapunkt in einer vom Geist der Abgrenzung und des Misstrauens getränkten Zeit. Stock ist von der Pax-Idee infiziert. Fünf Jahre später gehört er zu den Hauptrednern eines vom „Friedensbund deutscher Katholiken“ ausgerichteten Treffens auf dem Borberg im Sauerland, zu dem auch junge Franzosen erschienen sind. SA-Männer empören sich, weil Stock den Friedenskuss mit einem schwarzen Franzosen tauscht.

Franz Stock kann hartnäckig sein. Er will seine Studien unbedingt in Paris fortsetzen und schafft es auch. Drei Semester am *Institut Catholique* (er ist der erste deutsche Theologiestudent in Frankreich seit dem Weltkrieg) festigt die Hinneigung zum Nachbarland, die ihn nicht mehr verlässt. So ist es kein Zufall, dass seine Vorgesetzten ihm 1934, zwei Jahre nach der Priesterweihe, die vakante Stelle des Rektors der deutschen Gemeinde in Paris anvertrauen. Es ist eine Position auf politischem Glatteis, denn zu Stocks „Schäfchen“ gehören nicht bloß Diplomaten und Geschäftsleute, sondern auch Flüchtlinge aus Nazi-Deutschland.

Kurz vor Kriegsausbruch wird Stock nach Deutschland zurückbeordert, im Oktober 1940 ist er wieder in Paris. Mit der politischen Lage hat sich auch seine Tätigkeit grundlegend geändert. Der Sauerländer ist jetzt zuständig für die Wehrmachtsgefängnisse Fresnes, Cherche Midi und La Santé. Er betreut die Häftlinge. Das sind Geiseln und Juden und vor allem Résistancekämpfer, die von der Wehrmacht aufgespürt, von den französischen Behörden ans Messer geliefert oder einfach denunziert wurden. Die Gefangenen besucht er in den Zellen. Die Verurteilten begleitet er auf ihrem letzten Weg, es sind viele Hundert, die am Mont Valérien durch Erschießen hingerichtet werden.[277]

Wie Stock sein Seelsorgeamt auffasst, lässt sich aus einer scheinbaren Äußerlichkeit ablesen. Stock verweigert den militärischen Habit und besteht darauf, Soutane zu tragen, sehr zum Missvergnügen der uniformierten Umgebung. Die Häftlinge sind ihm leidende Gotteskinder. Mit dieser Kompasseinstellung hält er Loyalitätskonflikte aus, die an der Tagesordnung sind. Nicht immer ist es einfach, das Vertrauen der französischen Gefangenen zu gewinnen. Edmond Michelet, später französischer Verteidigungsminister, erinnert sich: „Ich hatte bei meiner Einlieferung in Fresnes um einen Geistlichen gebeten. Aber ich hatte mir überhaupt nicht vorgestellt, daß man mir einen Deutschen schicken würde. Zunächst war ich also sehr enttäuscht." Dann aber überzeugt ihn der Abbé mit Worten und Taten. Stock erzählt ihm leise von seiner Teilnahme an der Konferenz in Bierville und von gemeinsamen Bekannten. Michelet: „Beim Weggehen drückte er mir eine Bibel in die Hand, die P. Maydieu, ein treuer Freund und nicht weniger getreuer ‚Komplize', ihm für mich gegeben hatte. Dann versprach er, in der nächsten Woche wiederzukommen. Er tat nun, als wenn er gehen wollte, kam aber zurück und sagte mit noch gedämpfterer Stimme: ‚Wir wollen noch ein letztes Ave Marie zusammen beten.' Wir hatten uns hingekniet und dem Feldwebel den Rücken zugedreht. Er fuhr in dem gleichen eintönigen Sprechen fort: *‚Ave Maria, gratia plena* – gestern hat mich ihre Frau besucht. Sie hält sich sehr gut, alle Ihre Kinder auch – *Dominus tecum* – sie läßt Ihnen sagen, Sie sollen sich keine Sorgen machen. Zu Hause geht alles gut – *benedicta tu in mulieribus* …'" Die Information verleiht Michelet (er überlebte später Dachau) neue Kraft; bei der Vernehmung in der Gestapozentrale Avenue Foch hatte man ihm, wohl um seinen Widerstand zu brechen, gesagt, seine Frau sei bereits verhaftet.[278]

Je länger die deutsche Besatzung dauert, desto mehr füllen sich die Gefängnisse. Fresnes ist mit 1500 Zellen die größte der drei Haftanstalten in Stocks Zuständigkeitsbereich und mit vier, fünf Gefangenen auf wenigen Quadratmetern bald überbelegt. Die „Filiale der Hölle" liegt im Süden von Paris. Von Stocks Wohnung in der rue Lhomond Nr. 23 bis hierhin sind es fünfzehn Kilometer, die der Priester bei Wind und Wetter mit dem Rad zurücklegt. Die SS-Wachen machen sich über ihn lustig; „Himmelskomiker" nennen sie den Mann in der schwarzen Soutane und der Rotkreuz-Binde am Arm. Stunden verbringt er bei den Gefangenen, betet mit denen, die beten wollen, trägt Nachrichten hinein und hinaus. Bei hohem persönlichen Risiko ist er für viele der Unglücklichen der einzige Verbindungsmann nach draußen, zu Eltern, Frauen und Kindern. Stock spricht Mut zu, dann und wann gelingt es ihm, die Haftbedingungen zu verbessern oder gar eine Milderung des Strafmaßes zu erwirken, aber für die meisten Häftlinge ist der Weg zur Hinrichtungsstätte vorgezeichnet. Zum Beispiel für Honoré d'Estienne d'Orves. Der Korvettenkapitän hat im Auftrag de Gaulles ein geheimes Netzwerk in Frankreich aufgebaut und wird verraten. Oder für Gabriel Péri. Auch ihn begleitet Stock zum Mont Valérien. Der Mitbegründer der französischen KP hat ihm zuvor seinen Trauring und einen Brief anvertraut; den Trauring soll er seiner Frau übergeben und den Brief seinen Freunden. Die letzten Sätze des Briefes lauten: „Ich fühle mich stark genug, dem Tod ins Auge zu schauen. Adieu, es lebe Frankreich!"[279]

Nach der Befreiung von Paris kommt Stock als Kriegsgefangener zunächst in ein Lager bei Cherbourg. Dort wird er eines Tages mit einer ungewöhnlichen Frage konfrontiert. Auf Wunsch der französischen Regierung und mit Unterstützung des päpstlichen Nuntius Roncalli (dem späteren Johannes XXIII.) soll ein Priesterseminar für die in französischer Kriegsgefangenschaft befindlichen deutschen Geistlichen und Seminaristen eingerichtet werden. Ob er bereit sei, die Leitung zu übernehmen? Stock sagt ja. Das „Seminar hinter Stacheldraht", gedacht als eine Art Reeducationsmaßnahme, entsteht in Orléans und zieht dann nach Chartres um. Im Schatten der Kathedrale existiert das einzigartige Bildungsinstitut mit Stock als Regens zwei Jahre. 1947 wird es aufgelöst.

Ein Jahr später ist Franz Stock tot. Seine Gesundheit war schon länger angegriffen. Der jahrelange Dienst in extremis hat ihn aufgezehrt. Weil er noch immer als Kriegsgefangener geführt wird, dürfen die Zeitungen über den Tod des 43-Jährigen nicht berichten. Der bürokratischen Sturheit wegen sind am 28. Februar 1948 beim Trauergottesdienst in Saint-Jacques du Haut Pas nur hundert Leute versammelt. Etliche Widerstandskämpfer sind in der Kirche; in den Reihen des stark vertretenen Klerus befindet sich auch der Nuntius Roncalli. Er ergreift zum Schluss der Totenfeier das Wort. Einen Satz wird er Jahre später als Papst wiederholen: „Abbé Stock, das ist kein Name, das ist ein Programm.“[280] Im Armensarg wird der tote Priester zum Friedhof Thiais gebracht, wo zahlreiche deutsche Kriegstote verscharrt sind. Ein bisschen schäbig, meint Edmond Michelet in seinen Erinnerungen. Ein feierlicher Akt hätte eine „tiefe Bedeutung auf beiden Seiten des Rheins“ gehabt. „Denn der, den man mit Recht so geehrt hätte, war nicht bloß ein Priester: Es war ein Deutscher, unser Gefängnispfarrer von Fresnes, Abbé Stock, der in Frankreich auch nach der Befreiung verblieb, um seinen Landsleuten zu dienen, so wie er vier Jahre hindurch den Franzosen im Gewahrsam der Gestapo gedient hatte, die den Kampf gegen den Nazismus führten.“[281]

Die öffentliche Ehrung wird nachgeholt. Dafür sorgen die „dankbaren Familien der französischen Gefangenen und Hingerichteten“, die dem Toten ein Grabmal auf dem Friedhof errichten. Widerstandskreise sind es auch, die etwas Unerhörtes unternehmen. Sie organisieren eine Gedenkfeier, die am 3. Juli 1949 im Invalidendom stattfindet, genauer in der Kathedrale Saint-Louis des Invalides, der Bischofskirche der französischen Armee. Nie zuvor ist eine solche Auszeichnung einem Deutschen zuteilgeworden. Es dauert eine Weile, bis die Politik den Nutzwert des „Erzengels in der Hölle“ für das runderneuerte deutsch-französische Verhältnis entdeckt. 1963 erhält Stock ein würdigeres Grab in Chartres. 1998, zu Stocks 50. Todestag, findet in Anwesenheit von Bundeskanzler Helmut Kohl ein Pontifikalamt in der Kathedrale von Chartres statt, gemeinsam zelebriert vom Pariser Erzbischof Lustiger und Kardinal Lehmann, dem Vorsitzenden der Deutschen Bischofskonferenz.

1990 wird der Platz vor dem Mémorial auf dem Mont Valérien *Place de l'abbé Franz Stock* getauft. Pierre Pflimlin, ein ehemaliger Präsident des Europaparlaments, erklärt bei dem Festakt Stock zum Wegbereiter einer neuen Zeit. Er habe etwas Unglaubliches verwirklicht, „etwas, das beispielhaft bleibt. In der Stunde, wo wir Europa bauen, ist sein Andenken mehr als je gegenwärtig.“[282]

Von der Konfrontation zur Kooperation, von der Erbfeindschaft zur Zukunftspartnerschaft: Der gemeinsame Auftritt von Staatspräsident Charles de Gaulle und Bundeskanzler Konrad Adenauer am symbolträchtigen Ort in Reims 1962 vermittelte einer breiten Öffentlichkeit den Paradigmenwechsel in den deutsch-französischen Beziehungen. Im Bild Kanzler und Präsident Seite an Seite beim Pontifikalamt in der Kathedrale.

Epilog: Von Reims nach Verdun

Der Pont d'Iéna ist eine Kriegsgeburt. Nach der Schlacht von Jena und Auerstedt suchte Napoleon eine Möglichkeit, seinem Sieg über Preußen ein Denkmal zu setzen, und beschloss den Bau einer steinernen Brücke. Bewies nicht der mehr als zweihundert Jahre seinen Dienst tuende Pont Neuf an der Île de la Cité, dass Brücken in Sachen Ewigkeit kaum zu schlagen sind? Die Bauarbeiten zogen sich hin. Erst 1814 war der Pont d'Iéna, der das Marsfeld mit dem rechten Flussufer an der Stelle verbindet, wo sich heute das Palais de Chaillot und die Gärten des Trocadéro befinden, fertig. Doch schon ein Jahr nach der Eröffnung drohte dem Prunkstück das Aus. Im Juli 1815 – Napoleon erwartete den Abtransport in die Verbannung, Paris stand unter alliierter Militärverwaltung – drohte der preußische Feldmarschall Blücher, alle Bauwerke, die in Paris dem Kriegsruhm Bonapartes geweiht waren, rücksichtslos zu beseitigen. Besonders hatte Blücher es auf den Pont d'Iéna abgesehen, erinnerte dieser doch in ärgerlicher Weise an die preußische Schmach von 1806. Die 155 Meter lange Brücke war schon unterminiert, da gelang es dem englischen Generalissimus Wellington und dem auf den Thron Frankreichs zurückgekehrten Ludwig XVIII., Blüchers Anschlag im letzten Moment zu vereiteln. Wellington beorderte Wachtposten an die Brücke. Der schwergewichtige und gehbehinderte König ließ empört verlauten, er werde sich im Sessel auf die Brücke tragen lassen, die Preußen müssten ihn dann gleich mit in die Luft sprengen.

Blücher trat in dieser Episode als früher Aktivist einer Haltung auf, die wir heute als *Cancel Culture* kennen und die am liebsten alles von der Erdoberfläche tilgen würde, was bei Einzelnen, Gruppen oder ganzen Völkern schlechte Gefühle entstehen lassen könnte. Nähmen sich moderne Bilderstürmer die sichtbaren Zeichen der Erbfeindschaft vor, die Abrissbirne der *damnatio memoriae* würde gar nicht mehr zum Stillstand kommen. Aus den Museen müssten mit Rücksicht auf die Verletzlichkeit der Verlierer alle Siegestrophäen verbannt werden. Pflicht wäre die Purifizierung des Pariser Metro-Netzes von Stationsnamen wie „Austerlitz“ oder „Wagram“, es könnte ein Nicht-Franzose die Stirn runzeln. Der „Hermann“ auf den Höhen des Teutoburger Waldes wäre wegen seines gen „Welschland“ gerichteten Schwertarms schleunigst durch ein Windrad zu ersetzen. Der „Pariser Platz“ in Berlin müsste umgetauft werden, ist doch die verbreitete Annahme irrig, die Bezeichnung sei eine Reverenz an die schöne Seine-Metropole. In Wirklichkeit heißt der Platz, wie er heißt, weil Friedrich Wilhelm III. dem Einmarsch der preußischen Armee in Paris 1814 ein Denkmal setzen wollte.

Eine Nachbarschaft, die Jahrhunderte von Vorurteilen und Rivalität geprägt war, ist notwendigerweise mit Steinen des Anstoßes gepflastert. Wie soll man damit umgehen? Man kann so tun, als gäbe es sie nicht. Man kann sie herausreißen, wie die Jakobiner einst den Heiligen und Königen in den Kirchen die Köpfe abschlugen, in der Hoffnung, die bösen Geister der Vergangenheit zu exorzieren. Oder man nutzt die Steine des Anstoßes als Startblöcke in eine bessere Zukunft, so wie René Schickele, der ja überzeugt war, eines Tages werde die Erbfeindschaft vom Elsass aus überwunden werden, weil das Elsass so lange unter ihr gelitten habe. In diesem Geist handelten Charles de Gaulle und Konrad Adenauer 1962, als sie Reims zum Schauplatz einer historischen Wende erwählten.

Reims galt lange als die erste Stadt Frankreichs. In Reims wurden die Könige gekrönt; hier wurden sie gesalbt mit dem Chrisam, das der Legende nach vom Heiligen Geist stammte und in der *Sainte Ampoule*, einem kleinen, eineinhalb Zentimeter messenden Glasfläschchen, aufbewahrt wurde. Jeanne d’Arc zerrte den Dauphin nach Reims, weil er nur durch die Salbung ein richtiger König werden und die Engländer aus Frankreich vertreiben könne. Im Krieg von 1870/71 war Reims besetzt. Im darauffolgenden Ersten Weltkrieg stand die Stadt von Anfang bis Ende im Feuer. Die gotische Kathedrale wurde im September 1914 von deutscher Artillerie beschossen. Während der Marneschlacht leisteten die Festungen von Reims erbitterten Widerstand und halfen mit, dass der deutsche Vormarsch auf Paris durch das „Wunder an der Marne“ abrupt zum Stehen kam. 1918 war Reims zu 80 Prozent zerstört. Nach vier Jahren Krieg zählte die *ville martyre* von ursprünglich 100 000 nur noch 8000 Einwohner. Und abermals trug sich die Stadt in das Buch der Geschichte ein: Am 7. Mai 1945, um 2.39 Uhr, unterzeichnete Generaloberst Jodl, der Chef des Wehrmachtführungsstabes, in Reims die bedingungslose Kapitulation Nazideutschlands. Der Akt erfolgte im Hauptquartier der Westalliierten Streitkräfte SHAEF, dort, wo heute im „Lycée Polyvalent Franklin Roosevelt“ Schüler aufs Leben vorbereitet werden.[283]

Reims 1962: Im Juli besuchte Adenauer auf Einladung de Gaulles Frankreich. Der Gastgeber, Geburtsjahrgang 1890, war seit gut drei Jahren Präsident der französischen Republik. Der vierzehn Jahre ältere Gast lenkte die Politik der Bundesrepublik Deutschland im dreizehnten Jahr. Der Erfolg der Staatsvisite war keineswegs garantiert. Adenauer vertrat ein Land, das sich, allen Prognosen zum Trotz, seit einem Jahrzehnt in einem steilen Aufwärtstrend befand. Viele Franzosen verfolgten das deutsche Wirtschaftswunder mit gemischten Gefühlen. Man war sich nach 1945 doch einig gewesen, dass Deutschland nie mehr jene kritische Größe erreichen dürfe, die es anfällig mache für Abenteuer! Nach Stationen in Paris, Versailles, Rouen und Bordeaux kam Adenauer am Abend des 7. Juli mit dem Flugzeug in Reims an. Der Folgetag begann zu früher Stunde mit einer Autofahrt. In einer mit beiden Staatsflaggen geschmückten Limousine durchquerten der französische Staatspräsident und der deutsche Bundeskanzler, der eine in grauer Felduniform, der andere im schwarzen Anzug, die Schlachtfelder der Champagne, vorbei an endlos langen Reihen von Soldatengräbern. Um 9.30 Uhr erreichte die Kolonne den Truppenübungsplatz Mourmelon. Eine Militärkapelle blies den *Marche consulaire*, eine getragene Weise, die an die Schlacht von Marengo (1800) erinnert und die während der Konsulatszeit Napoleons anstelle der *Marseillaise* als Hymne gespielt wurde. Anschließend nahmen de Gaulle und Adenauer eine französisch-deutsche Truppenparade ab.

Fotos vom Pontifikalamt am späteren Vormittag zeigen de Gaulle und Adenauer auf einem Podest vor dem Hauptaltar in tiefes Nachdenken versunken. Die Symbolik des Ortes und des Augenblicks erschloss sich auch den Menschen draußen, die das Ereignis im Fernsehen oder am Radio verfolgten oder die Berichte in den Zeitungen lasen: Die Repräsentanten zweier lange im Hass aufeinander verbundenen Völker Seite an Seite; die gotische Kathedrale, monumentaler Mittelpunkt der noch immer von Kriegsschäden gezeichneten „Märtyrerstadt"; die heilige Handlung und die brausenden Orgelklänge – es war schwer, davon unberührt zu bleiben. „Nie vorher und danach in der Geschichte der Bundesrepublik", schreibt der Adenauer-Biograf Hans-Peter Schwarz, „ist die Kraft geschichtlicher Erinnerungen und Bilder so souverän eingesetzt worden, um die Öffentlichkeit für eine außenpolitische Grundorientierung zu gewinnen."[284] Die Grundorientierung bestand in einem Paradigmenwechsel: von Konfrontation zu Kooperation, von der Erbfeindschaft zur Zukunftspartnerschaft. Es war vor allem der 86-jährige Adenauer, der den Blick nach vorn richtete. In seiner Tischrede in der Präfektur von Reims erklärte er, nachdem er der vielen Millionen Kriegstoten gedacht hatte: „Wenn unsere beiden Völker, das französische und das deutsche Volk, nicht zusammenarbeiten, wenn sie nicht zusammenarbeiten in enger Gemeinschaft, in vollem Vertrauen zueinander, in Verbundenheit und Freundschaft, wird es keinen Frieden geben, weder für Frankreich und für Deutschland, noch für Europa, noch für die Welt."[285]

Adenauers Bedingungssatz von Reims, es werde ohne die deutsch-französische Freundschaft keinen Frieden geben, sollte bald *das* europapolitische Mantra werden. Erst mit der Zeit nutzte es sich etwas ab. Als Helmut Kohl 2014, damals schon lange im Ruhestand, der um sich greifenden neo-nationalistischen Stimmung die Stirn bot und Skeptikern im eigenen Land vorhielt, Europa bleibe „eine Frage von Krieg und Frieden", wurde das von manchen belächelt. Das *couple franco-allemand* wie auch der Friede in Europa schienen zu einer Selbstverständlichkeit geronnen, an der kein vernünftiger Mensch zweifeln konnte.

Das war 1962 anders. Die Berlin-Krise 1958 und drei Jahre später der Mauerbau hatten das Spannungsthermometer zweimal hintereinander in die Höhe getrieben. Dann, im Oktober 1962 – die Begegnung von Reims lag gerade drei Monate zurück –, brach die Kuba-Krise aus, und die Welt stand, wie ein Buchtitel es ausdrückte, *Dreizehn Tage am atomaren Abgrund.*[286] Für die Zeitgenossen war die Möglichkeit eines neuen Krieges alles andere als ein Hirngespinst. De Gaulle und Adenauer wussten, wie dringend die Menschen auf ein Zeichen der Hoffnung warteten. Allerdings gehörte eine große Portion Fantasie dazu, ausgerechnet Frankreich und der Bundesrepublik, selbst wenn sie sich zusammenfanden, eine tragende Rolle in der Weltpolitik zuzutrauen. Der Bonner Halbstaat war ungeachtet des Wirtschaftswunders politisch ein Leichtgewicht und noch nicht einmal in vollem Umfang souverän. Für Frankreich waren die Jahre nach 1945 außenpolitisch deprimierend verlaufen. Aus Vietnam war man geschlagen abgezogen, hatte in der Suezkrise klein beigeben müssen und zuletzt auch noch Algerien verloren, das für die Republik immer weit mehr bedeutet hatte als eine Kolonie. Frankreich und Deutschland als Stützpfeiler des Friedens? Die Botschaft von Reims war in hohem Maße anspruchsvoll.

Andererseits: Welch enorme Wegstrecke war seit Kriegsende zurückgelegt worden! Die frühen Nachkriegsjahre ließen eher eine Fortsetzung der Erbfeindschaft erwarten. 1947 schloss Frankreich einen Beistandspakt mit dem Vereinigten Königreich. Das Abkommen von Dünkirchen mit einer Laufzeit von fünfzig Jahren war eindeutig gegen Deutschland gerichtet. Laut Vertragstext diente es dem Ziel, „zu verhindern, daß dieses Land wieder eine Gefahr für den Weltfrieden" werde. Zur selben Zeit verharrten die Deutschen in einer Schockstarre, von einer ernsthaften Auseinandersetzung mit der Nazi-Vergangenheit konnte keine Rede sein. Auf die Frage „Welcher große Deutsche hat am meisten für Deutschland getan?" nannten 1950 die Befragten Hitler nach Bismarck an zweiter Stelle. Ein Jahr später meinten 42 Prozent der Bevölkerung, in der Zeit zwischen 1933 und 1939 sei es ihnen am besten ergangen, die Gegenwart fanden ganze 2 Prozent gut.[287] Vor dem Hintergrund von 10 Millionen Flüchtlingen und einer Beschäftigungsquote von nur etwas mehr als 10 Prozent mögen diese Zahlen vielleicht nicht überraschen. Sie machen jedoch deutlich, dass es mit den Lernfortschritten der Deutschen nicht weit her war.

Die „Reeducation" wurde von der Bevölkerungsmehrheit als etwas Aufgepfropftes empfunden. Verbreitet war die Einstellung, amerikanische Zigaretten zu rauchen, reiche aus, um als gewandelter Mensch dazustehen. Die Verhältnisse in „Trizonesien" unterschieden sich. Die französische Besatzungspolitik galt als besonders engherzig. Tatsächlich wurde die Entnazifizierung in der französischen Zone sehr ernst genommen, was auch damit zu tun hatte, dass man eine längerfristigere militärische Präsenz in Deutschland anstrebte als Briten und Amerikaner. Eine gewisse Alleinstellung förderte zudem die französische Tradition, Expansion mit zivilisatorischer Mission zu adeln. Davon profitierte beispielsweise Mainz, das eine Universität erhielt. In Speyer gründeten die Franzosen die Deutsche Hochschule für Verwaltungswissenschaft.

Noch stärker als 1919 war die französische Deutschlandpolitik nach 1945 auf größtmögliche Sicherheit vor dem gefährlichen Nachbarn ausgerichtet. Sicherheit bedeutete für de Gaulle ein klares *plus de Reich centralisé* („nie mehr ein deutscher Einheitsstaat"). Nur so lasse sich verhindern, dass Deutschland „zu seinen schlechten Neigungen" zurückkehre.[288] Worauf diese Linie konkret hinauslaufen sollte, auf Zerstückelung oder auf Amputation, ließ de Gaulle offen. Vor französischen Offizieren erklärte er 1945 in Baden-Baden: „Ziel unserer Aktion ist, Frankreich hier Fuß fassen zu lassen … d.h. Frankreich diejenigen Gebiete zur Verfügung zu stellen, die von Natur aus mit ihm verbunden sind. Darunter verstehe ich das linke Rheinufer mit der Pfalz, Hessen, Rheinpreußen und das Saargebiet."[289]

Ein Langzeitproblem stellte das Saargebiet dar, das Frankreich wegen seiner Kohlegruben am liebsten annektiert hätte. Die Saar-Verfassung von 1947 schrieb die Unabhängigkeit vom „Reich" fest und sah den Anschluss an das französische Wirtschaftsgebiet vor. Mit den Modalitäten beschäftigte sich damals der junge Valéry Giscard d'Estaing. 1949 verfasste er seine Dissertation mit dem Titel: *Le rattachement économique de la*

Sarre à la France („Die wirtschaftliche Anbindung der Saar an Frankreich"). Das Saarland besaß eine eigene Regierung, eine eigene Währung, auch eine eigene Fußballnationalmannschaft, als deren letzter Trainer übrigens Helmut Schön fungierte. Dagegen waren Verteidigungsangelegenheiten und die diplomatische Außenvertretung Sache der Regierung in Paris. De facto war das Saarland ein französisches Protektorat – und ein ständiger Zankapfel zwischen Paris und Bonn. Bis 1955: In diesem Jahr stimmten in einer Volksbefragung zwei von drei Saarländern gegen das Saarstatut und damit für den Anschluss an die Bundesrepublik. Die „kleine Wiedervereinigung" erfolgte am Neujahrstag 1957.

Es waren der Zerfall der Anti-Hitler-Koalition und der einsetzende Kalte Krieg, die Frankreich nötigten, von der reinen Blockadepolitik gegenüber Deutschland abzurücken. Vor allem die Amerikaner drängten darauf, die Westzonen zusammenzubinden und die Deutschen Zug um Zug in die Selbstständigkeit zu entlassen, mit der Aussicht, Teil des gegen die aggressive Politik der Sowjetunion gerichteten westlichen Lagers zu werden. Frankreich sträubte sich zunächst nach Kräften. Es wehrte sich gegen die Einrichtung deutscher Zentralinstitutionen und lehnte lange eine westdeutsche Verfassung ab, um schließlich dem amerikanischen Druck nachzugeben. Wir kennen die Stationen auf dem Weg zum Staat von Bonn: von der Bizone zur Trizone, vom Wirtschaftsrat zum Parlamentarischen Rat, schließlich zur Gründung der Bundesrepublik 1949. Im selben Jahr entstand der Nordatlantikpakt (NATO), der in Artikel 10 den Unterzeichnerstaaten das Recht einräumte, auch andere Staaten zum Beitritt einzuladen, theoretisch auch die Bundesrepublik.

NATO und Bonner Staat seien „gleichsam Zwillingskinder des Kalten Krieges", schreibt der französische Politologe Alfred Grosser.[290] Denselben genetischen Ursprung haben die politische Formation (West-)Europas und die deutsch-französische Aussöhnung. Der Kalte Krieg war das große *bouleversement*, er schuf die Konstellation, aus der heraus eine Entwicklung in Gang gesetzt werden konnte, die mit dem Jahr 1989 ihr glückliches Enddatum fand. Erforderlich waren dazu Politiker, die zum gegebenen Zeitpunkt das Nötige und Richtige taten.

Konrad Adenauer ist mit Epitheta reich geschmückt. Mal wurde er als Fuchs beschrieben, mal als Zyniker. Er war der Rosenzüchter von Rhöndorf, der Boccia-Spieler von Cadenabbia, der Rheinländer, der im Singsang der Region Reden hielt, deren sprachliche Weite niemanden überforderte. Er war „der alte Mann in der Politik", anders kannten ihn seine Landsleute nicht. Übrigens spielte er die Alterskarte im Karriereplan aus. Einem, dessen Jahre gezählt sind, muss sich niemand in den Weg stellen. Als er zum Bundeskanzler gewählt wurde, war er 73. Doch statt, wie erwartet, seinen Sessel bald wieder zu räumen, behielt er sein Amt vierzehn Jahre lang.

Als junger Mann war Adenauer Oberbürgermeister von Köln. Die Ernennungsurkunde erhielt er 1917 vom preußischen König. In der Weimarer Zeit fungierte er zwölf Jahre lang als Präsident des Preußischen Staatsrats in Berlin, der Stadt, die er gelegentlich als Hort des preußischen Militarismus bezeichnete. Am Ende des Krieges entging er um Haaresbreite der Ermordung durch die Nazis.

Mit Adenauer kam ein durchsetzungsstarker Politiker an die Spitze, der feste Grundsätze hatte. Entschlossen räumte er die nationalromantische Vorstellung eines Deutschlands auf dem Schaukelstuhl zwischen Ost und West ab. Gleich in der ersten Regierungserklärung am 20. September 1949 gab er die Richtung an: „Es besteht für uns kein Zweifel, daß wir nach unserer Herkunft und nach unserer Gesinnung zur westeuropäischen Welt gehören."[291] Klarer konnte man sich von einer Denktradition, die gegen die „Ideen von 1789" zu Felde zog, die (wie Thomas Mann) germanische Kultur gegen romanische Zivilisation ausspielte und die sich in der Abgrenzung von Frankreich identifizierte, nicht lossagen. Der Zusammenschluss von Westeuropa mit der deutsch-französischen Aussöhnung als Fundament, das war das Ziel, das Adenauer in seiner ganzen Amtszeit nicht aus den Augen verlor. Der erste Kanzler der Bundesrepublik brachte Deutschlands „Langen Weg nach Westen" (Heinrich August Winkler) auf den letzten Kilometer.

Adenauer war klar, dass er keines seiner Ziele erreichen würde, wenn es nicht gelang, Vertrauen aufzubauen. Vier Jahre nach dem militärischen und moralischen Kollaps war Deutschland weit davon entfernt, international kreditwürdig zu sein. Das Experiment Demokratie wurde von außen mit Argwohn und Skepsis verfolgt. Die USA, Großbritannien und Frankreich konnten über das Besatzungsstatut in fast alle Bereiche der Politik hineinregieren. Vor diesem Hintergrund kombinierte Adenauer selbstbewusstes Auftreten mit Kompromissbereitschaft in der Sache, was ihm dadurch erleichtert wurde, dass er mit den strategischen Zielen vor allem Washingtons übereinstimmte. Schwerer machte es ihm die Opposition im Bundestag. Zum Eklat kam es, als er bei einer Debatte über die internationale Ruhrkontrolle mit erregten Zwischenrufen der politischen Linken („Sind Sie noch Deutscher?") konfrontiert wurde und ihn der SPD-Vorsitzende Kurt Schumacher als „Bundeskanzler der Alliierten" titulierte. Schumacher kassierte dafür einen Ostrazismus von zwanzig Sitzungstagen, der Graben aber blieb. Der Sozialdemokrat, der Jahre im KZ verbracht hatte, profilierte sich Adenauer gegenüber als Nationalist, der sich vehement für einen Kurs außenpolitischer Neutralität einsetzte und dafür auch in den Medien Unterstützung erhielt, nicht zuletzt von *Spiegel*-Herausgeber Rudolf Augstein. Der Kanzler ließ sich davon nicht beeindrucken. Eisern hielt er an seinem Kurs fest, auch, als er sich durch die Zurückweisung der Stalin-Note von 1952 dem Vorwurf aussetzte, eine Chance zur Wiedervereinigung vertan zu haben. Freiheit vor Einheit: Adenauers Deutschlandpolitik war eine Sache des Prinzips.

Unter den europäischen Wegbereitern befanden sich auffällig viele mit den Merkmalen Grenzlandbewohner, katholisch, Nazi-Gegner. Das sorgte bei aller Unterschiedlichkeit für Anknüpfungspunkte. Der Rheinländer Adenauer fand einen Gleichgesinnten in Alcide De Gasperi. Geboren im Trentino, der bis 1918 zu Österreich-Ungarn gehörte, verbüßte der gelernte Journalist unter den Faschisten eine 16-monatige Haftstrafe. Anschließend tauchte er in die vatikanische Bibliothek ab, von wo aus er in den letzten Kriegsjahren die Gründung der Democrazia Cristiana vorbereitete. Als Ministerpräsident (1947–1953) richtete er Italien prowestlich aus und betrieb den Eintritt seines Landes in die NATO. Der Franzose Robert Schuman kam als Reichsdeutscher in Luxemburg zur

Welt. Nach dem Rückfall Lothringens an Frankreich wurde er als Abgeordneter für die Union Républicaine Lorraine (Republikanische Union Lothringen) in die Nationalversammlung gewählt. Nach dem Einmarsch der deutschen Wehrmacht schloss er sich der Résistance an und fiel 1941 der Gestapo in die Hände. 1942 konnte er aus der Haft fliehen und versteckte sich bis zur Befreiung in einem Kloster in der Ardèche. 1947 wurde er Ministerpräsident, es folgten vier Jahre als Außenminister unterschiedlicher Kabinette (bis 1952).

Schuman, der u. a. in Bonn studiert hatte, sprach fließend deutsch. Adenauer und er konnten sich ohne Dolmetscher unterhalten. Beide Politiker galten in ihren Ländern als „Grenzgänger", ein Image, das nicht unbedingt positiv unterlegt war. Adenauer sagte man nach, in den ersten Jahren der Weimarer Republik separatistische Pläne verfolgt zu haben, nämlich das Projekt eines autonomen Rheinlandes mit Anlehnung an Frankreich. Schuman wurde wegen seiner Herkunft und deutschfreundlichen Einstellung von politischen Gegnern gelegentlich als *boche* denunziert. Beide, Adenauer wie Schuman, wollten die belastete Vergangenheit überwinden, beide sahen in der Bildung einer europäischen Organisation dazu die wichtigste Voraussetzung. Die noch vagen Vorstellungen sollten schon bald sehr konkret werden.

Am Dienstag, dem 9. Mai 1950, trat in Bonn das Kabinett zu einer Beratung zusammen. Auf der Tagesordnung stand der Beitritt zum Europarat, wahrlich keine Petitesse, doch historisch ist der 9. Mai 1950 unter einem anderen Rubrum verzeichnet. „Ich wußte am Morgen noch nicht", schrieb Adenauer in seinen Erinnerungen, „daß der Tag eine bedeutsame Wendung in der europäischen Entwicklung bringen würde."[292] In die laufende Kabinettssitzung platzte die Nachricht, dass ein französischer Kurier mit zwei Briefen Schumans nach Bonn gekommen sei. Eine unverzügliche Antwort sei erforderlich. Es handelte sich um zwei Schreiben, ein privates, handschriftliches, und ein offizielles. Das zweite enthielt ein Dokument, das später unter dem Namen Schuman-Plan bekannt wurde. In dem Dokument schlug der französische Außenminister vor, die gesamte Montanindustrie Deutschlands und Frankreichs in einer

Organisation zusammenzufassen, die auch anderen Staaten offenstehen solle. Die entscheidende Passage lautete: „Europa läßt sich nicht mit einem Schlage herstellen und auch nicht durch eine einfache Zusammenfassung. Es wird durch konkrete Tatsachen entstehen, die zunächst eine Solidarität der Tat schaffen. Die Vereinigung der europäischen Nationen erfordert, daß der Jahrhunderte alte Gegensatz zwischen Frankreich und Deutschland ausgelöscht wird." Adenauer war begeistert. Postwendend teilte er Schuman mit, dass er dem Vorschlag aus ganzem Herzen zustimme.

Hinter der Erklärung stand Jean Monnet, ein Berater Schumans. Monnet war kein Amtspolitiker, er war Geschäftsmann und als solcher davon überzeugt, dass man Großes am besten durch kleine, aber konkrete Schritte zustande bringe. So klein war der Schritt freilich nicht. Der Montanbereich bildete die Herzkammer der Industrie. Ohne den (zollfreien) Zugang zu Kohle, Eisen und Stahl war wirtschaftliche Prosperität unmöglich. Der Realist Monnet packte die Staaten bei ihren vitalen Interessen. Deutschland wollte die Fremdkontrolle durch das Ruhrstatut loswerden. Frankreich musste die Sorge vor einem unkontrollierten Wiederentstehen der Wirtschaftsgroßmacht Deutschland genommen werden, eine Win-win-Situation. Monnets Ansatz überzeugte. Am 23. Juli 1952 trat die Montanunion mit den Mitgliedern Frankreich, Deutschland, Italien, Niederlande, Belgien und Luxemburg als „Europäische Gemeinschaft für Kohle und Stahl" in Kraft. Unumstritten war sie nicht. Ludwig Erhard, dem deutschen Bundeswirtschaftsminister, roch sie zu sehr nach Planwirtschaft. Adenauer wischte die Bedenken beiseite. Für ihn war der politische Fortschritt maßgeblich. Er wollte die Bundesrepublik aus den Fesseln der Vormundschaft befreien. Das ging nur über die europäische Konföderation. Und wenn Vergemeinschaftung dazu das richtige Rezept war, dann sollte es eben so sein.

Die Historiker sind sich einig: Der 9. Mai 1950 war eine Sternstunde, der Schuman-Plan das Plateau, von dem aus eine neue Idee in die Atmosphäre geschossen wurde, eine Idee, die den durch zwei Weltkriege endgültig ad absurdum geführten Nationalismus verdrängen und die das

Urproblem, die Feindschaft von Deutschland und Frankreich, lösen konnte: Europa. Auf die Montanunion folgten 1957 mit EURATOM und der EWG zwei weitere europäische Gemeinschaften, Letztere schuf den gemeinsamen Markt. Natürlich blieben Rückschläge nicht aus. 1954 scheiterte der Plan einer Europa-Armee in der französischen Nationalversammlung. Einer der Totengräber war Charles de Gaulle, der die Europäische Verteidigungsgemeinschaft (EVG) mit dem Satz diskreditiert hatte, sie bedeute die „Auslöschung Frankreichs als eigenständige Nation". Die Bundesrepublik trat der NATO bei. Am 12. November 1955 erhielten in der Bonner Ermekeilkaserne die ersten 101 Bundeswehrsoldaten ihre Ernennungsurkunden.

Der europäische Gedanke hat vielfältige Wurzeln. Victor Hugo, René Schickele oder Albert Camus erwarteten die Überwindung des Chauvinismus von einer irgendwie gearteten europäischen Föderation. Andere ideelle Zuflüsse kamen aus sozialistischem und pazifistischem Denken. Erwähnenswert ist auch Richard Coudenhove-Kalergis Paneuropa-Union, die schon 1922 gegründet wurde. Aber erst seit Beginn der Fünfzigerjahre standen die Vereinigten Staaten von Europa auf der politischen Tagesordnung, untrennbar verbunden mit dem Projekt einer deutsch-französischen Aussöhnung. Krieg und Naziherrschaft verlangten eine Antwort. Dass die zivilisatorischen Werte, die dem alten Europa als unverlierbar zugerechnet worden waren, planvoll pervertiert werden konnten, wurde vielfach mit Glaubensverlust und Nihilismus erklärt. Nicht zufällig betraten unmittelbar nach 1945 christliche Parteien, die es so vorher nicht gegeben hatte, die politische Bühne. In Italien (Democrazia Cristiana), in Frankreich (Mouvement Républicain Populaire/MRP) und in Westdeutschland (CDU/CSU) nahmen sie die Führungsrolle ein. Sie waren es, die die Bildung des neuen Europa besonders energisch vorantrieben. Adenauer, De Gasperi und Schuman waren bekennende Katholiken. Der Buchtitel *Europa der Kathedralen* (Georges Duby, 1966) gibt den Kontext treffend wieder.

Unter den Bauleuten am Haus Europa befanden sich etliche, die Gestapo-Gefängnisse und Konzentrationslager überlebt hatten. Ein Beispiel ist Joseph Rovan. Wie Alfred Grosser jüdisch-deutscher Herkunft, war er ein bedeutender Wegbereiter der deutsch-französischen Annäherung. Rovan wurde 1918 in München unter dem Namen Joseph Rosenthal geboren. Der Vater, ein Holzhändler, der zum Protestantismus übergetreten war, floh nach den ersten anti-jüdischen Ausschreitungen bereits 1933 nach Frankreich. Ein Jahr später holte er seine Familie nach. Der junge Rosenthal absolvierte ein glänzendes Bac; sein Berufswunsch war Germanist und Historiker. Der Einmarsch der Wehrmacht stellte sein Leben auf den Kopf. Mit gefälschten Papieren gelang es ihm, der Deportation zu entgehen. Er schloss sich der Résistance an, arbeitete als Journalist und schrieb unter dem Pseudonym Joseph Rovan, dem Namen, den er später beibehielt. Im Februar ging er der Gestapo in die Falle und landete in Dachau. Dort traf er auf Edmond Michelet, der von Abbé Franz Stock im Gefängnis Fresnes seelsorgerisch betreut worden war (s. Kapitel 28). Als Michelet nach dem Krieg von de Gaulle als Minister benannt wurde, holte er Rovan als Berater an seine Seite. 1945 konvertierte Rovan zum Katholizismus. Er engagierte sich in der Jugendbildung, wurde Frankreich-Korrespondent des Bayerischen Rundfunks und Professor für deutsche Geschichte in Paris. In späteren Jahren war er häufig zu Gast bei Helmut Kohl, der seinen Rat in französischen Angelegenheiten schätzte.[293]

Deutsch-französische Städtepartnerschaften gibt es an die tausend. Allein unter dem Buchstaben A wie Aachen finden sich die Namen von 45 deutschen Städten und Gemeinden, die mit französischen verpartnert sind. Die meisten *jumelages* entstanden in der Folge des Élysée-Vertrags, also nach 1963. Bedeutend älter ist die Verbindung Ludwigsburgs mit Montbéliard. Sie geht auf das Jahr 1950 zurück und ist äußerst beziehungsreich.

Montbéliard liegt in der Franche-Comté, ungefähr 15 Kilometer von Belfort entfernt, zählt heute ca. 35 000 Einwohner, und obwohl es über eine Unterpräfektur verfügt, dürften die wenigsten Franzosen den Ort kennen. Umgekehrt wissen nur die wenigsten Deutschen, dass Montbéliard auch einen deutschen Namen hat: Mömpelgard. Vierhundert Jahre lang gehörte Mömpelgard zu Württemberg, und das kam so. 1397 vereinbarte Graf Eberhard der Milde für seinen neunjährigen Sohn Eberhard IV. die Ehe mit der noch unmündigen Henriette von Montfaucon, der Erbin der Grafschaft Mömpelgard. Es war ein normaler dynastischer Vorgang. Dass man, von Schwaben kommend, mehr als 200 Kilometer reiten und den Rhein und andere Hindernisse überwinden musste, um in die Grafschaft zu gelangen, spielte keine Rolle. Die mittelalterlichen Herrschaften waren wie Streuobst, die Besitzverhältnisse interessierten außer den Besitzern niemanden und wechselten oft in kurzem Takt. Da war Mömpelgard mit seinen vierhundert württembergischen Jahren schon ein Ausreißer nach oben. In Ludwigs XIV. Reunionskriegen kurzzeitig besetzt, fiel die Grafschaft durch den Friedensvertrag von Rijswijk an die Alteigentümer zurück und blieb dort, bis es 1803 im Zuge der großen Flurbereinigung von Frankreich geschluckt wurde. Der Herzog von Württemberg, den Napoleon kurz darauf zum König machte, wurde anderweitig entschädigt.

Zurück zur *jumelage*: Im Juni 1945 fand in Stuttgart eine deutsch-französische Bürgermeisterkonferenz statt. Einer der Teilnehmer war der Bürgermeister von Montbéliard. Er war im *maquis* gewesen und sprach sich nun für Patenschaften zwischen deutschen und französischen Städten aus. Ludwigsburg kam in den Blick, weil hier seit 1948 ein Deutsch-Französisches Institut existierte, entstanden unter tätiger Mithilfe von Theodor Heuß und Carlo Schmid auf deutscher, Joseph Rovan auf französischer Seite. Zurück in Montbéliard überredete der Maire seinen Stadtrat, 50 000 Francs bereitzustellen für den Besuch einer Delegation in Ludwigsburg und den Gegenbesuch der Ludwigsburger in Montbéliard. Das war der Beginn der ersten *jumelage*. Ihr Programm war nicht anders als das der meisten Städtepartnerschaften, die folgen sollten: Schüleraustausch, Sportturniere, private Begegnungen; gefördert durch die Kommunen, gezeichnet von Höhen und Tiefen, je nachdem, ob tatkräftige Personen sich einsetzten oder nicht. Einen Tiefpunkt erlebte auch die Beziehung Ludwigsburg-Montbéliard. Das war, als 1966 der ehemalige SS-General Sepp Dietrich unter großem Medienrummel in

Ludwigsburg beigesetzt wurde und die Franzosen deswegen eine geplante Delegationsreise absagten. Aber bald brachten die Ludwigsburger die Liaison mit den Mömpelgardern wieder in Ordnung. Als 1995 Ludwigsburg einen neuen Oberbürgermeister bekam und dieser seinen Antrittsbesuch in der Franche-Comté machte, begrüßte ihn der französische Amtskollege mit den Worten: „Willkommen in Montbéliard, einer französisch sprechenden württembergischen Stadt.“[294]

Im Itinerar der deutsch-französischen Aussöhnung hat die Station Ludwigsburg einen zweiten Eintrag. De Gaulle erwiderte den Reims-Besuch Adenauers im September 1962. Ein Jahr nach dem Schock des Mauerbaus waren die Westdeutschen dankbar für jedes Zeichen der Verbundenheit. Der französische Staatspräsident beschenkte sie reichlich. Bei seinem viertägigen Aufenthalt zog de Gaulle alle Register einer erprobten Rhetorik und demonstrierte, dass er ein großer Kenner der Volksseele war. Eine kluge Reiseregie hatte den Schlusstag als Höhepunkt bestimmt. Nach Aufenthalten in Bonn, Köln, Düsseldorf, Hamburg und München erreichte de Gaulle am Nachmittag des 9. September Ludwigsburg. Vor dem barocken Schloss erwarteten ihn an die 20 000 Menschen, die meisten waren junge Leute, die bald aus dem Staunen nicht mehr herauskamen. So waren sie noch nie von einer Autoritätsperson angesprochen worden.

„Sie alle beglückwünsche ich!“, begann de Gaulle seine Rede. „Ich beglückwünsche Sie zunächst, jung zu sein. Man braucht ja nur die Flamme in Ihren Augen zu beobachten, die Kraft Ihrer Kundgebungen zu hören, bei einem jeden von Ihnen die persönliche Leidenschaftlichkeit und in Ihrer Gruppe den gemeinsamen Aufschwung mitzuerleben, um überzeugt zu sein, daß diese Begeisterung Sie zu den Meistern des Lebens und der Zukunft auserkoren hat.“ Nach der ungewöhnlichen Introduktion kam der General zum Kern der Botschaft.

„Ich beglückwünsche Sie ferner, junge Deutsche zu sein, das heißt Kinder eines großen Volkes. Jawohl! Eines großen Volkes! Das manchmal im Laufe seiner Geschichte große Fehler begangen hat. Ein Volk, das aber auch der Welt fruchtbare geistige, wissenschaftliche, künstlerische und philosophische Werke beschert hat, das die Welt um unzählige Erzeugnisse seiner Erfindungskraft, seiner Technik und seiner Arbeit bereichert hat, ein Volk, das in seinem friedlichen Werk, wie auch in den Leiden des Krieges, wahre Schätze an Mut, Disziplin und Organisation entfaltet hat. Das französische Volk weiß das voll zu würdigen, weil es auch weiß, was es heißt, schaffensfreudig zu sein, zu geben und zu leiden." Der Schluss der 13-minütigen Rede klang dann schon konventioneller. De Gaulle bezeichnete Vertrauen und Freundschaft von Franzosen und Deutschen als „Grundstein, auf dem die Einheit Europas gebaut" werden müsse. Die junge Generation nahm er in die Pflicht. Es sei an ihr, „einander immer näher zu kommen, sich besser kennenzulernen und engere Bande zu schließen".

Die Bild- und Tonaufnahme lässt das Meisterhafte der Rede wenigstens halbwegs erfassen. Die hohe Gestalt des Generals unter dem Balkon des Neuen Hauptbaus, die bewegte Gesichts-Landschaft des Redners, der immer wieder wie zu einer Umarmung ausholende rechte Arm, die ungewohnte Akzentuierung, die gelegentliche Suche nach dem richtigen Wort (de Gaulle sprach frei) – das alles wirkte außerordentlich authentisch und französisch und verlieh der unerhörten Aussage den gebührenden Rahmen. Der fraglos mit Bedacht formulierte Schlüsselsatz ging unter die Haut. Als Angehörige eines „großen Volkes" angesprochen zu werden, musste den um Selbstachtung ringenden jungen Deutschen wie eine Lossprechung vorkommen, deren Großherzigkeit noch dadurch gesteigert wurde, dass man selbst ja nichts zu vergeben hatte. Die sozialpsychologische Tiefenwirkung der Ludwigsburg-Rede stand auf einer Stufe mit dem Gewinn der Fußball-WM 1954. In Bern war die Mannschaft um Fritz Walter der Held, in Ludwigsburg war der Held de Gaulle, der oberste Repräsentant des ehemaligen Erbfeindes.

Vier Monate später wurde in Paris der deutsch-französische Freundschaftsvertrag unterzeichnet. Der Élysée-Vertrag führte einen Konsultationsmechanismus auf Regierungsebene ein. In Anknüpfung an de Gaulles Ludwigsburg-Rede wurde vereinbart, den Deutsch- bzw. Französischunterricht an den Schulen zu intensivieren. Ein gemeinsames

Jugendwerk sollte den Austausch junger Deutscher und Franzosen organisieren. Gemessen an der dunklen Vorgeschichte markierte der Élysée-Vertrag eine Zäsur der nachbarschaftlichen Beziehungen, allerdings unterschritt er die Erwartungen und wohl auch die Möglichkeiten. Das lag daran, dass bereits die Vorstellungen der Hauptakteure nicht vollständig konvergierten. Beide wollten einen Staatenbund, anders als Adenauer sah de Gaulle darin allerdings ein Mittel, die USA und Großbritannien auf Distanz zu halten. Der deutsche Bundeskanzler befand sich in einer Zwickmühle. Die exklusive Verbindung mit Frankreich war nicht nur im Bundestag, sondern auch in der CDU/CSU, des Kanzlers eigener Partei, stark umstritten. Selbst am Kabinettstisch besaßen die „Atlantiker" (im Unterschied zu den „Gaullisten") eine starke Position. Adenauer hatte nach der Wahl von 1961 zusagen müssen, sein Amt in der Mitte der Legislaturperiode abzugeben. Als Nachfolgefavorit galt Ludwig Erhard, der Bundeswirtschaftsminister, dessen kritische Einstellung zu de Gaulle kein Geheimnis war. Ihn und andere zu binden und das inzwischen mit de Gaulle und Frankreich Erreichte unumkehrbar zu machen, war aus Adenauers Sicht ein wesentlicher Grund, den Vertrag überhaupt zu schließen. Damit der Vertrag nicht im Bundestag scheiterte, musste der Kanzler Konzessionen machen. Dem Abkommen wurde eine Präambel vorgeschaltet, die den Willen zur Zusammenarbeit mit den USA beschwor und die Aufnahme Großbritanniens in die EWG befürwortete – Hinzufügungen, die den Vertrag in den Augen de Gaulles entwerten mussten. Noch Jahre später konnte sich der General darüber ereifern. In Paris wurde der Freundschaftsvertrag von der Nationalversammlung am 14. Juni ratifiziert. Einen Tag vorher waren die sterblichen Überreste von Abbé Franz Stock exhumiert und in Chartres beigesetzt worden.

Ein Staat habe keine Freunde, er habe nur Interessen, soll de Gaulle gesagt haben. Der Satz wird gern von Politikern bemüht, die sich für Realisten halten und alle übrigen für naiv. So zu verstehen war Helmut Schmidt, der einmal sagte, wer Visionen habe, solle zum Arzt gehen, und damit vermutlich Willy Brandt meinte. Oder Gerhard Schröder, der als Amtsneuling eine interessenbestimmte Europapolitik ankündigte, und damit auf Helmut Kohl zielte. Alles müsse „sich rechnen", sagte Schröder damals, auch so etwas wie Europa.

Obwohl als General Realist von Berufs wegen, hätte de Gaulle das Etikett „Visionär" keineswegs abgelehnt. Als er 1940 in London das Komitee Freies Frankreich (*France libre*) gründete und dem populären Pétain und dem scheinbar unschlagbaren Hitler den Kampf ansagte, sahen viele in ihm einen Narren, war er doch ein General ohne Soldaten. Am Ende versetzte er Berge und brachte es mit Zähigkeit und Einbildungskraft dahin, dass Frankreich doch noch einen Platz am Tisch der Sieger erhielt. Mit denselben Eigenschaften war Adenauer ausgestattet. 1955, nur sechs Jahre nach ihrer Gründung, war die Bundesrepublik ein souveräner Staat und eingebunden in die westliche Wertegemeinschaft. Selbst Berufsoptimisten hätten das nicht für möglich gehalten.

Als de Gaulle 1959 als erster Präsident der Fünften Republik die Macht in Paris übernahm, stand Adenauer schon im zehnten Jahr seiner Kanzlerschaft. Von einer Traumverbindung konnte zunächst nicht die Rede sein. De Gaulle hatte gegen die Europäische Verteidigungsgemeinschaft gekämpft. Sein Konzept eines „Europa der Vaterländer" (das bis zum Ural reichen sollte) war keineswegs deckungsgleich mit den Vorstellungen des deutschen Kanzlers. Und die misogyne Haltung des Generals gegenüber den angelsächsischen Mächten bereitete Adenauer mehr als einmal Kopfzerbrechen. Die erste Begegnung der beiden Staatsmänner fand am 14. und 15. September 1958 am Privatsitz de Gaulles in Colombey-les-Deux-Églises statt. Adenauer reiste mit durchaus gemischten Gefühlen in die Champagne.[295] In langen Gesprächen fanden er und de Gaulle dennoch sehr rasch zueinander. Dabei spielten unterschiedliche Faktoren eine Rolle. Jeder hatte Respekt vor der Lebensleistung des anderen. Beide dachten in größeren geschichtlichen Zusammenhängen. Beide hatten erlebt, in welche Abgründe die Erbfeindschaft geführt hatte. Ohne das Fundament der deutsch-französischen Aussöhnung werde man die historische Mission Europas endgültig abschreiben müssen. Davon war de Gaulle nicht weniger überzeugt als

Adenauer. In einer Mitteilung an die Presse im Anschluss an das Treffen erklärte er: „Wir glauben, daß die vergangene Gegnerschaft ein für allemal überwunden sein muß und daß Franzosen und Deutsche dazu berufen sind, in gutem Einvernehmen zu leben und Seite an Seite zu arbeiten." Die französische Öffentlichkeit merkte auf. Freundschaftsbekundungen hatte man schon oft vernommen, von Schuman, Monnet und anderen. Jetzt sprach de Gaulle von Freundschaft, der Führer von *France libre*, das war etwas ganz anderes.

Das Rendezvous von Colombey schuf die Basis für eine enge und vertrauensvolle Zusammenarbeit. In seinen Memoiren legte der General später großen Wert darauf, die Dichte der Beziehungen zu seinem „hohen Freund", wie er Adenauer nannte, zu dokumentieren. „Bis Mitte 1962 tauschten Konrad Adenauer und ich rund vierzig Briefe aus. Wir trafen uns fünfzehnmal, meist in Paris, Marly oder Rambouillet, aber auch in Baden-Baden oder Bonn. Über hundert Stunden lang unterhielten wir uns in dieser Zeit, unter vier Augen, im Beisein unserer Minister oder im Familienkreis. … Gewiß tauchten mit den Umständen auch Meinungsverschiedenheiten auf, aber wir überwanden sie stets."[296] Das Resultat der vielen Gespräche konnte sich sehen lassen. Der Élysée-Vertrag erwies sich als wetterfestes Gehäuse, Deutschland war jetzt Frankreichs wichtigster Partner, umgekehrt galt dasselbe. Dem Schulterschluss der Patriarchen folgten die Menschen. Von 1963 an nahmen mehr als acht Millionen Jugendliche an Austauschmaßnahmen des Jugendwerks teil. Für die junge Generation, die den Krieg nicht mehr erlebt hatte, war die Partnerschaft am Rhein der Normalfall, der Mythos der Erbfeindschaft eine Absurdität aus finsterer Vorzeit.

Nach Adenauers Abschied vom Amt verschlechterten sich die Beziehungen zwischen Paris und Bonn rapide, was hauptsächlich mit Großbritannien zu tun hatte. Ludwig Erhardt war ein dezidierter „Atlantiker" und befürwortete den Eintritt der Engländer in die EWG; de Gaulle lehnte ihn ab, weil er in England den Strohmann der USA sah, deren Einfluss auf Europa nach seinem Geschmack schon viel zu groß war. Willy Brandt und Georges Pompidou, der de Gaulle 1969 als Staatspräsident abgelöst hatte, fanden nie einen gemeinsamen Draht. Die Klage eines Dolmetschers, er habe noch nie so viel Schweigen übersetzen müssen, war durchaus glaubhaft.[297] Außerdem stand für den SPD-Kanzler die Ostpolitik im Vordergrund, die in Paris mit Misstrauen verfolgt wurde.

In Schwung kam das *couple franco-allemand*, das deutsch-französische Paar, erst wieder unter dem Kanzler Helmut Schmidt und dem französischen Staatspräsidenten Valéry Giscard d'Estaing. Giscard hatte seine Wurzeln in der Auvergne; zur Welt gekommen war er 1926 in Koblenz, wo sein Vater damals als Beamter der französischen Besatzungsarmee sein Geld verdiente. Mit achtzehn Jahren schloss sich Giscard der Résistance an. Nach der Befreiung von Paris meldete er sich freiwillig zu den *Forces françaises libres*. In der 1. Armee unter de Lattre de Tassigny kämpfte er im Südschwarzwald. Als die Franzosen Ende April 1945 in Konstanz einrückten, saß Giscard im ersten Panzer. Auch der acht Jahre ältere Schmidt war Kriegsteilnehmer. Als Offizier kämpfte er eine Zeit lang an der Ostfront. Genauso wie Giscard ging er nach dem Krieg früh in die Politik, er als Sozialdemorat, der Franzose als Liberaler. Als Schmidt unter Willy Brandt in Bonn das Finanzministerium führte, war sein Ressortkollege in Paris Giscard d'Estaing.

Die wesentliche Leistung der Ära Schmidt-Giscard bestand in der Schaffung des 1979 eingeführten Europäischen Währungssystems. Das EWS schrieb für die EWG-Mitgliedsstaaten (bis auf Großbritannien) einen festen Wechselkurs vor. Verrechnungseinheit war der ECU. Noch hatten die europäischen Bürger kein gemeinsames Geld in der Tasche, aber die Richtung war eingeschlagen. Motor der Entwicklung waren Schmidt und Giscard. Erstmals seit Adenauer und de Gaulle konnte man wieder von einem deutsch-französischen Tandem sprechen. Viele Initiativen entstanden bei informellen Gesprächen. Der Franzose sprach fließend deutsch, das erleichterte die Kommunikation. Die Weichen zum Währungsverbund sollen eines Abends in Schmidts Kellerbar in Hamburg-Langenhorn gestellt worden sein. Innenpolitisch profilierte sich der französische Präsident als Neuerer. Er schaffte die offiziellen Feiern zum Jahrestag der deutschen Kapitulation (8. Mai) ab und überraschte seine

Landsleute mit der Anordnung, die *Marseillaise* künftig in langsamerem Tempo zu spielen, um der Hymne den martialischen Charakter zu nehmen. Beides wurde von seinem Nachfolger wieder zurückgenommen. Obwohl unterschiedlichen Lagern zugehörig, zogen Schmidt und Giscard in grundlegenden Fragen an einem Strang. Als Giscard sich im Mai 1981 um ein zweites Mandat bewarb und dem Sozialisten Mitterand unterlag, war Schmidt bei den trauernden Hinterbliebenen.

Ob Kohl und Mitterand zueinanderfinden würden, war sehr die Frage. Schmidt verlor seinen Posten im Herbst 1982 an den CDU-Vorsitzenden, nachdem ihm der Koalitionspartner FDP abhandengekommen war und ihm die eigene Partei im Nachrüstungsstreit nicht mehr folgen wollte. Mitterand hatte in seinem ersten Amtsjahr einen linken Schnellstart hingelegt, vierzig Banken und Schlüsselindustrien verstaatlicht, und in der Assemblée koalierten seine Sozialisten mit der KPF, den Kommunisten. Er hatte also alles getan, um für Kohl und seine konservative Anhängerschaft als Schreckgespenst dazustehen, während die SPD-Linke ihn als Messias feierte. Indessen wiederholte sich eine Erfahrung der Schmidt-Giscard-Zeit: Die deutsch-französischen Dinge sortierten sich zuallerletzt nach parteipolitischen Mustern. In Paris machte man sich Sorgen über das Anwachsen der deutschen Friedensbewegung. Wie konnte man das sowjetische Mittelstreckenarsenal gleichmütig hinnehmen, aber die Stationierung ähnlicher Waffen durch den Bündnispartner USA verteufeln? Mitterand sah in dieser Widersprüchlichkeit einen Rückfall in die alte deutsche Unberechenbarkeit (*incertitude allemande*), die man für überwunden gehalten hatte. Eingeladen, im Bundestag zu sprechen, griff Mitterand in diplomatisch höchst ungewöhnlicher Weise in die innerdeutsche Kontroverse ein. Ausdrücklich lobte er Kohls Position in der Nachrüstungsfrage und stärkte der schwarz-gelben Koalition den Rücken für die Wahl im März 1983, die Kohl überzeugend gewann.

Eineinhalb Jahre später, am 22. September 1984, trafen sich der französische Präsident und der deutsche Kanzler in Verdun. Anlass war das Gedenken an den Ausbruch des Ersten Weltkriegs vor siebzig Jahren.

Während des Hubschrauberflugs nach Verdun erzählte Kohl, dass sein Vater am berüchtigten *Homme-Mort* gekämpft habe; Mitterand zeigte dem Gast die Stelle, wo er selbst, 1940, verwundet worden war. Dann, vor dem Beinhaus von Douaumont, die Szene, die ikonisch wurde und die sich einprägte wie das Patriarchen-Bild aus der Kathedrale von Reims: Die Nationalhymnen erklingen. Wie erstarrt stehen Mitterand und Kohl nebeneinander, zwischen ihnen klafft der Protokollabstand von gut einem Meter. Da streckt Mitterand auf einmal die Hand aus, Kohl ergreift sie sofort. Das anschließende Bulletin hält das emphatische Niveau: „Europa ist unsere gemeinsame Heimat. … Deshalb haben wir – Deutsche und Franzosen – vor nahezu 40 Jahren den brudermörderischen Kämpfen ein Ende gesetzt und den Blick auf eine gemeinsame Zukunft gerichtet. Wir haben uns versöhnt. Wir haben uns verständigt. Wir sind Freunde geworden."[298]

Verdun war eine Manifestation. Sie bestätigte, was grenzüberschreitend in den drei vorausgegangenen Jahrzehnten gewachsen war. Aber der Härtetest stand noch aus. Er kam 1989. Den Mauerfall hatte niemand vorhergesehen, auch Helmut Kohl nicht. Jedoch hatte er sich anders als ein Großteil der westdeutschen Elite gegenüber den DDR-Machthabern nie verbogen. Als unversehens die Chance zur Wiedervereinigung auftauchte, konnte er sie energisch nutzen. Kohls Werdegang war vergleichsweise geradlinig. Als Jungpolitiker mischte er das Establishment der CDU ordentlich auf. Als Arrivierter blieb er ein aufgeklärter Konservativer mit Bodenhaftung und beachtlicher Resistenz gegen Zeitgeistmoden. Im übersichtlichen Grundriss seines Denkgebäudes bildeten neben einem ausgeprägten Antikommunismus Frankreich und Europa die *rochers de bronze*. Ein enges Verhältnis zum Nachbarland war dem Pfälzer wichtig. 1948 gehörte er zu einer Gruppe junger Leute, die bei Weißenburg (Wissembourg) pathetisch Grenzpfähle ausrissen und ein freies Europa forderten.

Weitaus kurvenreicher verlief Mitterands politische Vita. Intellektuell neugierig und ideologisch biegsam, mochte es eher ein Zufall sein, dass der ehemalige Messdiener schließlich den Anker im sozialistischen Hafen auswarf. Gern verrätselte die „Sphinx" Mitterand bestimmte Lebensabschnitte. Erst spät kam zutage, dass er nach seiner Flucht aus der Kriegsgefangenschaft eine Weile enge Kontakte zu Persönlichkeiten aus dem Umfeld Vichys gepflegt hatte. Bis 1991 schickte er jährlich Kranzgebinde ans Grab Pétains, die späte staatsamtliche Distanzierung vom Kollaborationsregime überließ er seinem Nachfolger Chirac. Was Deutschland betraf: Als gebildeter Franzose kannte er die Klassiker der Literatur, seine Vorliebe für Ernst Jünger blieb erklärungsbedürftig. Die Zweiteilung Deutschlands hielt er wie de Gaulle für widernatürlich, aber praktisch. Der trockenen Feststellung François Mauriacs: „Ich liebe Deutschland, ich liebe es so sehr, daß ich sehr zufrieden bin, daß es zwei davon gibt" hätte er wohl kaum widersprochen.

Die rapide Transformation 1989 wurde von den meisten Franzosen mit lebhafter Zustimmung begleitet, dagegen überwogen in der Elite Zurückhaltung und Ablehnung – ein soziografisches Abbild der Bundesrepublik, wo namhafte Exponenten von Politik und Gesellschaft es nicht über sich brachten, die Selbstbefreiung der Ostdeutschen anders als mit „gestopften Trompeten" zu begrüßen (so der Historiker Hans Peter Schwarz). Mitterand versuchte anfangs, die Entwicklung zu bremsen. Dass Gorbatschow die DDR aufgeben werde, hielt er für ausgeschlossen. Zwischen Paris und Bonn kriselte es wie selten. Mitterand wurde von Kohls „Zehn-Punkte-Programm" überfahren. Später verstand er die zögerliche Haltung des Kanzlers in der Oder-Neiße-Frage nicht. Umgekehrt irritierte in Bonn, dass der Präsident Ende Dezember nach Ostberlin reiste, zu einem Zeitpunkt, als sich das dortige Regime bereits in voller Auflösung befand. Schließlich lenkte Mitterand taktisch ein. Wenn er den Zug schon nicht aufhalten konnte, wollte er wenigstens die Fahrtrichtung mitbestimmen.

Die Richtung war – Europa. Im Februar 1992 wurde der Vertrag von Maastricht geschlossen. Im Zentrum stand die bindende Vereinbarung, eine europäische Gemeinschaftswährung einzuführen. Von deutschen Kritikern wurde alsbald der Vorwurf erhoben, Mitterand habe Kohl erpresst, und der Verzicht auf die D-Mark sei der Preis gewesen, den Mitterand für die Zustimmung zur Wiedervereinigung verlangt habe. Die Behauptung, die seither nie ganz verstummte, hält den Fakten nicht stand. Für einen Kuhhandel dieser Art fehlten die Voraussetzungen, da es weder in Mitterands Hand lag, die deutsche Einheit aufzuhalten, noch Kohl die Einführung des Euro abgetrotzt werden musste. Natürlich wussten Kohl und sein Finanzminister Theo Waigel, dass es der deutschen Bevölkerung schwerfallen würde, sich von der geliebten D-Mark zu trennen. Aber der logische Fortschritt des Europaprojekts war ihnen dieses Risiko wert.

Hauptnutznießer des Europaprojekts waren die Deutschen schon in der Vergangenheit gewesen. Ohne die Übertragung von Souveränitätsrechten wäre die Bundesrepublik nicht souverän geworden. Ohne Europa wäre die Freundschaft mit Frankreich nicht gelungen. Nun bewährte sich Europa auch in der Wendezeit. Die Wiedervereinigung war für die Partnerstaaten, Frankreich voran, ja durchaus keine romantische Angelegenheit. Sie drohte, die Machtbalance auf dem Kontinent auszuhebeln. Die Bundesrepublik würde durch den Zugewinn von 16 Millionen Menschen noch stärker werden, Deutschland würde weiter nach Osten rücken. Das waren Sorgen, die man ernst nehmen musste. Durch den Integrationsfortschritt von Maastricht konnte ihnen die Spitze genommen werden.

Das Verhältnis Kohl-Mitterand lässt sich nicht auf den Händedruck von Verdun reduzieren. Es kannte Verstimmungen, aber es bewährte sich in Krisen. Kurz vor seinem Tod diktierte Mitterand dem Publizisten Franz-Olivier Giesbert in den Block, Kohl sei ihm „ein Freund, und er ist einer der wichtigsten Männer dieses Jahrhunderts".[299] Derselbe Kohl saß beim Requiem für den toten Staatspräsidenten in Notre Dame weinend in der Bank.

Am 8. Mai 1995, dem 50. Jahrestag des Kriegsendes, war Mitterand ein letztes Mal in Deutschland öffentlich aufgetreten. Bei einer Rede im Berliner Schauspielhaus blickte er tief in die deutsch-französische Vergangenheit zurück: „Ein eigenartiges, grausames, schönes und großes Abenteuer ist die Geschichte dieser Brudervölker, die mehr als ein Jahrtausend brauchten … um sich anzunehmen, um sich zu vereinen."[300]

22. September 1984: Helmut Kohl und François Mitterand Hand in Hand über den Gräbern von Verdun. Elf Jahre später bilanzierte der französische Präsident das wechselvolle Verhältnis der „besten Feinde", Ostfranken und Westfranken, Deutschen und Franzosen bei einer Rede im Berliner Schauspielhaus: „Ein eigenartiges, grausames, schönes und großes Abenteuer ist die Geschichte dieser Brudervölker, die mehr als tausend Jahre brauchten … um sich anzunehmen, um sich zu vereinen."

Anhang

Literatur

Adenauer, Konrad, Erinnerungen 1945–1953, Stuttgart 1965

Albert, Anton, Das war Abbé Stock. Ein Leben zwischen den Fronten, Freiburg 1960

Arand, Tobias, 1870/71. Die Geschichte des Deutsch-Französischen Krieges erzählt in Einzelschicksalen, Hamburg 2018

Aretz, Gertrude, Königin Luise, Berlin 2015

Arndt, Ernst Moritz, Pariser Sommer 1799, München 1982

Ders., Geist der Zeit, Altona 1877

Ders., Über Volkshaß und über den Gebrauch einer fremden Sprache, Leipzig 1813

Azéma, Jean-Pierre, Vichy, in: Franzosen und Deutsche, hrsg. von Horst Möller und Jacques Morizet, München 1966, S. 223–237

Behrend, Fritz, Altdeutsche Stimmen, Berlin 1916

Beneke, Ferdinand, Die Tagebücher, hrsg. von Frank Hatje, Ariane Smith, Juliane Bremer, Jan-Christian Cordes, Frank Eisermann, Angela Schwarz, Birgit Steinke, Anne-Kristin Voggenreiter, 8 Bde., Hamburg 2015ff.

Berding, Helmut, Imperiale Herrschaft, politische Reform und gesellschaftlicher Wandel, in: König Lustigk!? Jérôme Bonaparte und der Modellstaat Königreich Westphalen, München 2008

Blanning, Tim, Friedrich der Große. König von Preußen, München 2018

Bleek, Wilhelm, Vormärz. Deutschlands Aufbruch in die Moderne 1815–1848, München 2019

Bruno, G., Le tour de France par deux enfants, New York 1913

Buck, Theo, Goethe und Frankreich, Köln/Weimar 2019

Burke, Edmund, Betrachtungen über die Französische Revolution, Frankfurt a. M. 1967

Campe, Joachim Heinrich, Reise durch England und Frankreich in Briefen an einen jungen deutschen Freund: in zwei Theilen, Braunschweig 1814

Ders., Joachim Heinrich, Briefe aus Paris zur Zeit der Revolution, Braunschweig 1790

Camus, Albert, Kleine Prosa, Hamburg 2019

Chamissos Werke in drei Teilen. Mit einer Einleitung von Max Sydow, Berlin/Leipzig/Wien/Stuttgart 1907

Chateaubriand, François René, Mémoires d'outre tombe, Leipzig 1849

Chronik zur Geschichte der Stadt Köln, hrsg. von Peter Fuchs, Köln 1993

Clark, Christopher, Preußen. Aufstieg und Niedergang. 1600–1947, München 2007

Cloots, Anacharsis, Der Redner des Menschengeschlechts, Ausstellungskatalog, Kleve 1988
Closset, René, Er ging durch die Hölle. Franz Stock, Paderborn 1979
Constant, Benjamin, Mémoires intimes de Napoléon Ier par Constant, son valet de chambre, Mercure de France 1967
Correspondance générale Napoléon Bonaparte, publié par la Fondation Napoléon, 15 Bde., Paris 2004ff.
Craig, Gordon A., Die Politik der Unpolitischen. Deutsche Schriftsteller und die Macht 1770–1871, München 1993
Damm, Sigrid, Das Leben des Friedrich Schiller, Frankfurt a. M./Leipzig 2004
Defrance, Corine und Pfeil, Ulrich, Eine Nachkriegsgeschichte in Europa 1945–1962, Deutsch-Französische Geschichte, Bd. 10, Darmstadt 2011
Die Französische Revolution. Berichte und Deutungen deutscher Schriftsteller und Historiker, 4 Bde., hrsg. von Horst Günther, Frankfurt a. M. 1985
Dreyfus, François-George, Straßburg und der Rhein zwischen Frankreich und Deutschland, in: Möller, Horst und Morizet, Jacques, Franzosen und Deutsche. Orte der gemeinsamen Geschichte, München 1996
Duby, Georges, Der Sonntag von Bouvines, Berlin 1988
Dufraisse, Roger, L'Allemagne à l'époque napoléonienne. Questions d'histoire politique, économique et sociale, Bonn/Berlin 1992
Dumas, Alexandre, Les Blancs et les Bleus, Paris 2006
Dumont, Franz, „Sein Leben dem Wahren widmen". Adam Lux als historische Gestalt, in: Stefan Zweig, Adam Lux, Obernburg 2005, S. 113–146
Fabvre, Lucien, Der Rhein und seine Geschichte, Frankfurt a. M. 1996
Ferdinand, Horst, Schickele, in: Badische Biografien, NF Bd. 4, Stuttgart 1996
Fichte, Johann Gottlieb, Reden an die deutsche Nation, Leipzig o. J.
Fink-Lang, Monika, Joseph Görres, Paderborn 2013
Fontane, Theodor, Vor dem Sturm, 2 Bde., Sämtliche Werke, hrsg. von Bodo von Petersdorf, Augsburg o. J.
Fonyi, Antonia, Les Soirées de Médan: un livre à lire, in: Romantisme, Jg. 1999, Nr. 103, S. 97–111
François, Étienne, Die Wartburg, in: Deutsche Erinnerungsorte, hrsg. von Étienne François und Hagen Schulze, München 2001, S. 154–170
François, Étienne/Hagen Schulze (Hrsg.), Deutsche Erinnerungsorte, München 2001
Frisch, Lutz, Deutschlands Wiedergeburt. Neustadter Bürger und das Hambacher Fest 1832, Neustadt an der Weinstraße 2012
Fuchs, August, Zur Geschichte und Beurtheilung der Fremdwörter im Deutschen, Dessau 1842
Galen, Hans u. a., Münster, Wien und die Türken 1683–1983. Ausstellungskatalog Münster 1983

Gleim-Lesebuch, hrsg. von Diana Stört und Ute Pott, Halberstadt 2017
Goetz, Walter, Absolutismus und Aufklärung, in: Propyläen-Weltgeschichte, Bd. VI, Berlin 1931
Gregor-Dellin, Martin, Schlabrendorf oder Die Republik, Leipzig o. J.
Grimmelshausen, Hans Jacob Christoffel von, Der abenteuerliche Simplicius Deutsch, Frankfurt a. M. 2009
Grolle, Inge, Eine Diplomatenehe im Bann von Napoleon und Goethe: Karl Friedrich Reinhard (1761–1837) und Christine Reinhard geb. Reimarus (1771–1815), Hamburg 2007
Gross, Else R. (Hrsg.), Karl Friedrich Reinhard 1761–1837. Ein Leben für Frankreich und Deutschland, Stuttgart o. J.
Grosser, Alfred, Das Bündnis. Die westeuropäischen Länder und die USA seit dem Krieg, München 1978
Guennifey, Patrice, Bonaparte. 1769–1802, Paris 2013
Haffner, Sebastian, Historische Variationen, Stuttgart/München 2001
Hampe, Karl, Deutsche Kaisergeschichte in der Zeit der Salier und Stauffer, Heidelberg 1963
Harpprecht, Klaus, Georg Forster oder die Liebe zur Welt, Hamburg 1980
Hartmann, Peter. C. u. a. m., Französische Könige und Kaiser der Neuzeit, München 1994
Herold, Christopher, Madame de Staël. Herrin eines Jahrhunderts, München 1960
Hirschi, Caspar, Wettkampf der Nationen, Konstruktionen einer deutschen Ehrgemeinschaft an der Wende vom Mittelalter zur Neuzeit, Göttingen 2013
Hugo, Victor, Der Rhein, Übersetzung von Annette Seemann, Berlin 2021
Ders., Le Rhin, Paris 1869
Hugues, Pascal, Marthe und Mathilde. Eine Familie zwischen Frankreich und Deutschland, Reinbek 2008
Jäger, Jens, Das vernetzte Kaiserreich. Die Anfänge von Modernisierung und Globalisierung in Deutschland, Ditzingen 2020
Jahn, Friedrich Ludwig, Deutsches Volksthum, Lübeck 1810
Ders., Merke zum deutschen Volksthum, Hildburghausen 1833
Jasper, Willi, Hotel Lutetia, München/Wien 1994
Joachimsen, Paul, Das Zeitalter der Reformation, in: Propyläen-Weltgeschichte, Bd. V, Berlin 1931, S. 3–216
Kock, Erich, Abbé Franz Stock. Priester zwischen den Fronten, Mainz 1997
Kohler, Alfred, Karl V. 1500–1558. Eine Biographie, München 2000
König, Mareike/Élise Julien, Deutsch-französische Geschichte. 1870 bis 1918, Darmstadt 2019
Krumeich, Gerd, Jeanne d'Arc. Seherin, Kriegerin, Heilige. München 2020, S. 312ff.

Lahnstein, Peter, Adelbert von Chamisso, der Preuße aus Frankreich, München 1984
Langenwiesche, Dieter, Der gewaltsame Lehrer. Europas Kriege in der Moderne, München 2019
Lappenküper, Ulrich, Mitterand und Deutschland. Die enträtselte Sphinx, München 2011
de Las Cases, Emmanuel, Le mémorial de Sainte Hélène. Le manuscrit original retrouvé, Paris 2017
Leiner, Wolfgang, Das Deutschlandbild in der französischen Literatur, Darmstadt 1991
Loo, Bart van, Burgund. Das verschwundene Reich, München 2020
Lorenzen, Jan N., Die großen Schlachten. Mythen, Menschen, Schicksale, Frankfurt a. M. 2006
Ludwig, Emil, Napoleon, Zürich 1952
Maass, Joachim, Kleist. Die Geschichte seines Lebens, Bern/München 1977
Malettke, Klaus, Richelieu. Ein Leben im Dienste des Königs von Frankreich, Paderborn 2018
Mann, Thomas, Betrachtungen eines Unpolitischen, Frankfurt a. M. 2009
Maupassant, Guy de, Boule de Suif, Paris 1984
Meinecke, Friedrich, Das Zeitalter der deutschen Erhebung, Göttingen 1957
Miard-Delacroix, Hélène und Wirsching, Andreas, Von Erbfeinden zu guten Nachbarn, Ditzingen 2019
Michelet, Jules, Geschichte der französischen Revolution, 2 Bde., Neu-Isenburg 2009
Minerva. Ein Journal historischen und politischen Inhalts, hrsg. von Johann Wilhelm von Archenholz, Berlin/Hamburg 1792
Möller, Horst, Fürstenstaat oder Bürgernation. Deutschland 1763–1815, Berlin 1998
Möller, Horst/Morizet, Jacques, Franzosen und Deutsche. Orte der gemeinsamen Geschichte, München 1996
Müchler, Günter, Wie ein treuer Spiegel. Die Geschichte der Cotta'schen Allgemeinen Zeitung, Darmstadt 1998
von zur Mühlen, Bernt Ture, Napoleons Justizmord am deutschen Buchhändler Johann Philipp Palm, Frankfurt a. M. 2003
Müller, Heribert, Der bewunderte Erbfeind. Johannes Haller, Frankreich und das französische Mittelalter, öffentliche Antrittsvorlesung an der Johann Wolfgang von Goethe-Universität Frankfurt, Frankfurt a. M. 1989, in: Historische Zeitschrift, Bd. 252/1991, S. 265ff.
Napoleon am Rhein. Wirkung und Erinnerung einer Epoche, hrsg. von Jürgen Wilhelm, Köln 2012
Napoleons Gesetzgebung/Code Napoléon, Faksimile-Ausgabe, Nachwort von Barbara Dölemeyer, Frankfurt 2001

Naumann, Ursula, Auf Forsters Canapé. Liebe in Zeiten der Revolution, Berlin 2012
Neustadter Bürger und das Hambacher Fest 1832, Katalog einer Ausstellung des Landes Rheinland-Pfalz zum 150-jährigen Jubiläum 1982, Neustadt an der Weinstraße 2012
Nipperdey, Thomas, Deutsche Geschichte 1800–1866, München 1983
Oelsner, Konrad Engelbert, Luzifer oder gereinigte Beiträge zur Geschichte der französischen Revolution, Leipzig 1987
Parzinger, Hermann, Verdammt und vernichtet. Kulturzerstörungen vom Alten Orient bis zur Gegenwart, München 2021
Paye, Claudie, Vous avez dit Lustik? Über Sprachen und Sprachpolitik im Königreich Westphalen, in: König Lustigk!? Jérôme Bonaparte und der Modellstaat Königreich Westphalen, München 2008, S. 148–153
Pflanze, Otto, Bismarck. Der Reichsgründer, Bd. 1, München 1997
Platzhoff, Walter, Das Zeitalter Ludwigs XIV., in: Propyläen-Weltgeschichte, Bd. VI, Berlin 1931, S. 3–152
Raumer, Kurt von, Die Zerstörung der Pfalz von 1689. Im Zusammenhang der französischen Rheinpolitik. München/Berlin 1930
Reinhard, Christine, Lettres de Madame Reinhard à sa mère 1798–1815, Paris 1900
Reinhard, Karl Friedrich, Briefe über die Revolution in Frankreich, in: Schwäbisches Archiv, 1. Bd., 1. St., 1790
Reinhard, Wolfgang, Lebensformen Europas. Eine historische Kulturanthropologie, München 2004
Ritter, Gerhard, Stein. Eine politische Biografie, Stuttgart 1958
Roberts, Andrew, Napoleon the Great, London 2015
Ruof, Friedrich, Johann Wilhelm von Archenholz. Ein deutscher Schriftsteller zur Zeit der französischen Revolution und Napoleons, Historische Studien 131, Berlin 1915
Safranski, Rüdiger, Romantik. Eine deutsche Affäre, Frankfurt a. M. 2006
Savoy, Bénédicte, Kunstraub. Napoleons Konfiszierungen in Deutschland und die Folgen, Wien/Köln/Weimar 2011
Schama, Simon. Der zaudernde Citoyen. Rückschritt und Fortschritt in der Französischen Revolution, München 1989
Schickele, René, Der Fremde, Berlin 1913
Ders., Leben und Werk in Dokumenten, hrsg. von Friedrich Bentmann, Karlsruhe 1974
Schmidt, Georg, Die Reiter der Apokalypse. Geschichte des Dreißigjährigen Krieges, München 2018
Schmierer, Wolfgang, Die Städtepartnerschaft zwischen Mömpelgard und Ludwigsburg nach dem Zweiten Weltkrieg, in: Württemberg und

Mömpelgard, 600 Jahre Begegnung, hrsg. von Sönke Lorenz und Peter Rückert, Leinfelden-Echterdingen 1999, S. 459–467
Schneider, Reinhold, Die Rose des Königs, Freiburg 1957
Schneidmüller, Bernd/Weinfurter, Stefan (Hrsg.), Die deutschen Herrscher des Mittelalters, München 2003
Schopp, Claude, Alexandre Dumas, Librairie Arthème Fayard, 2002
Schorn-Schütte, Luise, Königin Luise. Leben und Legende, München 2003
Schottel, Justus Georg, Lamentatio Germaniae expirantis. Der nunmehr hinsterbenden Germaniae elendste Todesklage, Braunschweig 1640
Schreiber, Aloys, Handbuch für Reisende am Rhein, Faksimile der Fassung von 1816, Erfurt 2018
Schroll Armin, Prinzessin Auguste Amalie von Bayern, München 2010
Schukraft, Harald, Württembergische Spuren im heutigen Mömpelgard, in: Württemberg und Mömpelgard, 600 Jahre Begegnung, hrsg. von Sönke Lorenz und Peter Rückert, Leinfelden-Echterdingen 1999, S. 439–458
Schulz, Gerhard, Kleist. Eine Biographie. München 2007
Schulze, Hagen, Napoleon, in: Deutsche Erinnerungsorte, hrsg. von Étienne François und Hagen Schulze, Bd. II, München 2001, S. 28–46
Schwarz, Hans-Peter, Anmerkungen zu Adenauer, München 2004
Ders., Die Ära Adenauer, in: Geschichte der Bundesrepublik Deutschland in 5 Bänden, Bd. 2, Stuttgart 1983
Ders., Vom Reich zur Bundesrepublik, Stuttgart 1980
Seibt, Gustav, Goethe und Napoleon. Eine historische Begegnung, München 2008
Sieburg, Friedrich, Napoleon – die hundert Tage, Stuttgart 1960
Sieburg, Heinz-Otto, Deutschland und Frankreich in der Geschichtsschreibung des neunzehnten Jahrhunderts, Wiesbaden 1954
Ders., Geschichte Frankreichs, Stuttgart/Berlin/Köln 1989
Siehr, Ernst Ludwig, Auszug aus dem Tagebuch des Justiz-Kommissionsrates Ernst Ludwig Siehr zu Tilsit, Juni-Juli 1807, in: 200 Jahre Tilsiter Frieden, Arnstadt 2007
Sontheimer, Kurt, Antidemokratisches Denken in der Weimarer Republik, München 1968
Staël, Anne Louise Germaine de, Über Deutschland, München o. J.
Stampfer, Friedrich, Die vierzehn Jahre der ersten deutschen Republik, Hamburg 1953
Steininger, Rolf, Die Kuba-Krise. Dreizehn Tage am atomaren Abgrund, München 2011
Stern, Alfred, Die Französische Revolution und ihre Wirkung auf Europa, in: Propyläen-Weltgeschichte, Bd. VII, Berlin 1931, S. 1–114
Strauss, David Friedrich, Krieg und Friede, Zwei Briefe an Ernst Renan, nebst dessen Antwort auf den ersten, Leipzig 1870

Susini, Jean-Luc, Reims als historischer Ort, in: Möller, Horst und Morizet, Jacques, Franzosen und Deutsche. Orte der gemeinsamen Geschichte, München 1996, S. 238–263

Treitschke, Heinrich von, Deutsche Geschichte im neunzehnten Jahrhundert, Bd. 2, Leipzig 1927

Trox, Eckhard, „Wider Napoleon!" Die Geburtsstunde von Demokratie, Emanzipationsbewegungen und nationaler Bewegung im Territorium der Grafschaft Mark (1806–1815), Lüdenscheid 2013

Tschacher, Werner, Die Funktion Karls des Großen und Aachens für die Symbolpolitik Napoleons, in: Napoleon am Rhein. Wirkung und Erinnerung einer Epoche, hrsg. von Jürgen Wilhelm, Köln 2012

Tulard, Jean u. a., Histoire et Dictionnaire de la Révolution Française. Paris 1987, 1998

Uthmann, Jörg von, Poetische Frucht einer Nahostkrise, in: Frankfurter Anthologie, Bd. 14, Frankfurt a. M./Leipzig 1991

Varnhagen von Ense, Karl August, Denkwürdigkeiten des eigenen Lebens, 2 Bde., Berlin 1922/1925

Ders., Schriften und Briefe, Stuttgart 1991

Vercors, Das Schweigen des Meeres, Mit einem Essay von Ludwig Harig und einem Nachwort von Yves Beigbeder, Zürich 1999

Waechter, Matthias, Geschichte Frankreichs im 20. Jahrhundert, München 2019

Weinfurter, Stefan, Das Reich im Mittelalter, München 2008

Wieland, Christoph Martin, in: Die Französische Revolution, 4 Bde., hrsg. von Horst Günther, Bd. 2, Georg Forster und die deutschen Publizisten, Frankfurt a. M. 1985

Wien 1529. Die erste Türkenbelagerung. Katalog der Ausstellung im Historischen Museum der Stadt Wien, Wien 1980

Wieviorka, Annette, Wie gedenkt man des Völkermords und der Deportation, in: Möller, Horst und Morizet, Jacques, Franzosen und Deutsche. Orte der gemeinsamen Geschichte, München 1996, S. 263–297

Winkler, Heinrich August, Der lange Weg nach Westen, München 2002

Ders., Wie wir wurden, was wir sind. Eine kurze Geschichte der Deutschen, München 2020

Wolfrum, Edgar, Die geglückte Demokratie, Stuttgart 2006

Wrede, Martin, Ludwig XIV. Der Kriegsherr aus Versailles, Darmstadt 2015

Zechlin, Egmont, Die deutsche Einheitsbewegung, Frankfurt a. M./Berlin 1967

Zola, Émile, La débâcle, tome premier, Paris 1926

Zur Literatur der Befreiungskriege, hrsg. vom Kollektiv für Literaturgeschichte, Leitung Klaus Gysi, Berlin 1962

Zweig, Stefan, Adam Lux, Obernburg, 2005

Ders., Romain Rolland. Der Mann und das Werk, Frankfurt a. M. 1921, S. 222f.

Anmerkungen

1 David Friedrich Strauss, Krieg und Friede, S. 22.

1 Kaiser Ottos Waterloo

2 Zit. n. Georges Duby, Der Sonntag von Bouvines, S. 50.

3 Karl Hampe, Deutsche Kaisergeschichte in der Zeit der Salier und Stauffer, S. 254.

4 Vgl. Bernd Schneidmüller / Stefan Weinfurter, Die deutschen Herrscher des Mittelalters, S. 10.

2 Der Türke: „Erbfeind der Christenheit"

5 Vgl. Étienne François und Hagen Schulze (Hrsg.), Deutsche Erinnerungsorte, Bd. I, S. 389, sowie Caspar Hirschi, Wettkampf der Nationen, S. 172.

6 Über die Belagerung Wiens vgl. Jan N. Lorenzen, Die großen Schlachten, S. 17–55; außerdem den Katalog der Ausstellung von 1980: Wien 1529. Die erste Türkenbelagerung.

7 Lorenzen, S. 37.

8 Siehe online unter: http://www.kath-info.de/tuerkenkriege.html [Stand: 03.11.2021].

9 Katalog, S. 70 und 77.

10 Edikt vom 7.8.1783, also wenige Wochen vor der Schlacht am Kahlenberg, zit. n. Hans Galen u. a., Münster, Wien und die Türken 1683–1983, S. 113.

11 Vgl. Fritz Behrend, Erbfeind. Eine wortgeschichtliche Studie, in: ders., Altdeutsche Stimmen, S. 12.

3 Fuggers Geld verhindert Franz I.

12 Zit. n. Alfred Kohler, Karl V., S. 69.

4 Tacitus und die „deutsche Einfalt"

13 Wolfgang Reinhard, Lebensformen Europas, S. 278.

14 Zit. n. Behrend, S. 18.

15 Joachimsen, Paul, Das Zeitalter der Reformation, in: Propyläen-Weltgeschichte, Bd. V, S. 70.

16 Hans Jacob Christoffel von Grimmelshausen, Der abenteuerliche Simplicius Deutsch, S. 347ff.

17 Der Hinweis auf das Buch der hundert Kapitel ist Stefan Weinfurter, Das Reich im Mittelalter, entnommen, S. 244.

18 Karl August Varnhagen von Ense, Denkwürdigkeiten des eigenen Lebens, Bd. II, S. 90.

19 Anne Louise Germaine de Staël, Über Deutschland, S. 49.

5 Vom Nachahmungseifer der Deutschen

20 Zit. n. August Fuchs, Zur Geschichte und Beurtheilung der Fremdwörter im Deutschen, S. 43.

21 Armin Schroll, Prinzessin Auguste Amalie von Bayern, S. 26.

22 Vgl. Walter Goetz, Absolutismus und Aufklärung, in: Propyläen-Weltgeschichte, Bd. VI, S. 45 und 49.
23 Johann Pezzl 1784, zit. n. Horst Möller, Fürstenstaat oder Bürgernation, S. 70.
24 Vgl. Georg Schmidt, Die Reiter der Apokalypse, S. 479.
25 Leibniz, Unvorgreifliche Gedanken, zit. n. Fuchs, S. 44f.
26 Vgl. Heinrich August Winkler, Der lange Weg nach Westen, Bd. I, S. 37.
27 Wolfgang Leiner, Das Deutschlandbild in der französischen Literatur, S. 31.
28 Aus: „Als man den Verfasser der Schmeicheley beschuldigte", Gleim-Lesebuch, hrsg. von Diana Stört und Ute Pott, S. 40.
29 Möller, Fürstenstaat, S. 375.
30 Vgl. Tim Blanning, Friedrich der Große, S. 170.
31 Ebd., S. 435f.
32 Zit. n. Blanning, S. 436.
33 Ebd., S. 435.

6 „Die Völker zum Weinen bringen": Franzosen wüten in der Pfalz

34 Victor Hugo, Der Rhein, S. 92.
35 Kurt von Raumer, Die Zerstörung der Pfalz von 1689, S. 116.
36 Martin Wrede, Ludwig XIV., S. 164.
37 Ebd., S. 125.
38 Ebd., S. 164.
39 Ebd., S. 92.
40 Walter Platzhoff, Das Zeitalter Ludwig XIV., S. 87.
41 Ebd., S. 92.
42 von Raumer, S. 195.

7 Revolution I: „Oh, wenn ich itzt Franzose wäre"

43 Christoph Martin Wieland, zit. n. Die Französische Revolution, hrsg. von Horst Günther, Bd. 2, S. 538.
44 Zit. n. Edmund Burke, Betrachtungen über die Französische Revolution, S. 8.
45 Wieland, S. 486.
46 Die Französische Revolution, Bd. 1, S. 177.
47 Karl Friedrich Reinhard im Schwäbischen Archiv, 1. Bd., 1790, Briefe über die Revolution in Frankreich, S. 459f. Die Liedzeilen stammen aus dem Deutschen Trinklied von Johann Martin Miller, S. 242.
48 Klaus Harpprecht, Georg Forster oder die Liebe zur Welt, S. 421f.
49 Rüdiger Safranski, Romantik. Eine deutsche Affäre, S. 32.
50 Harpprecht, S. 421f.
51 Ferdinand Beneke, Die Tagebücher, Begleitband 1, S. 250.
52 Joachim Heinrich Campe, Briefe aus Paris zur Zeit der Revolution, S. 4.
53 Ebd., S. 1.
54 Ebd., S. 12.
55 Die Französische Revolution, Bd. 1, S. 30.
56 Campe, Briefe, S. 217.
57 Joachim Heinrich Campe, Briefe aus Paris, S. 17f.
58 Zum Lebenslauf Archenholz' siehe Friedrich Ruof, Johann Wilhelm von Archenholz, dessen Biografie hier weitgehend gefolgt wird.
59 Ebd., S. 32.
60 Ebd., S. 30.
61 Minerva. Ein Journal historischen und politischen Inhalts, hrsg. von Johann Wilhelm von Archenholz, Bd. I, S. 3ff.

62 Ruof, S. 40ff.
63 Die Französische Revolution, Bd. 1, S. 243.
64 Ruof, S. 18f.
65 Ebd.
66 Die Beschreibung des „Deutschen Klubs" verdanken wir Gerhard Anton von Halem, in: Die Französische Revolution, Bd. 1, S. 167.
67 Zit. n. Gregor-Dellin, Martin, Schlabrendorf oder Die Republik, S. 31f.
68 Zu Oelsner liegt eine ausgezeichnete Biografie vor: Klaus Deinelt, Konrad Engelbert Oelsner und die Französische Revolution. Oelsners Berichte werden in der Minerva abgedruckt. 1797 publiziert Oelsner Luzifer oder gereinigte Beiträge zur Geschichte der Französischen Revolution. Zur Bibliografie: Die Französische Revolution, Bd. 4, S. 1326.
69 Deinelt, S. 23.
70 Simon Schama, Der zaudernde Citoyen. Rückschritt und Fortschritt in der Französischen Revolution, S. 514.
71 Die Französische Revolution, Bd. 1, S. 363.
72 Ebd., S. 331.
73 Ebd., S. 394, Anm. 2.
74 Alfred Stern, Die Französische Revolution und ihre Wirkung auf Europa, in: Propyläen-Weltgeschichte, Bd. VII, S. 47.
75 Ursula Naumann, Auf Forsters Canapé, S. 84f.
76 Gueniffey, Patrice, Bonaparte. 1769–1802, S. 100.
77 Jules Michelet, Geschichte der französischen Revolution, Bd. I, S. 918.
78 Vgl. Die Französische Revolution, Bd. 1, S. 411ff.
79 Ebd., S. 427.

8 Revolution II: Die Mainzer Jakobiner

80 Wieland, S. 578.
81 https://dewiki.de/Lexikon/Cisrhenanische_Republik [Stand: 15.09.2021].
82 Zit. n. Peter Lahnstein, Adelbert von Chamisso, S. 11.
83 Varnhagen von Ense, Denkwürdigkeiten des eigenen Lebens, Bd. I, S. 37.
84 Zu Georg Forster vgl. Harpprecht und Naumann.
85 Naumann, S. 221.
86 Ebd.
87 Michelet, Bd. 2, S. 68.
88 Naumann, S. 226f.
89 Ebd., S. 230f.
90 Ebd.
91 Harpprecht, S. 545.
92 Tulard, Jean u. a., Histoire et Dictionnaire de la Révolution Française, S. 125.
93 Wieland, S. 577.
94 Schillers Wandlung beschreibt Sigrid Damm, Das Leben des Friedrich Schiller, S. 152ff.

9 Revolution III: La belle mort des Adam Lux

95 Harpprecht, S. 549.
96 Die Französische Revolution, Bd. 2, S. 701 und 705.
97 Brief vom 27. April an seine Frau, ebd., S. 698.
98 Harpprecht, S. 584.
99 Gordon A. Craig, Die Politik der Unpolitischen, S. 54.

100 Harpprecht, S. 555f.
101 Ebd., S. 12.
102 Ebd., S. 533.
103 Die Französische Revolution, Bd. 2, S. 687.
104 Brief vom 8. April 1793, Die Französische Revolution, Bd. 2, S. 690.
105 Zit. n. Harpprecht, S. 508.
106 Ebd., S. 584.
107 Die Französische Revolution, Bd. 2, S. 694f.
108 Zit. n. Naumann, S. 260.
109 Harpprecht, S. 587.
110 Zur Lebensgeschichte von Adam Lux vgl. Dumont, Franz, „Sein Leben dem Wahren widmen", S. 113–146.
111 Safranski, S. 135.
112 Ebd., S. 135.
113 Vgl. Naumann, S. 255.
114 Ebd., S. 262.
115 Vgl. Erwin Rotermund, in: Stefan Zweig, Adam Lux, S. 147ff.
116 Ebd., S. 96.
117 Harpprecht, S. 11.
118 Ebd., S. 61ff.
119 Zum Absatz über Eulogius Schneider vgl. https://de.wikipedia.org/wiki/ Eulogius_Schneider [Stand: 15.09.2021].

10 Hochmut und Vorurteil

120 Monika Fink-Lang, Joseph Görres, S. 31.
121 Ebd., S. 47.
122 Ebd., S. 39.
123 Zit. n. Fink-Lang, S. 58f.
124 Harpprecht, S. 488.
125 Ebd., S. 487.
126 Die Französische Revolution, Bd. 3, S. 862f.
127 Campe, Briefe aus Paris, S. IX.
128 Konrad Engelbert Oelsner, Luzifer, Bd. I, S. 258.
129 Günter Müchler, Wie ein treuer Spiegel, S. 26.
130 Das Zitat ist wie andere Einzelheiten über Köln in der Franzosenzeit entnommen der Chronik zur Geschichte der Stadt Köln, hrsg. von Peter Fuchs, Bd. 2, S. 106ff.
131 In den vier linksrheinischen Departements wurden bis 1814 nicht weniger als 1400 Kirchen und Adelsgüter verstaatlich und dann als sogenannte Nationalgüter verkauft. Der Grund und Boden, der bei dieser enormen Umverteilung die Eigentümer wechselte, betrug etwa 12 % der gesamten Nutzfläche, vgl. Napoleon am Rhein. Wirkung und Erinnerung einer Epoche, hrsg. von Jürgen Wilhelm, S. 31.
132 Bénédicte Savoy, Kunstraub. Napoleons Konfiszierungen in Deutschland und die Folgen, S. 28.
133 Ebd.

11 „Vergessen Sie nicht, daß ich Karl der Große bin"

134 Vgl. Werner Tschacher in: Napoleon am Rhein, S. 47ff.
135 Emil Ludwig, Napoleon, S. 430.
136 Friedrich Sieburg, Napoleon – die hundert Tage, S. 22f.
137 Hugo, Der Rhein, S. 21.

12 Die Schöne und das Biest

138 Zit. n. Christopher Clark, Preußen. Aufstieg und Niedergang. 1600–1947, S. 355.
139 Andrew Roberts, Napoleon the Great, S. 423.
140 Das sehr instruktive Tagebuch Ernst Ludwig Siehrs ist abgedruckt in der Schrift 200 Jahre Tilsiter Frieden, S. 22ff.

141 Gertrude Aretz, Königin Luise, S. 119ff. Das Folgende ist dieser Darstellung entnommen.
142 Ludwig, S. 217.
143 Friedrich Meinecke, Das Zeitalter der deutschen Erhebung, S. 57.
144 Das behauptet der Kammerdiener des Kaisers, Constant, in seinen Erinnerungen, Benjamin Constant, Mémoires intimes de Napoléon Ier par Constant, son valet de chambre, S. 395ff.
145 Vgl. Luise Schorn-Schütte, Königin Luise, S. 95.
146 Ebd., S. 96.
147 Birte Förster in: FAZ, 28.12.16, S. N 3.
148 Reinhold Schneider, Die Rose des Königs, S. 13.

13 Der Tod des Buchhändlers Palm

149 Winkler, Der lange Weg nach Westen, Bd. I, S. 54.
150 Über Palm vgl. Bernt Ture von zur Mühlen, Napoleons Justizmord am deutschen Buchhändler Johann Philipp Palm.
151 von zur Mühlen, S. 109.
152 Winkler, Der lange Weg nach Westen, S. 35.

14 Im Reich des Königs Lustigk

153 Brief Napoleons an Jérôme vom 15. November 1807, Correspondance générale Napoléon Bonaparte, publié par la Fondation Napoléon, 15 Bde., Bd. VII, Nr. 16812, S. 1321.
154 Vgl. Napoleons Gesetzgebung/Code Napoléon, Faksimile-Ausgabe, S. 1056.
155 Gustav Seibt schildert die Begegnung in: Goethe und Napoleon, S. 57ff.
156 Zit. n. Helmut Berding, Imperiale Herrschaft, politische Reform und gesellschaftlicher Wandel, S. 109.
157 Claudie Paye, Vous avez dit Lustik?, S. 148.
158 Zit. n. Else R. Gross, Karl Friedrich Reinhard 1761–1837. Ein Leben für Frankreich und Deutschland, S. 54.

15 Agamemnon in Erfurt

159 Eine gute Beschreibung liefert Seibt, S. 87ff.

16 Eine Französin in Deutschland

160 Christopher Herold, Madame de Staël, S. 185, und Emmanuel de Las Cases, Le mémorial de Sainte-Hélène. Le manuscrit original retrouvé, S. 288.
161 Zit. n. Robert Habs, Nachwort zu de Staël, Über Deutschland, S. 562.
162 Varnhagen von Ense, Denkwürdigkeiten des eigenen Lebens, Bd. II, S. 61.
163 Über Voltaires Candide siehe Leiner, S. 42ff.
164 Zit. n. Leiner, S. 85.
165 de Staël, Über Deutschland, S. 21.
166 Ebd., S. 53.
167 Herold, S. 258.
168 Ebd., S. 256.
169 de Staël, Über Deutschland, S. 550.
170 Varnhagen von Ense, Denkwürdigkeiten des eigenen Lebens, Bd. II, S. 266.
171 de Staël, Über Deutschland, S. 69.
172 Zit. n. Herold, S. 396.

17 Heinrich von Kleist: „Schlagt ihn tot!"

173 Joachim Maass, Kleist. Die Geschichte seines Lebens, S. 234.
174 Gerhard Schulz, Kleist, S. 264f.
175 Zit. n. Heinrich August Winkler, Wie wir wurden, was wir sind, S. 60.
176 Zit. n. Eckhard Trox, „Wider Napoleon", S. 19.
177 Vgl. Winkler, Der lange Weg nach Westen, Bd. I, S. 38.

18 Ernst Moritz Arndt erfindet die Erbfeindschaft

178 Ernst Moritz Arndt, Geist der Zeit, S. VI.
179 Ebd., S. 294.
180 Ebd., S. 208.
181 Ebd., S. 248.
182 Ernst Moritz Arndt, Pariser Sommer 1799, S. 55 und S. 11.
183 Ebd., S. 233.
184 Auf den Bedeutungswandel macht Roger Dufraisse aufmerksam, L'Allemagne à l'époque napoléonienne, S. 37f.
185 Vgl. Johann Gottlieb Fichte, Reden an die deutsche Nation.
186 Zweig, Adam Lux, S. 9.
187 Vgl. Seibt, S. 11.
188 Weitere Barden des frühen Nationalismus: Über die patriotische Lyrik Körners, Arndts, de la Motte Fouquets und anderer vgl. zur Literatur der Befreiungskriege, und ebenso Heinz-Otto Sieburg, Deutschland und Frankreich, S. 86f.
189 Theodor Fontane, Vor dem Sturm, Bd. 2, S. 231f. Die Rolle der protestantischen Geistlichkeit war generell beachtlich. Lesenswert dazu Oliver Schulz, Die protestantischen Pfarrer und die frühe deutsche Nationalbewegung in der Grafschaft Mark in der Zeit der Befreiungskriege, in: Trox, S. 63ff.
190 Ernst Moritz Arndt, Über Volkshaß und über den Gebrauch einer fremden Sprache, S. 18.

19 Autodafé auf der Wartburg

191 Siehe Wilhelm Bleek, Vormärz. Deutschlands Aufbruch in die Moderne 1815–1848, S. 45; zum Wartburgfest auch Étienne François, Die Wartburg, S. 154ff., und Heinrich von Treitschke, Deutsche Geschichte im neunzehnten Jahrhundert, Bd. 2, S. 413ff.
192 Bleek, S. 44.
193 Ebd., S. 47.
194 Treitschke, Bd. 2, S. 427, und François, S. 158.
195 Zum Mord an Kotzebue vgl. Bleek, S. 64ff., Treitschke, Bd. 2, S. 519ff., Müchler, Wie ein treuer Spiegel, S. 74ff.
196 Müchler, S. 78.
197 Ebd.

20 Jahn und die gescheiterte Jugendrevolte

198 Friedrich Ludwig Jahn, Deutsches Volksthum, S. 199f.
199 Treitschke, Bd. 2, S. 384f.
200 Jahn, Deutsches Volksthum, S. 10.
201 Karl August Varnhagen von Ense, Schriften und Briefe, S. 239f.
202 Vgl. Treitschke, Bd. 2, S. 390.
203 Jahn, Deutsches Volksthum, S. 332.
204 Thomas Nipperdey, Deutsche Geschichte 1800–1866, S. 281.

21 Grenzgänger und Vermittler

205 Zum Lebenslauf Chamissos siehe die Biografie von Lahnstein. Der Preuße aus Frankreich; dazu Max Sydow, Einleitung zu: Chamissos Werke in drei Teilen.

206 Lahnstein, S. 63.

207 Chamissos Werke, Einleitung, S. XIII.

208 Lahnstein, S. 37.

209 Ebd., S. 63.

210 Ebd., S. 86.

211 Chamissos Werke, S. CIII.

212 Ebd., S. 52.

213 Dem Text liegen zugrunde die Biografie von Else R. Gross; außerdem Inge Grolle, Eine Diplomatenehe im Bann von Napoleon und Goethe: Karl Friedrich Reinhard (1761–1837) und Christine Reinhard geb. Reimarus (1771–1815).

214 Reinhard, Briefe über die Revolution in Frankreich, S. 459ff.

215 Zit. n. Gross, S. 26.

216 Reinhard, Lettres de Madame Reinhard à sa mère 1798–1815.

217 Grolle, S. 57.

218 Seibt, S. 187.

219 Vgl. Kapitel 14: „Im Reich des Königs Lustigk".

220 Grolle, S. 113.

221 Talleyrands Rede ist abgedruckt in den Lettres de Madame Reinhard à sa mère.

222 Die folgenden Angaben sind Unterlagen aus dem Besitz der Familie Praetorius entnommen, die dem Verfasser zur Verfügung gestellt wurden.

223 Zit. n. Hagen Schulze, Napoleon, S. 38.

22 „Hinauf, Patrioten, zum Schloß!"

224 Zum Ablauf des Hambacher Festes siehe Lutz Frisch, Deutschlands Wiedergeburt, Neustadter Bürger und das Hambacher Fest 1832, außerdem der gleichnamige Katalog einer Ausstellung des Landes Rheinland-Pfalz zum 150-jährigen Jubiläum 1982, daneben Bleek, S. 162ff.

23 Victor Hugo am Schicksalsfluss

225 Egmont Zechlin, Die deutsche Einheitsbewegung, S. 50.

226 Die Text-Zitate sind dem im Insel-Verlag erschienenen Buch Der Rhein von Victor Hugo in der Übersetzung von Annette Seemann entnommen.

227 Victor Hugo, Le Rhin, S. 16f.

24 „Die Wacht am Rhein"

228 Vgl. Jörg von Uthmann, Poetische Frucht einer Nahostkrise, S. 129f.

229 Heinz-Otto Sieburg, Deutschland und Frankreich, S. 275.

230 Lucien Fabvre, Der Rhein und seine Geschichte, S. 95.

231 Zit. n. Leiner, S. 127.

25 Frankreich entdeckt den Erbfeind

232 Zit. n. Jens Jäger, Das vernetzte Kaiserreich, S. 152f.

233 Sebastian Haffner, Historische Variationen, S. 55.

234 Otto Pflanze, Bismarck. Der Reichsgründer, Bd. 1, S. 379.

235 Émile Zola, La débâcle, S. 246.

236 Zit. n. Willi Jasper, Hotel Lutetia, S. 41.

237 Tobias Arand, 1870/71. Die Geschichte des Deutsch-Französischen Krieges erzählt in Einzelschicksalen, S. 399.
238 Guy de Maupassant, Boule de Suif, S. 33.
239 Zit. n. Winkler, Wie wir wurden, was wir sind, S. 43.
240 Arand, S. 568.
241 Vgl. Mareike König/Elise Julien, Deutsch-französische Geschichte. 1870 bis 1918, S. 25.
242 Zit. n. Pflanze, Bismarck, Bd. 1, S. 488.
243 Vgl. Gerd Krumeich, Jeanne d'Arc. Seherin, Kriegerin, Heilige, S. 312ff.
244 Darauf weisen König/Julien hin, S. 47.
245 Zit. n. Lorenzen, S. 179.

26 Zwischen Mühlsteinen: Das Elsass

246 Horst Ferdinand, Schickele, S. 255–259.
247 René Schickele, Leben und Werk in Dokumenten, S. 35.
248 An den Botschafter in London, in: Pflanze, Bismarck, Bd. 1, S. 488f.
249 François/Schulze (Hrsg.), Deutsche Erinnerungsorte, Bd. III, S. 413.
250 Winkler, Wie wir wurden, was wir sind, S. 46.
251 Vgl. Wikipedia, Universität Straßburg: https://dewiki.de/Lexikon/Universit%c3%a4t_Stra%c3%9fburg#Kaiser-Wilhelms-Universit%C3%A4t [Stand: 19.09.2021].
252 Hélène Miard-Delacroix und Andreas Wirsching, Von Erbfeinden und guten Nachbarn, S. 62.
253 Bruno, G., Le tour de France par deux enfants, S. 11.
254 König/Julien, S. 78, rekurrieren auf Umfragen.
255 Schickele, Leben und Werk, S. 97.

27 Kultur contra Zivilisation: Der Erste Weltkrieg

256 Zit. n. Matthias Waechter, Geschichte Frankreichs im 20. Jahrhundert, S. 156.
257 Friedrich Stampfer, Die vierzehn Jahre der ersten deutschen Republik, S. 71f.
258 Ebd., S. 114.
259 Waechter, S. 159.
260 Vgl. ebd., S. 155.
261 Heinz-Otto Sieburg, Geschichte Frankreichs, S. 373.
262 Vgl. Kurt Sontheimer, Antidemokratisches Denken in der Weimarer Republik, S. 98.
263 Thomas Mann, Betrachtungen eines Unpolitischen, S. 14.
264 Ebd., S. 51.
265 Ebd., S. 281.
266 Jäger, S. 13.
267 Zit. n. Waechter, S. 127.
268 Diese Überlegung stellt Hermann Parzinger an: Parzinger, Verdammt und vernichtet, S. 174.
269 Ebd.
270 Zit. n. Stefan Zweig, Romain Rolland, S. 222f.
271 Ebd.

28 Vercors, Camus und der „Erzengel in der Hölle"

272 Zit. n. Jasper, S. 230.
273 Henri Amouroux ist der bekannteste Résistanceforscher; hier zit. n. Jasper, S. 318.

274 Dieses und die folgenden Zitate sind entnommen aus: Albert Camus, Briefe an einen deutschen Freund, in: Kleine Prosa, S. 101–130.

275 Zu Leben und Werk Franz Stocks sei auf die Biografien von Anton Albert, Das war Abbé Stock, und besonders auf die von René Closset, Er ging durch die Hölle, verwiesen.

276 Die Zahlen sind ungesichert. Die höchsten Schätzungen belaufen sich auf 4500, identifiziert wurden 1014 Opfer; Stock erwähnt in seinem Tagebuch 863 Erschießungen in seinem Beisein, vgl. https://de.wikipedia.org/wiki/Franz_Stock [Stand: 19.09.2021].

277 Closset, S. 9ff.

278 Ebd., S. 139.

279 Ebd., S. 249.

280 Ebd., S. 250.

281 https://de.wikipedia.org/wiki/Franz_ Stock [Stand: 19.09.2021].

Epilog: Von Reims nach Verdun

282 Zur Geschichte der Stadt Reims siehe u. a. Jean-Luc Susini, Reims als historischer Ort.

283 Hans-Peter Schwarz, Die Ära Adenauer, S. 259.

284 https://konrad-adenauer.de/quellen/reden/1962-07-08-rede-reims [Stand: 04.10.2021].

285 Rolf Steininger, Die Kuba-Krise. Dreizehn Tage am atomaren Abgrund.

286 Vgl. Hans-Peter Schwarz, Anmerkungen zu Adenauer, S. 44ff.

287 Zit. nach Hans-Peter Schwarz, Vom Reich zur Bundesrepublik, S. 182.

288 Corine Defrance/Ulrich Pfeil, Eine Nachkriegsgeschichte in Europa 1945–1962, S. 49.

289 Alfred Grosser, Das Bündnis. Die westeuropäischen Länder und die USA seit dem Krieg, S. 122.

290 Zit. nach Edgar Wolfrum, Die geglückte Demokratie, S. 101.

291 Konrad Adenauer, Erinnerungen 1945–1953, S. 327.

292 Siehe online unter: https://dewiki.de/Lexikon/Joseph_Rovan [Stand: 04.10.2021].

293 Über die Verbindung Ludwigsburg-Montbéliard informiert ausführlich der Sammelband Württemberg und Mömpelgard, 600 Jahre Begegnung, hrsg. von Sönke Lorenz und Peter Rückert, Leinfelden-Echterdingen 1999. Benutzt wurden die Beiträge von Harald Schukraft und Wolfgang Schmierer.

294 Vgl. Schwarz, Die Ära Adenauer, S. 97f.

295 Grosser, S. 267f.

296 Wolfrum, S. 366.

297 Zitiert und erzählt nach Ulrich Lappenküper, Mitterand und Deutschland. Die enträtselte Sphinx, S. 207.

298 Lappenküper, S. 340.

299 Ebd., S. 341.

Personenregister

Bildnachweis

Alamy: 108 (The History Collection), 252 (The Picture Art Collection)

akg-images: 14 (Fototeca Gilardi), 19 (Schütze/Rodemann), 22 (British Library), 27, 30, 40 (Erich Lessing), 45, 48, 54, 73, 74, 84 (Heritage Images/Fine Art Images), 98, 114, 119 (Imagno), 122 (IMAGNO/Austrian Archives), 126, 134 (Ehrt), 140 (Erich Lessing), 150 (Stefan Ziese), 153, 158, 168, 173, 182, 184, 197, 198, 204, 210, 229, 232, 240, 243 (Michael Teller), 264 (AP), 289 (picture-alliance/dpa), 290

bpk: 34

Bridgeman: 216 (Granger)

Library of Congress: 176 (Popular Graphic Arts)